PSICOLOGÍA OSCURA

2 LIBROS EN 1:

Psicología oscura y manipulación. Aprende como analizar a las personas en cualquier situación. Domina y descubre las técnicas secretas de persuasión, negociación/pnl.

Por

Fabián Goleman

Fabián Goleman

Nacido en New York el 24 de agosto de 1960 en el seno de una familia burgués de origen española. Fabian desde muy joven mostró una vocación artística y una sensibilidad fuera de común. Obtuvo el doctorado de Psicología en Harvard.

Gracias a los consejos de sabiduría, inspiración y amor de Fabian Goleman, muchas personas han podido redescubrir los verdaderos valores de la vida y el optimismo necesario para tener una mayor confianza en sí mismo.

El principal mensaje filosófico de Fabian que nos deja en sus libros, es que toda persona en la tierra es un milagro y debe elegir dirigir su vida con confianza y congruencia con las leyes que gobiernan la abundancia.

...Mi vigor aumentará, mi entusiasmo aumentará, mi deseo de encontrarme con el mundo superará cualquier miedo que conocí al amanecer, y seré más feliz de lo que nunca pensé que podría ser en este mundo de lucha y dolor. F.G.

Si quieres dejar tu opinión y ganarte un cheque regalo Amazon, abre este QR Code a treves de la foto cámara de tu celular o entrando directamente en este enlace:

WWW.FABIANGOLEMAN.COM

Fabián Goleman (@fabiangoleman)

AGRADECIMIENTO POR RESEÑA EDITORIAL A MEJORES LIBROS TOP

https://www.mejoreslibros.top

Fabián Goleman es un escritor estadounidense reconocido por sus aportes en el área de la psicología, la inteligencia emocional y la terapia de parejas. Sus obras repletas de consejos, inspiración, sabiduría y amor han sido la guía de miles de personas que han descubierto su valor y la capacidad de confiar en sí mismos.

Básicamente su filosofía de vida se centra en dar a conocer a sus lectores y a su comunidad que las personas en la tierra son como pequeños milagros con el poder de decidir el rumbo de su vida, y así mismo vivirla bajo las leyes que rigen la abundancia.

Entre sus libros más reconocidos encontrarás: *Inteligencia emocional, Autodisciplina, Manipulación, Psicológica oscura* y *Terapia de parejas*, disponibles en diversidad de plataformas e incluso en versión de audiolibros para maximizar su alcance.

Si bien es poco lo que se conoce de la vida de este escritor, sus obras se han encargado de darlo a conocer, han sido un reflejo de su personalidad, sus creencias, ese deseo innato por ayudar y las ganas de derribar los miedos siendo feliz en un mundo donde la lucha y el dolor son parte del día a día.

Fabián Goleman, se ha destacado entre quienes le conocen por ser un hombre que ha influido positivamente en las personas proporcionándoles herramientas para el autoconocimiento, el desarrollo personal, profesional y la asimilación de que existen conductas negativas que debes aprender a controlar y alejar de tu vida cuando agentes externos tocan la puerta.

En poco tiempo su alcance ha sido notorio y seguramente se escuchará mucho más de este escritor y psicólogo estadounidense, que en definitiva ha ganado seguidores e incluso hay quienes aseguran que sus escritos les han guiado en diferentes etapas difíciles de sus vidas o, les ha enseñado cómo actuar ante una situación sin que su felicidad y paz interior se vea afectada.

PSICOLOGÍA OSCURA

MANIPULACIÓN

PSICOLOGÍA OSCURA

Como Analizar A Las Personas Para No Caer En Engaño, Aprendiendo A Manejar Relaciones Con Pnl Y Psicología Del Comportamiento Oscuro.

Por
Fabián Goleman

.

Fabián Goleman

Nacido en New York el 24 de agosto de 1960 en el seno de una familia burgués de origen españa. Fabian desde muy joven mostró una vocación artística y una sensibilidad fuera de común. Obtuvo el doctorado de Psicología en Harvard.

Gracias a los consejos de sabiduría, inspiración y amor de Fabian Goleman, muchas personas han podido redescubrir los verdaderos valores de la vida y el optimismo necesario para tener una mayor confianza en sí mismo.

El principal mensaje filosófico de Fabian que nos deja en sus libros, es que toda persona en la tierra es un milagro y debe elegir dirigir su vida con confianza y congruencia con las leyes que gobiernan la abundancia.

...Mi vigor aumentará, mi entusiasmo aumentará, mi deseo de encontrarme con el mundo superará cualquier miedo que conocí al amanecer, y seré más feliz de lo que nunca pensé que podría ser en este mundo de lucha y dolor. F.G.

Si quieres dejar tu opinión y ganarte un cheque regalo Amazon, abre este QR Code a treves de la foto cámara de tu celular o entrando directamente en este enlace:

WWW.FABIANGOLEMAN.COM

Fabián Goleman (@fabiangoleman)

Introducción

Voy a ser breve con esta introducción, respondiendo a la que podría ser la mayor inquietud de un lector que se encuentra por primera vez con un libro de psicología oscura: ¿cuál es el beneficio de estudiarla?

Si eres profesional de la psicología, esta pregunta ya la tendrás respondida, sin embargo, creo que es importante tocarla en un par de líneas.

Estamos en una era en la que el conocimiento es lo importante. Puedes encontrar información sobre las inquietudes más relevantes y las más superficiales. Pero, ¿qué hacemos con el conocimiento?

He allí el dilema.

No soy responsable por lo que haces y harás después de leer este libro, pero sí te daré un solo consejo: usa siempre el conocimiento para tu bienestar y evita dañar a los demás.

Este libro te entregará las herramientas para que puedas entender la psicología oscura. Comprenderás cuáles sobre las patologías y psicopatías que se encierran dentro de la psicología oscura. Pero también descubrirás técnicas de manipulación psicológica, y de persuasión.

Te invito a leer hasta el final y descubrir todo sobre este interesante, útil y provechoso conocimiento.

Capítulo 1
¿Qué es la psicología oscura?

Durante años, la psicología ha sido la encargada de hallar explicaciones para entender el comportamiento humano. Esta se centra en el riguroso estudio de todos los andamiajes presentes en el interior de las personas. Lo que hace de la psicología una de las ciencias más complejas de la humanidad es, desde luego, su objeto de estudio: la mente humana. Estas son palabras mayores por varias razones, pero no hay que ir demasiado lejos para saber que la mente humana es el órgano más maravilloso de todos cuanto hayan sido registrados desde que el mundo ha existido.

Esa misma computadora que ha sido capaz de reordenar el origen del universo (junto a otros misterios) en teorías científicas complejas y reveladoras; que nos sorprende diariamente con cada nuevo descubrimiento proveniente de las ciencias médicas; que ha protagonizado hitos históricos de la talla de las pirámides egipcias, la concepción de la filosofía, el desarrollo de grandes obras de la literatura, la música o cualquier manifestación artística. ¿Imaginas el poder de un órgano del tamaño de un puño que es capaz de construir monstruosas estructuras arquitectónicas como el puente de San Francisco o enfoques económicos como el libre mercado?

De manera que, cuando hablamos de psicología, nos referimos a esa ciencia que estudia cada uno de los estados de la mente humana y, en consecuencia, su comportamiento. Esta es, en esencia, el objeto de estudio de los psicólogos desde tiempos inmemoriales. Ahora bien, entendiendo que la psicología gestiona y busca comprender la mente humana en su máxima expresión, ¿cuál es el papel de la psicología oscura?

Este capítulo ha sido construido desde la necesidad de encontrar respuestas concisas a preguntas como esta. Siguiendo una definición elemental, la psicología oscura pasa por el análisis e identificación del comportamiento de todas esas personas que actúan desde un propósito en sí mismo peligroso y dañino para quienes le rodean. En este sentido, cabe hacerse la siguiente pregunta: ¿cuáles son los motivos que llevan a alguien a tomar acciones de esta naturaleza, sin tener en cuenta a los demás? Existen muchas posibles razones. La psicología oscura busca, hoy día, recoger todas las migajas halladas en el camino para darle una respuesta mucho más funcional a quienes se plantean cuestiones como estas.

La importancia de entender los conceptos y acepciones más básicos de la psicología oscura radica en que, solo así, podrás forjar tus propias acciones desde el criterio propio y no por causas que te sean ajenas. Para ilustrar el comentario, utilizaré este ejemplo: cuando una persona sabe reconocer las señales más representativas de un experto en la psicología oscura, podrá levantar fortalezas que le protejan de futuras manipulaciones. Además, podrá hacer uso de su conocimiento para influir significativamente en los demás. En consecuencia, sacar un provecho sustancioso de sus habilidades y herramientas de influencia y persuasión.

La psicología oscura, en definitiva, examina todas las estrategias y tácticas utilizadas por las personas que persiguen objetivos siniestros. De manera que, siguiendo esa vieja premisa de que *el conocimiento es poder*, conforme aprendas todo lo concerniente a esta ciencia del comportamiento humano, estarás mucho más protegido de posibles estrategias contra ti.

¿De qué hablamos cuando hablamos de psicología oscura?

"una tarde en un bar me encontraba con mi Mamá. Una camarera, aspirante madre sin hijo propio, dijo en broma a mi madre que me quería comprar. Mamá respondió: 'Una jarra de cerveza y es tuyo'. La camarera preparó la cerveza, mamá se quedó el tiempo suficiente para terminarla con calma y se fue del lugar sin mí. Varios días después, mi tío tuvo que buscar a la camarera por todo el pueblo y llevarme a casa".

Su madre era conocida por beber en exceso y pasó temporadas en la cárcel, e incluso, tuvo una condena por robo a mano armada.

Esta es la historia de Charles Manson. Nacido como Charles Milles Maddox el 12 de noviembre de 1934. Hijo de Kathleen Maddox, de 16 años, que se había escapado de casa a los 15 años. Poco después del nacimiento de Charles, se casó con William Manson. A pesar de su breve matrimonio, el hijo tomo el nombre, y fue conocido como Charles Manson durante el resto de su vida.

Como su madre no podía ocuparse de él, Manson pasó su juventud con varios parientes, que no fueron buenas experiencias para el joven. Su abuela era una fanática religiosa, y un tío ridiculizaba al chico por ser femenino. Otro tío, mientras Manson estaba a su cargo, se suicidó al enterarse de que sus tierras estaban siendo confiscadas por las autoridades.

Tras un infructuoso reencuentro con su madre, Manson comenzó a robar a los 9 años. Tres años más tarde fue enviado al Gibault School for Boys de Terre Haute, Indiana, que no sería su última experiencia en el reformatorio. En poco tiempo añadió a su repertorio el robo de viviendas y de coches. Se escapaba del reformatorio, robaba, lo pillaban y lo volvían a enviar al reformatorio, una y otra vez.

En 1958, Manson salió de la cárcel. Mientras estaba fuera, empezó a ejercer de proxeneta en Hollywood. Estafó a una joven de su dinero y en 1959 recibió una condena de 10 años con suspensión de la pena por robar cheques de los buzones.

Durante una condena, Manson comenzó a estudiar Cienciología y música, y se obsesionó con la actuación. Practicaba su música todo el tiempo, escribió docenas de canciones y empezó a cantar. Creía que cuando saliera de la cárcel podría convertirse en un músico famoso.

Salió nuevamente de la cárcel. Esta vez se dirigió a California, donde, con una guitarra y drogas, comenzó a desarrollar un grupo de seguidores.

Mary Brunner fue una de las primeras en enamorarse de Manson. La bibliotecaria de la Universidad de Berkeley lo invitó a vivir con ella. Al poco tiempo empezó a drogarse y dejó su trabajo para seguir a Manson. Brunner ayudó a que otros se unieran a lo que finalmente se llamaría la Familia Manson.

En San Francisco, encontraron a muchos jóvenes que estaban perdidos y buscaban un propósito. Las profecías y las extrañas canciones de Manson crearon la reputación de que tenía un sexto sentido. Disfrutaba de su posición de mentor, y las habilidades de manipulación que había perfeccionado en la infancia y en la cárcel, alimentaban la atracción de los vulnerables hacia él. los seguidores veían a Manson como un gurú y un profeta.

Él y algunos de sus seguidores se trasladaron al rancho Spahn, que estaba al noroeste del valle de San Fernando. El rancho había sido un lugar de rodaje popular para películas del oeste en los años 40 y 50. Una vez que Manson y sus seguidores se mudaron, se convirtió en un refugio de culto para "La Familia".

A pesar de su habilidad para manipular a la gente, Manson sufría de delirios. Cuando los Beatles lanzaron su "Álbum Blanco" en 1968, Manson creía que su canción "Helter Skelter" predecía una próxima guerra racial, a la que se refería como "Helter Skelter". Creía que ocurriría en el verano de 1969 y que los "negros" se levantarían y masacrarían a los blancos de Estados Unidos. Dijo a sus seguidores que se salvarían porque se esconderían en una ciudad subterránea de oro en el Valle de la Muerte.

Cuando el Armagedón que Manson había predicho no ocurrió, dijo que él y sus seguidores tendrían que mostrar a los "negros" cómo hacerlo. En su primer asesinato conocido, mataron a Hinman el 25 de julio de 1969. La Familia escenificó la escena para que pareciera que los Panteras Negras lo habían hecho dejando uno de sus símbolos, la huella de una pata.

El 9 de agosto, Manson ordenó a cuatro de sus seguidores que fueran al número 10050 de Cielo Drive, en Los Ángeles, y mataran a las personas que estaban dentro. La casa había pertenecido a Melcher, que había despreciado los sueños de Manson de una carrera musical, pero la actriz Sharon Tate y su marido, el director Roman Polanski, la estaban alquilando.

Charles "Tex" Watson, Susan Atkins, Patricia Krenwinkel y Linda Kasabian asesinaron brutalmente a Tate, a su bebé no nacido y a otras cuatro personas que la visitaban. La noche siguiente, los seguidores de Manson mataron brutalmente a Leno y Rosemary LaBianca en su casa.

La policía tardó varios meses en determinar quién era el responsable de los brutales asesinatos. En diciembre de 1969, Manson y varios de sus seguidores fueron detenidos. El juicio por los asesinatos de Tate y LaBianca comenzó el 24 de julio de 1970. El 25 de enero, Manson fue declarado culpable de asesinato en primer grado y de conspiración para cometer un asesinato. Dos meses después, fue condenado a muerte.

Manson se salvó de la ejecución cuando el Tribunal Supremo de California prohibió la pena de muerte en 1972. Durante sus décadas en la prisión estatal de California, Manson recibió más correo que cualquier otro preso en EE.UU.

Si tuviéramos que resumir la psicología oscura a una sola frase sería: el estudio de la condición humana y psicológica de las personas en aras de aprovecharse de los demás. La historia de la humanidad nos ha provisto de un sinfín de ejemplos bastante ilustrativos de lo que significa la psicología oscura como acabamos de ver. Es pertinente destacar que la sociedad humana no está compuesta por negros y blancos. Cada individuo, independientemente de sus condiciones materiales o sociales, tiene la potencialidad para victimizar a quienes se encuentran en su entorno inmediato. De manera que, aunque resulte un lugar común muy conocido, la sociedad está compuesta por una gran variedad de tonalidades del gris.

Al margen de esto, es cierto que existen personas que alimentan una tendencia ciega hacia el ejercicio de la psicología oscura. Muchos factores podrían explicar este tipo de comportamientos, pero en líneas generales, todos podemos convertirnos (eventualmente) en victimarios desde la puesta en marcha de elementos de la psicología oscura. Hay un elemento que debe ser puesto sobre el tapete en cualquier esfera donde se pretenda hablar de un tema tan enrevesado y profundo como lo es el comportamiento humano: la subjetividad de la mente. Después de todo, es allí donde se fraguan los cambios más sustanciales en términos de conductas y enfoque del día a día.

Para nadie es un secreto que la mente humana está llena de una serie de subjetividades que, en parte, nos constituyen como individuos. Todas estas pequeñas programaciones mentales que se encuentran en el interior de nuestras mentes definen lo que somos y, en cierto sentido, nos orientan en un sentido determinado en lugar de otro. Un ejemplo bastante común es el que sirve como base para miedos o fobias de carácter patológicos. Es posible que alguien haya tenido una mala experiencia con algún aparato eléctrico durante sus primeros años de vida (viendo el ejemplo de Mason), por lo que este temor se traslada inconscientemente a la adultez. Este es solo un ejemplo de los cientos de condicionamientos que nos acompañan a diario.

En definitiva, este derivado de las ciencias psicológicas busca comprender los pensamientos, sentimientos y emociones que llevan a una persona a sacar ventaja de sus contemporáneos a través de métodos como la manipulación emocional en sus distintos tipos. La premisa es que estos comportamientos se suceden con una clara marca racional. En resumidas cuentas, al margen de los condicionamientos mencionados anteriormente, una persona que opta por establecer un control psicológico sobra otra, lo hace desde su mente consciente, con pleno conocimiento de lo que procuran sus acciones.

Un porcentaje insignificante, sin embargo, apela a conductas inherentes a la psicología oscura de forma inconsciente, desconociendo así que sus acciones generan consecuencias palpables en los demás. No obstante, la amplitud de la mente torna prácticamente imposible discernir si un depredador psicológico ha actuado desde la racionalidad o como consecuencia de la manipulación mental a la que ha estado expuesto. Otro de los claros ejemplos que nos ayudan a definir la imposibilidad de discernir esto se presenta cuando alguien comete un crimen o delito influenciado por una suerte de autoridad psicológica que ha dejado caer su poderío psicológico.

La razón de este libro-guía pasa por entender algunos de los rasgos más fundamentales en todo lo concerniente a la psicología oscura. ¿Cómo operan estos especialistas? ¿Cuál es el denominador común en términos de personalidad y constitución individual? ¿Qué diferencia a un experto de la manipulación de un persuasor pasivo? Todas estas preguntas, diseminadas a lo largo de una serie de capítulos, persiguen el mismo fin: comprender todo lo concerniente a la psicología oscura en términos de concreción de objetivos y, a su vez, capitalizando la información como herramienta de prevención.

La psicología oscura es un tema fascinante porque implica el estudio de la mente humana a través de un conjunto de patrones comportamentales que nos definen como personas. Así mismo, la participación del victimario y de la víctima en una dinámica de relación de poder sobre la que se ha debatido poco.

Dicho esto, el capítulo que estás por leer es una de las primeras puertas a un mundo maravilloso, provechoso y muy profundo. Para entender la psicología oscura, lo primero en reconocer sus conceptos fundacionales y fundamentales. Bueno, pasemos a las sorpresas que te dejarán asombrado.

¿Por qué es tan importante aprender sobre psicología oscura?

En lo personal, creo de gran relevancia el entendimiento de todo lo relacionado con el comportamiento humano. En la medida en que aprendas a reconocer el conjunto de acciones que un experto en la manipulación puede llevar a cabo para sacar ventaja, serás menos propenso a convertirte en un victimario más de los que hoy abundan en el mundo. Más allá de que entender un conjunto intangible de mecanismos (como los que existen en el interior de nuestras cabezas) puede resultar un desafío para muchos, la realidad es que no existe nada tan transformador como hallar respuestas a todas esas preguntas que surgen en los momentos de mayor fragilidad emocional.

En la actualidad, toda acción preventiva es un verdadero triunfo. Esta realidad abarca cada ámbito de la vida misma, incluso aquellos escenarios que para muchos pueden resultar intrascendentes. Tal es el caso de la salud emocional. Para nadie es un secreto que una persona en posición de fragilidad, es propensa a caer en manos de expertos en la manipulación emocional o la psicología oscura. Ahora, para aclarar un poco más el panorama, ¿qué busca un depredador psicológico? Una característica habitual es que esta gente actúa intencionadamente para distorsionar e incluso destruir el pensamiento crítico de sus víctimas, su criterio, su visión del mundo. Solo así podrán inocular su propia cosmovisión para obtener una ventaja desde muchos puntos de vista posibles.

De acuerdo a lo establecido previamente, es posible encerrar la importancia de una comprensión de la psicología oscura en tres grandes grupos.

La prevención como arma: como ya fue referido, adquirir conocimientos sobre determinada amenaza te ayudará a reconocer patrones de comportamiento y actitudes a tiempo, reduciendo significativamente las posibilidades de caer en una dinámica psicológica que altere tu cosmovisión del mundo y te desequilibre emocionalmente.

La acción: una verdad incuestionable sobre la psicología oscura es que esta te puede ayudar a la consecución de objetivos, tanto buenos como malos. Aunque lo ideal es que hagas un uso correcto del conocimiento que adquirirás a lo largo de este libro, esta es una decisión individual que solo te compete a ti. Personalmente, me gusta recomendar el buen uso de la psicología oscura para alcanzar metas y concretar objetivos que, de otra manera, serían imposibles de alcanzar. No obstante, cada quien está en la capacidad de decidir por cuenta propia lo que hará con estos conocimientos.

La tranquilidad: desde el punto de vista del equilibrio emocional también surge una razón válida para aprender a identificar patrones conductuales propios de la psicología oscura. Tal como se profundizará más adelante, algunas de las características habituales en este tipo de *enfoque* son:

- Maquiavelismo.
- Narcisismo.
- Psicopatía.

De manera que, todo lo que nos permita establecer una línea clara entre los victimarios y nuestras posibilidades de ser victimarios repercutirá de forma directa en nuestra tranquilidad emocional. Para nadie es un secreto que la dinámica del mundo en que vivimos se encuentra atrapada en una especie de darwinismo social. Parece una norma implícita que solo los fuertes y capaces de utilizar a los demás serán capaces de sobrevivir. Aunque esto es parcialmente cierto, no representa una verdad absoluta ni objetiva. Contrario a lo que se cree, la psicología oscura puede ser utilizada para fines individuales que no entren en la categoría de lo "moralmente cuestionable".

Capítulo 2

Origen de la psicología oscura y cuándo se comenzó a usar

Desde su nacimiento, la psicología ha buscado métodos y formas para comprender el comportamiento humano. ¿Qué determina la acción de una persona que decide llevar a cabo un crimen? ¿Qué motivaciones internas llevan a alguien a actuar de determinada manera frente a determinada circunstancia? ¿Por qué alguien es capaz de manipular a alguien sin manifestar un pequeño ápice de empatía? Si hacemos un seguimiento preciso y concienzudo sobre El desarrollo de la psicología y sus derivados, encontraremos una clara demostración de ello.

Después de todo, si desconocemos el origen de algo, no podremos entender sus implicaciones en el presente.

Dicho esto, la información contenida en las páginas siguientes ahondará en los inicios de la psicología como ciencia abocada al comportamiento humano y, en consecuencia, tocará temas relacionados con la psicología oscura como principal herramienta de discernimiento en todas las conductas que, hoy, constituyen una forma de sacar provecho de las debilidades emocionales de quienes nos rodean. Si tú, como lector, estás tan interesado como yo en conocer esos recovecos de la mente humana, y cómo estos de algún modo configuran las acciones de la sociedad, este libro no solo es ideal para ti, sino que te ayudará a no ser una víctima.

En este respecto, cuestiones como la comparación con los otros, los constructos sociales acerca de *lo bueno* y *lo cuestionable*, son temas a tener en consideración si se quiere establecer un espectro de lo suficientemente sólido como para llegar a conclusiones básicas. ¿Quién determina lo correcto o lo incorrecto? ¿Por qué se presenta una distorsión? ¿Cómo estas incongruencias devienen en características inherentes a la psicología oscura? ¿Qué sentimos al compararnos con los demás? En relación a esta última pregunta, Richard Smith escribe lo siguiente en su maravilloso libro *La dicha por el mal ajeno*:

> Las comparaciones sociales no solo contribuyen a decirnos si estamos triunfando o fracasando, sino que también ayudan a *explicar la causa* de nuestro éxito o fracaso. Si «fracasamos» porque la mayoría de la gente está haciendo las cosas mejor que nosotros, inferimos una escasa capacidad; si «triunfamos» porque la mayoría de la gente está haciéndolo peor que nosotros, inferimos una gran capacidad. Las comparaciones sociales ejercen una doble influencia al definir si una actuación es un éxito o un fracaso, y al sugerir que la causa probable es nuestra capacidad, grande o escasa. No es de extrañar que las desgracias que les ocurren a los demás puedan sernos gratas, ya que incrementan nuestra suerte relativa y mejoran nuestra

autoevaluación.

En definitiva, una vez que abras las puertas de este capítulo, tendrás acceso a un cúmulo de información que te será de mucha utilidad en aras de conformar una idea clara en torno al comportamiento de los seres humanos desde una perspectiva "oscura". Y, en muchos casos, cruel. No obstante, también descubrirás por qué la psicología oscura se ha tornado una alternativa más en términos de crecimiento personal y capitalización de nuestras fortalezas emocionales y psíquicas más personales.

El mal como objeto de estudio

Como es de esperarse, todo proceso científico que tenga por finalidad entender el comportamiento humano deberá enfrentarse a distintos objetos de estudio, siendo uno de los más fascinantes (y preocupantes), la figura del mal. El mal es uno de los ejes que componen la dicotomía universal (bien-mal), por lo que, haciendo una simple extrapolación estadística, podría asumirse que un alto porcentaje de la humanidad alberga tendencias orientadas hacia lo éticamente reprochable. Por ejemplo, cuando se presenta una situación trágica como un atentado terrorista, los ojos del mundo apuntan en dos direcciones:

1. Las víctimas del acto.
2. Las razones asociadas al victimario.

De allí que la psicología establezca como prioridad el análisis e identificación de los elementos que pueden participar de forma inconsciente en la "concepción" de una conducta negativa. Sin embargo, la cuestión del mal va mucho más allá del espectro de estudio de la psicología. Todas las personas sobre la faz de la tierra están expuestas a convertirse en víctimas por parte de especialistas de la psicología que han adoptado rasgos característicos de la psicología oscura. Independientemente de la cantidad de estudios y disertaciones que hayan tenido lugar en nuestras mejores universidades, el individuo frágil sigue en las calles, propenso a ser dañado. Es sobre este punto donde adquieren especial importancia libros como este, que propongan una visión esclarecedora de la manipulación y control mental en el marco de cualquier interacción social.

¿Es posible llegar a un consenso sobre el significado de la consciencia? Para responder a esta pregunta haría falta acudir a determinismos inherentes a cada región. Por ejemplo, el hecho de que una mujer cometa adulterio tiene connotaciones distintas de acuerdo al lugar en que se presente esto. Si la mujer del ejemplo radica en alguno de los países del Oriente Medio donde predomina una concepción rígida del Islamismo, el castigo por este acto sería mucho más radical que si, en contraparte, la infidelidad se presentara en algún país de Occidente. Aunque en ambos casos existe un acontecimiento *reprochable*, la reacción socio-legal varía significativamente. Ahora bien, ¿esta mujer es una representante de lo que conocemos como psicología oscura? Desde luego, no. La cuestión radica en la línea que marca las diferencias entre perder la consciencia (el consenso cultural y social) y perder la mente (la capacidad de discernir entre lo correcto y lo incorrecto). En este sentido, el escritor David Ballin Klein nos brinda la siguiente reflexión:

> Aunque la conciencia y la mente se encuentran muy relacionadas, sus connotaciones son diferentes. Por ejemplo, perder la conciencia no es lo mismo que perder nuestra mente. Todos perdemos la conciencia cuando nos quedamos profundamente dormidos; esto es normal. Pero es claro que perder nuestra mente es anormal. En vista de que la psicología estudia tanto la mente como la conciencia, podríamos esperar que el psicólogo explicara la diferencia que existe entre ellas. Muchas personas cultas piensan en la psicología como en la ciencia de la mente o de la conciencia, y no están del todo equivocadas, aunque los modernos libros de texto de psicología no se contentan con esta definición general.

Siguiendo este orden de ideas, ante la imposibilidad de llegar a un consenso sobre la consciencia, más allá de los estándares en muchos casos difusos, surge la necesidad de concebir un nuevo enfoque que se encargue de la parte oscura de la mente humana. Fue Steven Turner quien se propuso esto al acuñar la expresión psicología oscura como una guía para definir e identificar las características comunes entre aquellos individuos que acuden a la manipulación mental, emocional y psicológica para sacar ventaja frente a las fragilidades de otras personas. Es sobre este punto que toman forma conceptos como la Tríada oscura de la personalidad.

La tríada oscura de la personalidad.

En los últimos años, la literatura ha virado hacia la oscuridad del ser humano. Cada día se publican decenas de estudios clínicos, de narrativa tradicional, de estudios forenses, todos orientados a un fin claro y conciso: determinar las razones que motivan a alguien a tomar acciones hasta cierto punto reprochables. La tríada oscura de la personalidad ha supuesto, así mismo, un punto de inflexión en todo lo concerniente al estudio del comportamiento humano. Ahora bien, ¿a qué se refieren los psicólogos con este pomposo título? ¿Lo has escuchado alguna vez? No temas por la locuacidad del título, en realidad se trata de un concepto bastante sencillo, aunque novedoso.

La tríada oscura de la personalidad pasa por el reconocimiento de un patrón conductual basados en tres rasgos de personalidad presentes en cierto tipo de personas. Estos rasgos característicos son:

- Narcisismo.
- Maquiavelismo.
- Psicopatía.

Estos rasgos característicos serán tratados a profundidad más adelante (ver capítulo 7). No obstante, creo pertinente hacer algunas observaciones en torno a cada uno de ellos en el marco de un perfil conductual que viene siendo tema de discusión en distintas esferas de la intelectualidad y el mundo artístico. Si algo puede concluirse directamente es que quienes comparten estas tres características interpretan el mundo de un modo bastante distinto al de los demás. Esto es lo que convierte a estos individuos en potencialmente peligrosos para quienes le rodean. ¿Puedes imaginarlo por un momento? Tener, al unísono, rasgos psicopáticos, narcisistas y maquiavélicos es una fórmula para andarse con mucho cuidado.

Ahora, ¿de dónde proviene este título? En el año 2002, los psicólogos Delroy Paulhus y Kevin Williams, catedráticos de la Universidad de Columbia, acuñaron la expresión tríada oscura a todas aquellas personas que compartieran estos tres rasgos de personalidad.

Se sabe, por múltiples estudios, que una persona maquiavélica tiende a manifestar comportamientos cínicos y acciones mediante las cuales solo buscan el beneficio propio. Por otro lado, como se sabe, los narcisistas se reconocen por un embelesamiento que en muchos casos puede tornarse patológico. Tal es el caso de los llamados trastornos narcisistas. Luis Hornstein, en su libro *Narcisismo*, se refiere a estos trastornos en los siguientes términos: *Los "trastornos narcisistas" se deben a que las personas, al abandonar la esperanza de controlar el entorno social más amplio, se repliegan a sus preocupaciones puramente personales: la "mejora" de su cuerpo y su psiquismo.*

Siguiendo la estela de los constructos sociales, cuando identificamos a alguien que comparte estos tres rasgos, inmediatamente le llamamos "una mala persona" o "una persona en la que no se puede confiar". Es válido, e incluso lógico, si se piensa con cabeza fría. Después de todo, ¿quién querría compartir un ascensor con alguien así? Además, la fórmula de la oscuridad aquí referida deja entrever una frialdad emocional poco compatible con la mayoría de los escenarios sociales que enfrentamos a diario. Sin embargo, hay que tener en consideración las situaciones que llevaron a ese individuo a desarrollar tal tendencia conductual.

Otro aspecto a tener en consideración es que todas las personas, lo admitan o no, tienen *algo* de estas características en su personalidad. El narcisismo es el elemento más conocido de la tríada. De hecho, se ha demostrado que un nivel "funcional" de narcisismo puede tener efectos positivos en cuestiones como el desarrollo académico y el crecimiento profesional. Lo mismo ocurre con quienes se comportan de forma *maquiavélica*. Esto se debe, en gran parte, a que se desentienden del entorno para enfocarse en sus propios intereses. El resultado que puede esperarse es: perfeccionamiento de sus capacidades en detrimento de las validaciones sociales.

Algunos especialistas, adicionalmente, han propuesto la incorporación del rasgo *sadismo* a la fórmula ya acuñada por Delroy Paulhus y Kevin Williams. Definiéndose el sadismo como "una tendencia a involucrarse en comportamientos crueles, degradantes o agresivos en busca de placer o dominación". Sin embargo, esta *tríada* aún no ha sido aprobada en términos clínicos oficiales. Por ahora, manteniéndonos en el espectro de la tríada oscura de la personalidad, es conveniente y necesario seguir aprendiendo acerca del comportamiento humano. ¿El fin justifica los medios?

Capítulo 3
Estudios sobre la psicología oscura

Se ha dicho (y se seguirá diciendo) mucho sobre la psicología oscura. La mayor parte de los comentarios parten de la premisa de que la psicología oscura consta únicamente de los rasgos de personalidad que conforman la tríada oscura y que tras algunas revisiones pasó a llamarse la tétrada oscura. Para nadie es un secreto que las palabras maquiavelismo, narcisismo, psicopatía y sadismo generan un impacto significativo para quien las escucha. Pero, al margen de constructos generados a partir de prejuicios o de malas interpretaciones involuntarias, ¿qué dicen los especialistas acerca de la psicología oscura?

Segmentos como *Sobre el narcisismo patológico*; *Sobre la psicopatía*; *Trastornos de la personalidad*; *La maldad, ¿es intrínseca al ser humano?* No te preocupes por los tecnicismos y las palabras complejas, estas han sido adecuadas a un lenguaje universal y adecuado para todo tipo de lectores.

La psicología oscura ha resultado para muchos en términos de éxito y desarrollo personal mientras que, en otros casos, ha significado la decodificación de sus estructuras mentales dentro de los trastornos de la personalidad.

Si bien es cierto que hay características (en muchos casos) físicas que predeterminan a un sujeto hacia la tendencia, también se sabe que un importante número de los hoy considerados psicópatas, han llegado a ese punto atravesando un complejo camino de autorrealización desde el constructo social establecido como "superior" o "psicópata".

Sobre el narcisismo patológico

El tema del narcisismo es profundizado más adelante (ver capítulo 7), sin embargo, debe ser tenido en cuenta por el hecho de que representa una de las bases medulares que componen el concepto psicología oscura en su acepción tétrada oscura. Ahora bien, se sabe que el narcisismo está representado en la figura de la persona que tiene una profunda distorsión en su autopercepción. Se sabe, además, que gestiona su vida desde la premisa interiorizada de que es superior a todos cuanto le rodean. Esto es un hecho incuestionable y ampliamente estudiado por los psicólogos especializados.

En este sentido, Antonio Semerari indica lo siguiente en su libro *Los trastornos de la personalidad*:

> Como subraya el DSM, las fantasías de grandeza son un aspecto importante. Los pacientes suelen expresarlas con cierta desenvoltura: de una manera velada dan a entender que sus talentos e intereses son especiales, y sus cualidades excepcionales e infravaloradas. A menudo, en la descripción de una falta de reconocimiento social, el clínico puede reconstruir la autoimagen de grandiosidad.

Ahora, ¿es todo negativo en el narcisismo? Cuando se trata de narcisismo como rasgo de personalidad, es posible que sus protagonistas tengan mayor probabilidad de éxito en cualquier esfera de la vida profesional. Esto se debe a una razón bastante sencilla: están tan convencidos de que son superiores al resto que no conciben la idea de que alguien los supere en algún campo, lo que los lleva a esforzarse mucho más para perfeccionar sus habilidades o destrezas y evitar, de esta manera, que un factor externo distorsione negativamente su realidad aceptada.

En el caso del narcisista patológico, toda la sintomatología relacionada se intensifica. Aspectos como la libido, el relacionamiento social, la percepción de sí mismo, se consolidan y radicalizan con el pasar de los años. Es un tipo más distorsionado, "se centra en la presencia de un sí mismo grandioso patológico" según observa Otto Kernberg, agregando que:

> Además, tienen una necesidad desordenada del tributo de los demás, su vida emocional es hueca y, por cuanto generalmente presentan alguna integración de su experiencia de sí mismos consciente, lo que los diferencia del paciente típico con organización límite de la personalidad, tienen una ausencia notable de la capacidad para un concepto integrado de los demás, sienten poca empatía por los otros, y presentan predominancia de las mismas operaciones defensivas primitivas que caracterizan la organización límite de la personalidad.

De manera que, a diferencia del tipo de narcisismo adulto o infantil, el narcisismo patológico se concibe desde un espectro amplificado. Teniendo en cuenta que la tétrada oscura es conformada, en esencia por este rasgo de personalidad, es comprensible que muchas personas teman la simple mención de esta patología. Pero, contrario a lo que se cree, un narcisista tiene una vida funcional medianamente normal en términos de integración social. Pueden ser exitosos, pueden ser funcionales y prácticos. Salvo en casos patológicos, el narcisismo no es intrínsecamente un rasgo asociado con conductas violentas u hostiles.

Sobre la psicopatía

La sola idea de que podemos compartir la calle o el vagón del subterráneo con un psicópata nos pone los pelos de punta. En esto tiene mucho que ver la cultura popular, que se ha encargado de difundir la idea de los psicópatas como asesinos seriales que esperan cualquier momento para atacarnos.

En la actualidad se sabe que una persona con ciertos rasgos psicopáticos no necesariamente es un Jack El destripador, un Ted Bundy o un Jeffrey Dahmer. Puede ser que no lo sepas, pero la mayoría de estas personas cubre cargos y profesiones como estas:

- CEO.
- Abogados.
- Trabajadores en medios de comunicación.

- Cirujanos.
- Comerciales.

Esto no significa que debemos abstenernos de contratar a un abogado por miedo a que nos haga algún daño injustificado. De allí la importancia de no dar por hechos los estereotipos que nos arrojan desde los medios de comunicación o la cultura popular. En conclusión: la psicopatía no necesariamente implica la participación en hechos delictivos de forma automática, pero sí indica un alto grado de peligrosidad. De manera que, es nuestra responsabilidad aprender a identificar estos patrones para actuar con la prevención adecuada.

Las ciencias orientadas al diagnóstico e identificación de estos rasgos han resultado muy importantes para saber, por ejemplo, que la mayoría de psicópatas comparten características como: narcisismo, carecen de remordimientos, se aburren con facilidad y no se comprometen emocionalmente bajo ninguna circunstancia.

Los estudios han avanzado mucho en términos de diagnóstico. Hoy, en este sentido, se acude a la escala de evaluación de psicopatía (PCL) por sus siglas en inglés: *Psychopaty Checklist*. Se trata de la herramienta más utilizada en el mundo y fue diseñada por el psicólogo canadiense Robert Hare. Si bien es cierto que muchas veces se refuerzan los estereotipos por motivos oscuros, es importante destacar que el consenso en el marco de la psicología es evitar, en la medida de lo posible, el contacto con este tipo de personas.

Álvaro Burgos Mata, en su libro *Introducción a la psicopatía*, hace referencia a la consciencia sobre el mal inherente en la psicopatía: "*Consciente exhibe una falsa identidad. Con especial encanto y seducción arma un vínculo afectivo para después traicionarlo. Cuando actúa agresivamente lo hace como respuesta a la frustración y con clara motivación de venganza. Una vez descubierto en su conducta es maestro en esquivar y burlar la autoridad*".

Sobre el sadismo

El sadismo es, sin lugar a dudas, el rasgo característico de la tétrada oscura que más preocupa a las personas. Buena parte de la sociedad, al escuchar la palabra sadismo, tiembla, transpira, se le ponen los pelos de punta. Es muy frecuente que se asocie la palabra sadismo con un psicópata violento o con la imposición del dolor para intensificar el placer. En cierto sentido, esta asociación es comprensible. Sin embargo, lo que las personas desconocen es que existe una diferencia conceptual entre el comportamiento sádico y una personalidad sádica. Ahora bien, ¿cuál es la diferencia sustancial entre uno y otro?

Si bien es cierto que un psicópata puede ser instrumentalmente agresivo, incluso hasta llegar al homicidio, el comportamiento se convierte en sádico solo cuando conoce que las víctimas sufren, esto le procura placer individual. En otras palabras, un individuo solo manifiesta un comportamiento sádico cuando proporcionar dolor físico o psicológico se constituye en la única base de placer. La intencionalidad es el único indicador lo suficientemente sólido como para desarrollar un constructo en términos de diagnóstico y clasificación. Por ejemplo, robar a una persona no es lo mismo que torturarle conscientemente sin razón aparente. De manera que, cuando se trata de definir si alguien manifiesta comportamientos sádicos, la columna vertebral es su intencionalidad.

Los estudios abocados a las psicopatías y al sadismo han determinado que existe una inmensa gama de posibles explicaciones a la transición normalidad-patología. La revista *Psycholical medicine* publicó un estudio en 2018 donde se concluyó que cuando un individuo tiene una infancia protagonizada por un trauma persistente, se producen algunas maduraciones aceleradas en las partes del cerebro que controlan el procesamiento emocional y cognitivo.

Para la debida identificación de un sádico entre nosotros, es necesario deshacernos del prejuicio y de las malinterpretaciones habituales. Los sádicos no son a priori reconocibles, no tienen características físicas concluyentes. Sin embargo, si prestamos atención es posible determinar algunas actitudes indicativas de un comportamiento sádico. Según Theodore Millon, en este fragmento extraído de su libro *Trastornos de la personalidad en la vida moderna*:

> En los casos en los que la crueldad se expresa más mediante el abuso emocional que físico, muchas personalidades sádicas son capaces de racionalizar sus acciones para ponerse a sí mismos en una posición favorable (…) Lo que es dominación e insensibilidad para los demás, es competitividad y carencia de sentimentalismo para el sádico, que considera que la amabilidad es una debilidad. Al normalizar sus características patológicas, las personalidades sádicas realzan su propia imagen de fortaleza, poder y rotundidad.

Por lo tanto, creo necesario reafirmar que todos los enfoques psicológicos que se abocan al entendimiento de las conductas humanas trabajan sobre la base primaria del pensamiento autocrítico, por lo que no existen definiciones demasiado concluyentes sobre este, ni otros trastornos de la personalidad más allá de lo estudiado hasta el día de hoy.

Capítulo 4

La influencia de las emociones en el comportamiento

Es bien conocido el hecho de que todas nuestras acciones generan, a su vez, emociones. Existen explicaciones biológicas y psíquicas para aceptar que la emocionalidad constituye buena parte de lo que somos como individuos. Algo tan sencillo y elemental como salir de casa supone para el ser humano un sinfín de oportunidades para poner a prueba su control emocional. El tráfico de la hora pico, una reunión de trabajo que no salió como esperábamos, una visita al odontólogo, una evaluación en la universidad. Estos son solo algunos de los escenarios a los que nos enfrentamos a diario. Todos ellos, por sí mismos, traen consigo una fuerte carga emocional.

Ahora, ¿has dedicado algunos minutos a pensar qué tan determinantes son estas emociones para nuestra vida? O, dicho de otra manera, ¿cómo afectan estas emociones a nuestro comportamiento? La psicología social se ha encargado de responder a muchas de las preguntas arraigadas en este tema tan trascendente para la sociedad. Este capítulo tiene como finalidad redefinir, para ti, algunos de los aspectos fundamentales en términos de emocionalidad y cómo esta influye en nuestras conductas diarias. De manera que, si quieres aprender un poco más acerca de este tema, te garantizo que encontrarás algunos detalles interesantes sobre un debate que ha estado en boca de muchos catedráticos desde hace algunas decenas de años.

El primer tópico a tratar es el de las emociones negativas. ¿Quién no ha tomado una decisión apresurada, y muchas veces imprudente, por sentirse agobiado por el estrés, la impotencia o la ira? He conocido personas que desestiman el peso de la emocionalidad humana en la toma de decisiones. Este primer segmento va dedicado única y exclusivamente a quienes entienden la reacción humana como un ejercicio pragmático más parecido al que se podría esperar de una máquina que a un ser humano lleno de subjetividades y condicionamientos.

El segundo segmento, titulado *Las emociones negativas en el bienestar*, busca profundizar un poco en torno a todas las posibles enfermedades y malestares inherentes a un cuadro constante de emociones negativas. En contraparte, también te hablaré de las ventajas que a menudo vienen acompañadas por un cierto equilibrio emocional. Los efectos, según el manejo de las emociones, varían significativamente.

En última instancia, me referiré a la importancia del control emocional en el desarrollo personal de cada individuo. Este es un tema que ha calado profundamente en muchas y diversas esferas de la sociedad. Desde que Daniel Goleman presentara al mundo su concepto de la inteligencia emocional, los cánones con los que se mide el crecimiento de un individuo dieron un giro radical. El manejo inteligente de nuestras emociones tiene muchas ventajas, siendo una de ellas la capacidad de interpretar la realidad y lo que nos ocurre desde un lente pragmático.

Teniendo en cuenta que muchas veces no sabemos reaccionar ante las situaciones de estrés (lo que genera problemas al tomar decisiones/acciones desde las vísceras y no desde el raciocinio), este segmento adquiere importancia no solo porque tratará sus definiciones más básicas sino porque te daré algunas recomendaciones que te serán de gran ayuda para desarrollar inteligencia emocional. Esto te permitirá controlar tus reacciones y restarle fuerza a la emocionalidad en la toma de decisiones.

No olvides que tienes la capacidad de transformar tu vida, de blindarte frente a las circunstancias externas y, en definitiva, frente a las personas que buscan socavar tu cosmovisión del mundo para sacar provecho de tus fragilidades emocionales. Me he propuesto ofrecerte todas las herramientas para que erijas una fortaleza contra los manipuladores y, al mismo tiempo, tomes ventaja frente a ellos.

No olvides la ironía de que posees una mente virtuosa, vasta y compleja, que sin embargo puede ser reprogramable como si se tratase de un ordenador. Después de todo, lo es, ¿no?

Emociones negativas en la toma de decisiones

¿Recuerdas la última vez que tomaste una decisión en medio de un espasmo de rabia? Aun sin conocerte, puedo inferir que poco tiempo después te arrepentiste de esa decisión. No te preocupes. Caer en estas dinámicas es totalmente comprensible. Vivimos situaciones estresantes todos los días de nuestra vida. Si fuera posible aislarnos emocionalmente de lo que ocurre en nuestro entorno, el mundo sería un lugar mucho más aburrido.

Me gusta pensar en las emociones como esos pequeños mensajes que nos envía nuestra mente para recordarnos que seguimos vivos.

Lo que sí es cierto e incuestionable es que las emociones negativas tienen una implicación importante en nuestros comportamientos, en nuestra toma de decisiones. Una de las razones por las que la emocionalidad ha sido tema de debate en distintos ámbitos es porque se asocia su manejo *adecuado* con situaciones de éxito. Las empresas más importantes invierten mucho dinero y recursos logísticos para formar a sus colaboradores en términos de control emocional. Diversos especialistas, a través de minuciosas investigaciones, han llegado a la conclusión de que las emociones negativas mal gestionadas nos llevan a tomar decisiones poco funcionales, viscerales y, en consecuencia, improductivas.

Ahora bien, ¿cuáles son estas emociones que tanto impacto tienen en nosotros? Por definición, una emoción negativa es esa sensación que te impide ver con claridad, desde una perspectiva mucho más amplia. Es característica habitual el ensimismamiento, la bruma mental que nos impide ser asertivos en las acciones que tomamos. Estas son las emociones negativas más comunes. Pero no te dejes engañar, aunque parezcan sensaciones rutinarias, en una dinámica constante te afectarán significativamente.

- Rabia.
- Envidia.

- Impotencia.
- Tristeza.
- Estrés.

Es cierto. Todas estas emociones se encuentran muy presentes en nuestras jornadas diarias. ¿Para qué negar lo innegable? La diferencia básica entre alguien que es consciente de sus emociones (y las gestiona adecuadamente) y alguien que yace encerrado en una celda construida con sus emocionalidades más tóxicas, es que solo uno crecerá. Y cuando digo *crecerá* no me refiero a que dejará de sufrir, sino que se desarrollará como individuo en niveles insospechados. Esto sugiere que tienes que hacerte la pregunta del millón de dólares, ¿quieres ser un individuo que alcanza la plenitud de su vida o quieres estar atado de por vida a los grilletes de tus emociones?

La influencia que ejercen las emociones tóxicas o negativas en el comportamiento del ser humano es incuestionable. Por ejemplo, cuando te encuentras corto de tiempo y un transeúnte irrespeta las señales del semáforo, impidiéndote llegar a tu destino. El simple hecho de imaginar esta situación puede generar un cúmulo de estrés en tu mente. ¿Qué harías en ese lugar? He sabido de personas que, tras un incidente como el narrado (que, para efectos críticos, no es necesariamente una circunstancia de causa mayor), ha pisado el acelerador, motivado por la rabia y la impotencia, ocasionando un accidente de tránsito más adelante.

Puede que el ejemplo resulte simple, pero son estas vicisitudes simples las que (en la mayoría de los casos) nos ocasionan una mayor carga de emociones negativas. Además, la ilustración representa algo muy claro: una pésima toma de decisión/acción motivada por la ausencia de control emocional. Dupliquemos la apuesta, imagina que el individuo del ejemplo, además de ocasionar el accidente, lastima a otro transeúnte que no tuvo nada que ver con la molestia anterior. La solución, en cualquier caso, es la prevención. Es posible desarrollar un manejo más adecuado de las emociones.

En resumidas cuentas: advertir el vínculo existente, las emociones y el comportamiento es elemental, desde todo punto de vista, para fortalecer el control de las emociones y en consecuencia el éxito en los negocios, en la abundancia y en la felicidad. Basta leer un pequeño fragmento de las memorias de cualquier líder exitoso para saberlo.

Emociones negativas en el bienestar

Es de vital importancia considerar, entre otras cosas, el impacto de las emociones negativas en el bienestar de los individuos. Cuando una persona vive atrapada en una constante sensación de estrés y pesimismo, a menudo no encontrará razones para seguir luchando. Estoy seguro de que esto te resulta familiar. Pero, a ver, ¿en qué otro lugar habrás leído algo parecido? No hace falta que busques entre tus libros, te ayudaré: la depresión. La depresión es uno de los asesinos seriales más fatales de los últimos años. Y, en definitiva, es una consecuencia directa del pésimo manejo de las emociones.

La buena noticia es que todos los procesos mentales que albergas en tu interior pueden ser programados nuevamente, esto incluye tus herramientas de afrontamiento. La depresión es un desajuste psíquico-emocional que tiene muchas posibles razones. Independientemente de cuál sea tu caso, es tu responsabilidad enfrentarte a tus cuadros emocionales para evitar que estos tomen el control de tus decisiones, acciones y, en última instancia, de tu cuerpo. Las emociones negativas tienen una influencia importante en el bienestar según diversos estudios. La depresión, sin embargo, es uno de los más relevantes. No obstante, existen otras consecuencias que han sido asociadas con un mal manejo emocional.

El estrés, por su parte, siendo una de las emociones más comunes en el ser humano, es otro elemento del que tienes que cuidarte de sobremanera. Identificar si el estrés empieza a afectar tu bienestar es una tarea medianamente sencilla. Solo tienes que prestar atención a las señales que envía tu cuerpo y tu mente. Estos, muchas veces, son infalibles para ayudarnos a establecer un diagnóstico. Estas son algunas de las manifestaciones que el estrés genera en tu organismo:

1. Frecuentes jaquecas.
2. Tensión muscular.
3. Dolor en el pecho.
4. Fatiga constante.
5. Cambios significativos en el deseo sexual.
6. Malestar estomacal.
7. Inquietud constante.
8. Ansiedad.
9. Tristeza.
10. Sentimientos de culpa.

Mi recomendación es que te autoevalúes. Solo así podrás discernir si encajas con la sintomatología. Sea cual fuere el diagnóstico al que llegues, es imprescindible que entiendas que el estrés puede ocasionarte tantos problemas como crees posible. Para ello, asume la responsabilidad de robustecer tu control emocional.

El control emocional

Una de las buenas noticias que tengo para ti es que la influencia de las emociones en tu comportamiento puede ser mitigada. Solo necesitarás compromiso, responsabilidad y consciencia de la importancia de tu vida y de tus metas. Porque, en efecto, si consigues desarrollar un control emocional robusto, estarás mucho más cerca de alcanzar todos los objetivos que has trazado para tu vida. El control emocional ha sido definido como una de las herramientas necesarias para los líderes y colaboradores en un contexto corporativo. Este consenso también se extiende a terrenos como el emprendimiento, las disciplinas deportivas o en el cultivo del intelecto.

En el caso que aquí nos ocupa, cuando alguien desarrolla un control emocional sólido, reduce la influencia de las emociones en el comportamiento. En los segmentos anteriores fuiste testigo de cómo una situación de estrés mal manejada puede, en algunos casos, devenir en una tragedia inesperada. Las emociones subyacen en nuestra mente subconsciente; llegar hasta allá es imposible (físicamente), pero puedes reprogramar todos los patrones mentales que componen tu mentalidad. Así, en efecto, desarrollarás un enfoque más adecuado en todo lo relacionado a tus emociones. Solo a través de un manejo inteligente de tu emocionalidad tendrás acceso a inmejorables beneficios.

Ventajas del manejo *inteligente* de tus emociones

Favorece tu crecimiento personal y profesional: Todas las personas, consciente o inconscientemente, alimentan la necesidad de ver cumplidos sus objetivos de vida. Esto, al margen de su área de interés o de su motivación individual. La necesidad del ser humano por su crecimiento personal y profesional está anclado a su código genético. Una de las ventajas más poderosas del control emocional es que te provee todas las condiciones para que alcances tus metas, independientemente de su naturaleza o grado de dificultad. La vida nos pone a pruebas en todo momento, posicionándonos en escenarios hostiles, complejos, que representan un verdadero desafío. Solo quienes aprovechan estas circunstancias para probarse a sí mismos que tienen el control racional de sus decisiones llegarán a la cima.

Te haces consciente de tus fortalezas: la médula del concepto de inteligencia emocional pasa por aceptar y permitir las emociones que llegan a nosotros. No solo estás levantando una fortaleza para evitar que tus emociones tomen decisiones que le conciernen a tu pensamiento crítico, sino que te haces consciente de que, como ser humano, está bien *sentir*. Conocerte a ti mismo es un paso elemental en cualquier nivel de la vida. Reconocer nuestras emociones (y cómo estás afectan en nuestra vida) es un paso gigantesco en aras de tu desarrollo integral como individuo.

Refuerzas tu empatía: la empatía, como sabrás, es la capacidad de posicionarnos en la piel del otro para, así, entender sus preocupaciones, miedos, motivaciones y subjetividades. Una de las características más maravillosas del control emocional es que te ayuda a entender que los demás tienen sentimientos y, en consecuencia, actuarás de acuerdo a esta realidad. Esto significa que evitarás, a toda costa, herir susceptibilidades o atacar sus expectativas. Quienes actúan desde la empatía, a menudo son mejor apreciados por amigos, colegas y seres queridos.

Mejoras tus habilidades sociales: a menudo infravaloradas, las habilidades sociales constituyen un componente más que relevante en la concreción de metas y sueños. En la medida en que aprendas a manejar tus emociones con inteligencia, reflejarás ante tus interlocutores una sensación de seguridad, de pragmatismo. Recuerda que no existe nada más contagioso que una emoción. Si tu lenguaje corporal y tus palabras transmiten tristeza, estrés, molestia, serás recibido por los demás como una persona tóxica a la que no conviene tener cerca. Si, por el contrario, sabes emitir buenas vibras, jefes, colegas y amigos te recibirán con los brazos abiertos.

Evitas el estrés y sus consecuencias: ahora que conoces algunas de las consecuencias que el estrés puede traer a tu vida, ¿qué sentido tiene alimentar esa tendencia a irritarse con facilidad? Es bueno aceptar las emociones porque estas son parte de nosotros, pero no puedes cederle el control emocional de tu ser. Es comprensible, a veces, sentir estrés. Después de todo, vivimos días de celeridad, de apuro constante, donde todo es requerido para *ya*. Si consideramos que las emociones negativas (rabia, ansiedad, impotencia) están asociadas con niveles superlativos de estrés, la recomendación es entrenar la autodisciplina y controlar las emociones. Así, firmarás una garantía en lo concerniente a tu tranquilidad emocional.

Tácticas para desarrollar el control emocional

Ahora que entiendes la importancia del control emocional, ¿qué te impide desarrollarla? Estas son las tácticas que debes ejecutar para fortalecer tu toma de decisiones incluso en los momentos más complicados. Los hábitos y competencias que te explicaré a continuación me ayudaron en todo lo concerniente a la inteligencia emocional. No olvides que, en la medida en que controles tus emociones con inteligencia y raciocinio, el impacto de estas en tu comportamiento será menos significativo. Lo que, en definitiva, te ayudará a crecer como persona.

Autoconfianza: desarrollar autoconfianza puede resultar, en muchos casos, un verdadero desafío. Sin embargo, esto no está supuesto a debate ni a negociación. Quien quiere manejar sus emociones desde la inteligencia ha de hacerse consciente de sus habilidades, destrezas y oportunidades de mejora. Todo ser humano dispone de una serie de herramientas con las que enfrentar las vicisitudes del día a día. De manera que, una vez que interioricemos que somos seres capaces de conseguir casi cualquier cosa, estableceremos un patrón de pensamiento basado en mensajes armoniosos, cuidadosos y amables con nosotros mismos.

En este sentido, deberías abstenerte de confundir autoconfianza con egocentrismo. Mientras que la autoconfianza es un patrón mental para creerte capaz de superar cualquier obstáculo, el egocentrismo alimenta la creencia de que te encuentras en una nube diferente al resto.

Resiliencia: la resiliencia es, por definición, la capacidad que tiene un individuo de reponerse a las pérdidas o situaciones trágicas que han supuesto un impacto profundo en su psique, en su estructura emocional. La pérdida de un ser querido, por ejemplo, implica una serie de sensaciones incómodas y dolorosas para nosotros. En este sentido, en la medida en que aprendas a ser resiliente, tendrás mejores probabilidades de manejar tus emociones con inteligencia. Esto, en resumidas cuentas, te llevará a un equilibrio emocional lo suficientemente sólido como para evitar las acciones apresuradas e imprudentes. La base de la resiliencia es entender que existen cosas y acontecimientos inevitables, por lo que no vale la pena encerrarse en las emociones dolorosas más allá de un luto o dolor comprensibles.

Aceptación: la aceptación, muy asociada a la resiliencia, pasa por reconocer que muchas veces las cosas que nos afectan no pudieron evitarse en ninguna circunstancia. Por ejemplo, ¿quién puede dar por acabado el tráfico de la hora pico? Siguiendo este criterio, una persona que quiere desarrollar control emocional (y, así, restarles impacto a estas en la toma de decisiones), acepta que existen situaciones que escapan de sus manos. Esto le permitirá reestablecer el equilibrio emocional al menos parcialmente. ¿Quién puede detener la lluvia? ¿Las pérdidas físicas? ¿Las vicisitudes externas? Aceptar las emociones es una base fundamental para el control emocional desde cualquier punto de vista.

Comunicación respetuosa y abierta: aunque resulte difícil de creer, buena parte de nuestros encuentros "molestos" con las personas que nos rodean parten de una estructura comunicativa dañina. Esto sucede inconscientemente. Sin darnos cuenta, nos adaptamos a un sistema de comunicación en que no existe el respeto. Y, como te dije anteriormente, las emociones son tan contagiosas como cualquier virus. Lo que sugiere, pues, que si te comunicas de forma irrespetuosa recibirás una respuesta en los mismos términos. Cuando esto ocurre, es inevitable caer en una dinámica social donde la empatía y el respeto por el otro prácticamente es inexistente. Y, después de todo, ¿quién sale ileso de una conversación basada en adjetivos peyorativos, en el irrespeto?

Capítulo 5
Enfoque para entender el comportamiento humano

La psicología nació como una ciencia de acercamiento al comportamiento humano. Pero esta, a diferencia de otras ciencias, se ha desarrollado significativamente, diversificando sus enfoques para obtener mejores resultados en torno al tema principal: el ser humano. Si bien es cierto que todos estos enfoques apuntan a un fin más o menos común, las premisas de estos albergan, a su vez, ramificaciones que se distancian entre sí. Sería un gran error asumir que el estudio del comportamiento humano parte de la ampliamente conocida dicotomía bien-mal. Existen factores, instrumentos de la subjetividad de cada persona, elementos externos que han de ser considerados al momento de llegar a cualquier conclusión o acercamiento en relación al tema principal.

El capítulo que estás por leer busca dar un pequeño y fugaz paseo alrededor de los enfoques más importantes de la psicología en términos de comportamiento humano. Cada uno de estos enfoques ha aportado un grano de arena al todo de la comprensión humana desde la psicología y orientada hacia el paciente que sufre y no sabe bien por qué.

Los enfoques tratados a continuación serán, sin orden de ningún tipo (entendiendo que todos son igual de importantes para el propósito primario de la psicología): el enfoque humanista, cognitivo y psicodinámico.

Enfoque humanista

¿Te ha pasado que inviertes tiempo y esfuerzo en buscar respuestas para preguntas que no significan absolutamente nada trascendente? A ver, intento decirlo de otra manera: las preguntas existenciales que muchas veces se apoderan de nosotros, que nos quitan horas de sueño, y cuyas respuestas no aportarían nada "objetivamente hablando" a nuestro bienestar. Estas preguntas... ¿son realmente necesarias? ¿O significa que hay una especie de avería cognitiva en nosotros? No necesariamente exista esa *avería*. Este apego a lo trascendente nos acompaña desde los primeros días de la humanidad, así que despreocúpate si eres de las personas que intenta encontrar respuestas a preguntas como "¿cómo se desarrolló mi personalidad?", "¿qué hago paseando por esta calle?".

El enfoque de la psicología humanista pasa por entender que la existencia humana es reflexiva gracias a la consciencia. Por otra parte, parte de otra premisa que dicta que la existencia del ser humano es cambiante y dinámica por su propia naturaleza, es decir, se va desarrollando. Dicho de otra manera, la psicología humanista bebe del existencialismo y de la fenomenología, al proponer un estudio del ser humano, desde entendiéndolo como un ser consciente, intencional y en constante desarrollo. La variabilidad de las experiencias humanas, pues, es la médula de la psicología humanista.

Otra de las características más notables de la psicología humanista es que propone la idea de que los comportamientos objetivables del ser humano son a su vez causados por las experiencias y procesos mentales subjetivos. Lo que, por sí mismo, representa una discrepancia radical de otro enfoque importante llamado Conductismo.

Psicología cognitiva

La psicología cognitiva (también conocida como Cognitivismo) es una rama de la psicología que estudia todo lo concerniente a los procesos mentales en escenarios en el contexto del conocimiento. Las bases neurálgicas de la psicología cognitiva son procesos como la memoria, la percepción, la atención o el aprendizaje. En general, estudia y busca comprender el funcionamiento cerebral (tanto de niños como de adultos) para valorar sus capacidades cognitivas. De manera que, a partir de ahora, cuando te hablen de psicología cognitiva sabrás que su propósito pasa por evaluar las funciones cognitivas de los individuos.

En esencia, la psicología cognitiva también se desmarca radicalmente del pragmático conductismo, cuyo estudio consiste en extrapolaciones que no consideran en ningún sentido los procesos mentales del individuo. El cognitivismo, por su parte, se enfoca en estos y los hace su objeto de estudio, su protagonista único. Algunos de las referencias más importantes acerca de la revolución cognitiva son: Barlett, Turing, Festinger, Neisser (quien, en definitiva, acuñó el término psicología cognitiva), Chomsky y Shannon & Weaver.

Lo más importante del cognitivismo es que tiene muchas áreas de aplicabilidad. Por ejemplo, en la investigación básica resulta de gran ayuda al investigar esos procesos mentales esenciales como la motivación o la percepción. La psicopatología es, a su vez, enfoque y zona de aplicabilidad. Las terapias cognitivas, como es sabido, procuran que nuestros pensamientos sean más positivos, que sustituyan las creencias limitantes que nos agobian a menudo. Y, de esta manera, existen otras muchas áreas donde la psicología cognitiva es de gran ayuda. La psicología social, la psicología del desarrollo, la educación o la inteligencia artificial son solo algunas de ellas.

La revolución del cognitivismo supuso un antes y un después en la forma en que entendemos la mente humana. Rivalizó con dos enfoques mayoritarios de la época, el conductismo y el psicoanálisis, ambos concebidos desde un pragmatismo muy rígido, pero que no tomaba en cuenta el cúmulo de subjetividades que nos constituyen como individuo.

La psicología psicodinámica

Uno de los aspectos que más ha interesado a la psicología desde su fundación ha sido esa parte de la mente llamada mente subconsciente. Sí, ese espacio inasible, compuesto por un conjunto de procesos mentales que suceden sin que nos demos cuenta. La psicología psicodinámica, pues, busca comprender todos los elementos que componen el inconsciente de un individuo y su influencia en los comportamientos resultantes. Encontrar el origen de esta terapia resulta un desafío de suma complejidad. Sin embargo, es posible establecer como un posible génesis el psicoanálisis de Freud y su asociación con las filosofías existencialistas y postmodernas.

Los dos enfoques en que la psicodinámica establece sus estudios son:

1. Establecer como foco la parte inconsciente de la mente humana, entendiendo que este es el motor desde donde se procesan los posteriores comportamientos y conductas del individuo.
2. Toma como base la premisa de que las personas interpretan la realidad y extraen conclusiones de forma individualizada. En resumidas cuentas, estos procesos se llevan a cabo en la medida en que cada individuo forja su vida conforme a experiencias y condicionamientos inherentes a su vida personal, pasada y presente.

Se entiende, pues, que los procesos mentales de un individuo responden a los distintos engranajes que conforman su inconsciente desde la subjetividad. Es decir, desde lo impalpable, lo que a priori no es posible identificar sin una profundización adecuada.

Si tuviéramos que resumir el objetivo que persigue la psicología psicodinámica es contribuir a que exista un equilibrio funcional en el comportamiento del ser humano. Y esto, por supuesto, no puede ser alcanzado si no se tienen en cuenta esos pequeños recovecos de nuestra mente subconsciente donde suceden, tienen lugar todos esos condicionamientos y programas mentales que determinan, en última instancia, la razón de nuestras acciones. De manera que, cuando hablamos de psicología psicodinámica, hablamos de tomar por cierto el hecho (vale decir: incuestionable) de que la mente humana es vasta y está henchida de subjetividades que resultan inasibles para la naturaleza rigurosa del método científico.

Para cerrar este rápido paseo, una maravillosa frase extraída del libro *Principios de la psicología*, del doctor William James:

> La psicología es la ciencia de la vida mental, tanto en sus fenómenos como en sus condiciones. Los fenómenos son cosas como las que llamamos sensaciones, deseos, cogniciones, razonamientos, decisiones, etc; y, considerados superficialmente es tal su variedad y complejidad que dejan una impresión caótica en el observador. El modo más natural y, consiguientemente, el más antiguo de unificar este material, fue, ante todo, clasificarlo lo mejor posible.

Capítulo 6
Líderes que han usado la psicología oscura

La psicología oscura puede traerte beneficios y ventajas en todos los sentidos que puedes imaginarte. Si bien es cierto que este concepto de la psicología es usualmente asociado a conductas criminales o moralmente reprochables, no se trata más que de un efecto mediático. Desde los primeros días de la humanidad nos hemos sentido más atraídos por la maldad que por aquellas personas que han demostrado ser bondadosas incluso en las peores circunstancias. Esta es una de las muchas razones que explican la predilección de los estudiosos para orientar sus esfuerzos a estudiar los casos maliciosos.

En este sentido, todo cuanto pueda estudiarse en aras del comportamiento humano ha de tener, pues, múltiples enfoques. Los reduccionismos no favorecen el estudio integral del ser humano, principalmente porque ha de tenerse en cuenta la tantas veces mencionada subjetividad de nuestra mente. Es por esto que la información ofrecida por este libro representa una vasta fuente de valor para quienes, como tú, buscan familiarizarse con todos los conceptos inherentes a la psicología. Pero, por ahora, siguiendo el cauce de la historiografía universal, ¿qué te parece si damos un rápido pero sustancioso paseo por la mentalidad humana?

En los casos expuestos a continuación, encontrarás a dos políticos de gran renombre y a uno de los mejores deportistas y atletas de la historia de la humanidad. Seguramente te estarás preguntando cómo es que un político puede actuar desde la psicología oscura para llegar a sus objetivos. O, ¿cómo es posible que un atleta de renombre haya sido capaz de aplicar alguno de los principios básicos de la psicología oscura para instaurarse en nuestra mente subconsciente con tanta efectividad?

Bueno, te propongo que me acompañes en el siguiente camino, donde recorreremos los oscuros recovecos del siglo pasado, caminando en medio de trincheras y un conjunto de complejidades políticas que pusieron en jaque la paz mundial.

Encontrarás algunas características fundacionales de tres individuos que trastocaron nuestra forma de concebir el liderazgo y, en última instancia, la manipulación. Me refiero al líder unánime de la revolución soviética, Iósif Stalin; al protagonista del Nacionalsocialismo, Adolf Hitler; y, en última instancia, al muchas veces llamado "el mejor ciclista de todos los tiempos", Lance Armstrong. Tres ejemplos bastante ilustrativos de lo que se puede lograr cuando actuamos desde la psicología oscura para conseguir nuestras metas.

Adolf Hitler, líder del Nacionalsocialismo.

Los historiadores más importantes de la humanidad han abocado sus recursos a estudiar cada uno de los aspectos relacionados a Adolf Hitler, el hombre que puso en jaque a todo el planeta desde sus arengas viscerales y una visión del mundo construida sobre la base de la superioridad aria. Todos los estudios acerca de la historia de Hitler nos han permitido identificar algunos aspectos básicos de su vida. Se sabe que nació el 20 de abril de 1889 en una pequeña población austriaca llamada Braunau de Inn. Su padre, Alois Hitler, fue empleado del imperio astrohúngaro en el área de Aduanas. La madre de Adolf se llamó Clara Pölzl y fue la tercera esposa del señor Alois.

De la infancia de Adolf se sabe poco o nada. De entre las pocas certezas, que su formación escolar se llevó a cabo en Austria, donde vivió hasta los dieciocho años, edad en que se traslada a Viena. No fue sino hasta los 24 años que toma una de las decisiones más trascendentales en su primera adultez: se incorpora a filas como voluntario. Seis años más tarde este soldado raso anónimo empieza su triunfal carrera política, imbuido por necesidades psíquicas e ideales todavía en formación.

Es posible que la carrera de Adolf sea uno de los ejemplos más imponentes de vertiginoso ascenso. Con apenas 44 años, ya estaba en la cancillería del Reich. Uno de los puntos más álgidos en cuanto a la historia de Hitler se encuentra en su nacionalidad. ¿Alemán o austríaco? En lo personal, este me parece un dato menor, principalmente si se analiza lo que provino después, cuando, año y medio después de haber llegado a la cancillería, ocupa la magistratura suprema del Reich, autodenominándose Führer de la nación.

En la actualidad, Adolf Hitler es reconocido como uno de los más grandes genocidas de la historia. Su ideal de la superioridad aria, apoyada por la visión provista por el fascismo del dictador italiano Mussolini, repercutió significativamente en todas sus decisiones posteriores. Pero, ¿Adolf actuaba desde la rabia, la ira, o era consciente de lo que hacía? Esta pregunta ha cruzado varios decenios de análisis por parte de las voces más autorizadas de la psicología o la historia. Lo que no está supuesto a debate es que su visión fue la causa que mutó en un ensañamiento injustificable y reprochable contra un punto de la sociedad alemana y europea: la comunidad judía.

Un inciso que ha servido a muchos historiadores para fomentar una inflexión en el estudio de Adolf Hitler tiene que ver con una presunta ascendencia judía. En muchos casos, se ha llegado a la (en lo personal, apresurada) conclusión de que todas las acciones llevadas a cabo por el Führer hacia los judíos tienen su razón de ser en este dato de su árbol genealógico. Sin embargo, la noción de que Hitler se abocó durante cuarenta a años a vengar la afrenta de su abuelo, proyectándola a los judíos, es demasiado reduccionista. Personalmente, tengo la certeza de que el líder del nacionalsocialismo tiene una idiosincrasia y estructura psíquica mucho más compleja.

En el ofuscamiento de algunos catedráticos por hallar explicaciones a los cuestionables actos de Hitler, han resuelto posicionar sus obsesiones raciales o su ensañamiento con los judíos en un conjunto de fracasos académicos que tuvieron lugar en la academia vienesa de Bellas Artes, donde en su juventud aplicase para ingresar y hacerse pintor. En efecto, este es otro reduccionismo que pretende dar respuestas rápidas a una constitución psíquica que va mucho más allá de una mala experiencia académica. Si damos por cierta esta conclusión apresurada, cabría hacerse una pregunta para redondear el diagnóstico: ¿qué justifica, entonces, su aversión hacia el bolchevismo? La respuesta, aunque sencilla, pasa por las conveniencias políticas de aquellos días. A fin de cuentas, un político es alguien que tiene que convivir diariamente con decisiones que no solo le afectarán a sí mismo. Y, en el cuadro político de aquel entonces, hacía falta un enemigo visible para justificar cualquier expansión o estratagema militar contra sus vecinos europeos.

Hitler, en palabras sencillas, fue capaz de capitalizar el creciente miedo y desdicha de la población alemana, que continuaba padeciendo las consecuencias de haber perdido la primera guerra mundial. En resumidas cuentas, era un pueblo que estaba hundido en su autoestima, devastado. De allí el éxito de un líder político que surgió desde la nada para dirigirse a los ciudadanos en los términos correctos. Ensalzar el nacionalismo como moneda de cambio fue su estrategia ganadora.

No puede culparse a la población alemana por sucumbir al encanto de un hombre de oratoria abrasadora, que supo tocar los botones adecuados para adentrarse en el subconsciente de la masa. Sobre este punto adquiere especial importancia lo que hemos definido como manipulación: es el proceso mediante el cual alguien socava/distorsiona/destruye la cosmovisión de alguien más para implantar su criterio personal. Está claro que el poder, una vez que se tiene, nos transforma. El arrogante Adolf Hitler, con su iracundo psiquismo, no sería la excepción. Hans Bernd Gisevius, en su biografía comentada *Adolf Hitler*, habla acerca de la transformación de la siguiente manera:

> La mutación decisiva no sobreviene en su interior, sino que él evoluciona adaptándose a las circunstancias inmediatas o procedentes del exterior. Cuanto mayor sea su dominio sobre el mecanismo transmisor de un gran Imperio y, por ende, sobre los medios técnicos para transportar a la realidad sus obsesiones, mayor será la irreversibilidad de sus antiguos postulados (cuya supresión parecía cosa fácil, pues eran, según una opinión generalizada, los superlativos desaforados del demagogo), y lo imperdonable de los actos venideros, inconcebibles para toda mente normal.

Adolf Hitler es, quizás, uno de los casos más representativos de psicología oscura aplicados a grandes masas de la sociedad. Si volvemos a la tríada oscura de la personalidad, Hitler manifestó claramente cada uno de sus elementos: narcisismo, maquiavelismo, psicopatía. Además, su cruel crueldad nos permite agregar un último elemento a la ya maliciosa tríada: el sadismo. Sus modos de hacer política, de tratar a la disidencia, de suprimir cualquier voz contraria, dan cuenta de cómo funciona la psicología oscura cuando es aplicada solo con fines egoístas.

Lo que postula al líder del Nacionalsocialismo como un caso excepcional es que Hitler, contrario a los preceptos de la psicología oscura que entienden la manipulación y el posicionamiento como herramientas, siempre optó por la fuerza y la intimidación para alcanzar sus propósitos. Se puede decir, entre otras cosas, que como estadista carecía de la expertia de contemporáneos como Winston Churchill, pero eso le tuvo siempre sin cuidado porque sus métodos, hasta cierto punto, fueron muy eficaces. A continuación, otra observación interesante de Hans Bernd Gisevius al respecto:

> Compromiso, negociación, deferencia, entre otros factores del poder político, son conceptos que no figuran en su nomenclatura política. Y aquello a lo que sólo recurre como ultima ratio un verdadero estadista, el empleo de la fuerza, es para él principio y fin de toda deliberación; y, por cierto, la fuerza en su expresión más extremada y brutal porque, según él, no hay otro medio de «hacerse respetar».

Resumiendo, un experto en la coacción y la intimidación. Impartir el terror a través de acciones moralmente más que reprochables y apelando al sentimiento nacional de sus connacionales fue su marca personal en el espectro político. Siendo, en consecuencia, uno de los tristes protagonistas de una gran guerra mundial que dejó varios millones de muertos a su paso.

Stalin, el líder rojo.

Si Adolf Hitler fue un sinónimo de crueldad, sadismo y narcisismo, ¿qué podría decirse acerca del líder bolchevique, Iósif Stalin? Los anales de la historia han posicionado a Stalin como uno de los tres más grandes genocidas de la historia de la humanidad. Durante su gestión, la llamada dictadura del proletariado, el mundo pudo ver tantas luces como sombras. Existen datos y evidencias estadísticas que dan cuenta de un significativo crecimiento de la madre Rusia durante los primeros años de su mandato. Para ello, no hace falta ir muy lejos en el tiempo ni escarbar demasiado. En un período no mayor a 30 años, la llamada dictadura del proletariado llevó a Rusia de un país rural y subyugado por una monarquía zarista a convertirse en la segunda potencia del mundo, llegando incluso a superar a los Estados Unidos de Norteamérica en algunos indicadores.

En cuanto a los catalizadores que aceleraron su participación, estos no se diferencian del ascenso del nazismo tanto como se cree. En ambos casos, líderes nacientes aprovecharon el descontento de la ciudadanía para capitalizar sus objetivos políticos en cuanto a posicionamiento y victoria. Es importante destacar que fue Lenin quien fundó la URSS, pero Stalin reafirmó la estructura de esta. Esto me permite concluir que, sin Stalin, la llamada Revolución de octubre (y sucesiva dictadura del proletariado) se habría desmoronado mucho más rápido de lo que realmente pasó.

Mientras que Hitler aprovechó la decaída autoestima de la sociedad alemana tras la primera guerra mundial; Stalin y Lenin supieron sacar ventaja de la rabia de un país abusado por años por la monarquía zarista. Ahora, es bien sabido que existen diferencias monstruosas en cuanto a lo ideológico. El carácter internacionalista de la dictadura comunista difería del ideal nacionalista que promulgaba Hitler al otro lado del continente. Otra coincidencia se encuentra en que, tanto los soviéticos como los alemanes, sintieron el resurgir de sus respectivas economías en el marco de ambos proyectos políticos.

La historia de Stalin en el poder empezó con la muerte de Lenin, en 1924. Esta fue la primera prueba del líder rojo, que obtuvo su primera victoria frente a todos los intentos dentro del partido por hacerse del poder y del protagonismo del legado de Lenin. Stalin forjó la industrialización de la Unión Soviética, es cierto, pero para llegar a este punto tuvieron que morir un importante número de campesinos. Del mismo modo, sus procesos de colectivización supusieron una impresionante cifra de decesos. La consolidación de Stalin como máxima figura del gran terror le llevó a recibir múltiples apodos, tanto de sus vecinos en Europa como de las naciones occidentales.

Sin embargo, con el transcurrir de los años las sombras han terminado apoderándose de las luces. Hoy día se sabe que la dictadura comunista, iniciada por Lenin y continuada por Stalin, basó muchos de sus éxitos en andamiajes políticos y propagandísticos que en la actualidad nos ponen los pelos de punta a los más inquietos lectores. Su constante expansión, de carácter militar e imperialista, hacia otros países de Europa, supuso una amenaza política significativa para países como Francia, Reino Unido y la propia Alemania nazi. De hecho, buena parte de las personas provenientes de los países "anexados" a la URSS, en la actualidad, siguen pensando que Stalin les trataba como un patio trasero en aras de su proyecto expansionista.

Stalin no solo defendió su opinión desde el terror y la fuerza bruta (lo que la psicología actual define como intimidación en el ámbito de la manipulación emocional) sino que se encargó de estigmatizar a quien se opusiera a sus ideas, sumergiendo cualquier voz disidente a la más extrema ignominia. Persiguiendo este objetivo monstruoso se dieron los gulags. De hecho, puede decirse mucho (y se ha dicho) sobre el dictador soviético, menos que carecía de la capacidad para adaptarse a las circunstancias políticas, económicas y sociales que les tocó vivir. Desde luego, nunca dejando de lado su brazo de acero y su sectarismo dilatado por un inaudito culto a la personalidad. El siguiente fragmento, extraído del libro *Stalin Una biografía*, de Robert Service, hace referencia a los sucesivos cambios que tuvieron lugar frente al Primer plan quinquenal de la URSS.

> Durante el Primer Plan Quinquenal la URSS pasó por un período de cambios drásticos. A la cabeza estaban las campañas para expandir las granjas colectivas y eliminar a los kulaks, los clérigos y los comerciantes. El sistema político se haría más férreo. La violencia se intensificaría. El Partido Comunista Ruso, la OGPU y los Comisariados del Pueblo consolidarían su poder. Serían erradicados los restos de los antiguos partidos. Los «nacionalistas burgueses» serían arrestados.

Más adelante, Robert Service nos habla acerca de los grandes cambios que empezaban a darse en el marco de la situación económico-social de la nación. Stalin era consciente de que su tarea (por demás, titánica y tiránica) representaría un antes y un después en la historia política del mundo. Y no desperdiciaba oportunidad para dejarlo en claro en cualquier escenario y frente a cualquier multitud.

> El Gulag, que era la red de campos de trabajo sujetos al Comisariado del Pueblo de Asuntos Internos (NKVD), se expandiría y se convertiría en un sector indispensable de la economía soviética. Se fundarían muchas ciudades y pueblos. Se crearían miles de nuevas empresas. Se produciría una enorme afluencia de gente de las aldeas, ya que las fábricas y las minas necesitaban fuerza de trabajo. Los programas educativos tendrían una enorme base estatal. La promoción de obreros y campesinos a cargos administrativos se ampliaría. Se cultivaría el entusiasmo por la desaparición del compromiso político, social y cultural. El marxismo-leninismo se difundiría de forma intensiva. El cambio sería obra de Stalin y sus colaboradores del Kremlin. Suyo sería el mérito y suya la culpa.

Sin embargo, Stalin quería más. Su proyecto expansionista engullía naciones como si se tratase de un dinosaurio. Esto, en muchos casos, no podía hacerse de forma amistosa. Si bien es cierto que muchas naciones cedieron fácilmente al avance de los ejércitos soviéticos, hubo algunas que se enfrentaron a sangre y fuego contra el invasor. Evidentemente, no podrían ganar. La hambruna en Ucrania, propiciada por Stalin desde Rusia, es uno de los ejemplos siempre citados al momento de definir el nivel de sadismo y crueldad de Stalin, que era capaz de pasar por fuego a niños, mujeres y ancianos si así garantizaba estar un paso más adelante en cuanto a sus proyectos políticos.

Stalin fue (y será) uno de los líderes más polémicos de la historia. Sus logros objetivos, que fueron muchos, no son suficiente para esconder la magnitud de sus horrores como líder de una revolución comunista que buscó expandir su imperio a cada rincón de Europa. Un hombre que se procuró el éxito de su proyecto en detrimento de millones de vidas. Un hombre que, incluso hoy, sigue siendo adorado por muchos de los rusos que vivieron aquellos portentosos cambios. Leon Trotsky, quien fuera uno de los líderes del movimiento y posteriormente enviado al destierro (donde sería asesinado por un mercenario bajo órdenes de Stalin) en su libro *Stalin y sus crímenes*, resume el legado de Stalin de la siguiente manera:

> El odio personal es un sentimiento demasiado exiguo, demasiado doméstico, demasiado íntimo para poder influir en una lucha histórica que excede inconmensurablemente a todos sus participantes. Stalin merece el castigo más severo por haber sido el sepulturero de la revolución y el organizador de crímenes sin número. una cosa que se cae de madura (...) No pretendo, al decir esto, disminuir la responsabilidad personal de Stalin. Al contrario, la extensión, sin precedentes, de sus crímenes es tal que la idea

de hacerlos pagar por medio de un acto terrorista no acudirá a la mente de ningún revolucionario formal.

Lance Armstrong, héroe y manipulador, pero nunca villano.

¿Quién no ha oído hablar, al menos de soslayo, la historia del ciclista norteamericano Lance Armstrong? Se trata de unos de los atletas más aclamados en el mundo. De hecho, para encontrar otra carrera tan exitosa en términos de títulos y campeonatos tendríamos que dirigir la mirada a íconos de talla mundial como Michael Jordan, el tenista suizo Roger Federer o Pelé, el mítico futbolista brasileño. Estos cuatro atletas tienen en común una vitrina repleta de trofeos, medallas y condecoraciones que dan fe de su alto nivel deportivo. Cada uno, en su disciplina, dominó la universalidad deportiva de sus respectivas épocas. Ahora bien, ¿cuál es la principal diferencia entre los deportistas mencionados y Lance Armstrong?

La respuesta rápida es: la polémica. Pero, ¿qué tal si damos un breve paseo por la vida de este ciclista norteamericano? Lance nació un 18 de septiembre en Plano, Texas. Siendo apenas un bebé, sus padres se divorciaron. A los tres años, Lance toma el apellido de su padrastro, Terry Armstrong. Si queremos establecer el inicio de lo que años más tarde se establecería como una leyenda deportiva, esto ocurrió cuando el pequeño Lance cumplió siete años. Su madre le regalaría su primera bicicleta, una Schwinn Mag Scrambler según reseña Lance en una de sus memorias. Aunque participó en deportes como béisbol y baloncesto, su pasión estaba en esos viejos pedales.

En la adolescencia ya participaba en carreras amateur. Con apenas 13 años obtuvo su primer premio, el primero de la que sería una carrera caracterizada por un sinfín de éxitos. Sin embargo, este primer premio se dio en el marco de una competencia de... ¡triatlón! ¿Lo veías venir? Poca gente sabe esto, pero Lance se convirtió en profesional en la compleja disciplina del triatlón. Los especialistas no tardaron en darse cuenta que ese joven tenía características especiales. Las conjeturas en torno a sus condiciones físicas fueron esclarecidas cuando fue invitado por el Cooper Institute for aerobic research, en Houston, Texas. ¿Qué descubrieron los investigadores? Un detalle trascendental: la cantidad de oxígeno que consumieron sus pulmones fue la más alta registrada hasta la fecha por el instituto de investigaciones aeróbicas. Un claro indicador de las capacidades físicas del joven Lance.

Lo más impresionante es que Armstrong era un atleta más que exitoso en el campo del triatlón. Cada año, ingresaba alrededor de 20.000 dólares, siendo apenas un adolescente. Los premios se sucedieron uno detrás de otro. Sin embargo, él sabía que su verdadera pasión se encontraba en el ciclismo, y hacia esa dirección orientó sus acciones. A partir de ese momento, su nueva carrera le proveyó de una cantidad ingente de premios y condecoraciones, llegando a ser campeón nacional amateur de los Estados Unidos en 1990. Seguir el trepidante ritmo de sus victorias es una tarea desafiante para el mejor investigador. Los premios llegaban en tropel. Para 1992, compitió en los juegos olímpicos que tuvieron lugar en Barcelona, España, obteniendo un décimo puesto. Fue en ese año en que se convirtió en un ciclista profesional, apadrinado por la multinacional Motorola.

Segundo lugar en la copa del mundo celebrada en Zürich, Suiza; Thrift Drug Classic; el Kmart West Virginia Classic; el campeonato profesional estadounidense CoreStates Race. Pese a algunos reveses, la carrera de Lance tomaba la cuesta a la cima a una velocidad incomparable. En su primera participación en el prestigioso Tour de Francia, Armstrong confirmó sus capacidades al ser el ciclista más joven en ganar una de las etapas. Los premios continuaron, al igual que la resonancia de su nombre en todas las latitudes. Campeón del mundo en el campeonato mundial celebrado en Noruega; premio Tour Dupong, entre otros. Ese mismo año, 1995, Lance terminaría su primer Tour de Francia.

Entonces llegaron las malas noticias. Algunas semanas después de cumplidos los 25 años, a la prominente figura del ciclismo mundial fue diagnosticado un cáncer testicular que, para el momento del diagnóstico oficial, se había extendido a sus pulmones, ganglios linfáticos y cerebro. La aparición de la enfermedad le permitió al mundo entender que Armstrong no solo era un gran atleta sino una persona con una resiliencia superlativa. El joven Lance se informó todo cuanto pudo acerca del tema, modificó radicalmente su dieta, eliminando elementos como el café y las carnes rojas. Además, rechazó el tratamiento asignado para el cáncer cerebral, una radioterapia que afectaría significativamente algunas de sus funciones vitales.

Todos los medios de comunicación especializados se abocaron a su situación. Entre sesiones de quimioterapia, el atleta manejaba su bicicleta en la medida de sus posibilidades. Muchas personas sentían una simpatía incomparable por el joven deportista norteamericano que, en el alba de su carrera, recibía un golpe que derribaría a cualquiera. Pero Lance no permitiría eso. Se dejaba ver en su bicicleta, declaraba amablemente a los medios de comunicación, concedía alguna que otra entrevista. Estaba, según dijo posteriormente, decidido a ganar. No caben dudas sobre su determinación. En 1997, luego de una ardua lucha, Lance vencía al cáncer.

Su retorno al ciclismo fue un boom mediático a niveles insospechados. El norteamericano no solo volvía luego de vencer al cáncer, sino que lo hacía por la senda victoriosa. Mejoró todos sus registros anteriores, incluso un par de records mundiales. Acumuló algunos premios más, pero, en el fuero de la comunidad internacional y de los aficionados, sabían que esas victorias no eran más que la preparación para el gran monstruo: el Tour de Francia, al que volvió en 1999 para destrozarlo de principio a fin. Por si esto fuera poco, Lance obtuvo los 5 tour de Francia siguientes, consolidando un dominio hasta entonces inédito en el mundo del ciclismo.

No obstante, la vida de Lance no ha estado exenta de polémica. Un tabloide belga acusó al ciclista norteamericano de haber ganado "indebidamente" muchos de sus premios. Para reafirmar tal aseveración, citó un documento desclasificado de la Unión Ciclista Internacional donde se afirmaba que Lance dio positivo por dopaje en 4 oportunidades en el Tour de Francia del año 1999.

En el año 2012, la Unión Ciclista Internacional procedería a retirar todas sus victorias, siguiendo lo establecido por un informe de la Agencia antidopaje de Estados Unidos (USADA). La prominente carrera de Armstrong se fue a pique sin que pudiéramos siquiera advertirlo. Finalmente, en una entrevista, Lance Armstrong confesó haberse dopado con Epo, cortisona y autotransfusiones de sangre para ganar cada uno de sus 7 tours de Francia.

Padre ejemplar, un incansable luchador que pudo sobreponerse al cáncer para retornar victorioso a su pasión deportiva, ¿por qué Lance Armstrong podría encajar perfectamente en lo que conocemos como psicología oscura? Lance es la antítesis de los dos primeros ejemplos, donde predominaba la intimidación y la coacción para el provecho propio.

Lance, por su parte, manipuló a la población total de una forma que puede preverse como inconsciente. A través del manejo de las emociones ajenas y no desde la ejecución de fuerza alguna. Hoy día, a quienes admiramos el ciclismo como la disciplina más completa de todas, sabemos que probablemente Lance no haya merecido ganar esos campeonatos de alto impacto físico, pero no nos importa. Su manipulación (repito, posiblemente inconsciente) ha calado tan hondo en el imaginario colectivo que, a la fecha, sigue siendo el flamante ganador de 7 tours de Francia. De los dopajes prácticamente no se habla. Este es el efecto que consigue un manipulador de larga data.

Capítulo 7
Rasgos característicos de los líderes que usaron la psicología oscura.

Tal como aprendiste en el capítulo anterior, los líderes que usaron la psicología oscura para sus fines egoístas actuaron desde motivos que todavía hoy permanecen indiscernibles e inclasificables. Se han suscitado cientos de estudios que buscaron entender la naturaleza oscura de personas como Adolf Hitler o Iósif Stalin, sin resultados exitosos. La naturaleza de un líder que manipuló a toda una nación para alcanzar sus propósitos tiene mucha importancia como razón explicativa de su comportamiento, pero con cada año que pasa la tarea de encontrar respuestas concretas en la infancia del líder comunista o del líder nacionalsocialista se vuelve un desafío cuesta arriba.

Mientras la humanidad siga existiendo, continuarán presentándose líderes que utilicen sus recursos y habilidades en la manipulación y subyugación de la sociedad para concretar sus proyectos o ideales. Desafortunadamente, llegarán nuevos protagonistas fascistas, nazis, comunistas o espirituales que pondrán el mundo al revés para demostrar su fuerza. Creo que ha llegado el momento de aceptar que estas naturalezas depredadoras persistirán en nuestros países hasta el fin de los tiempos. Solo a través de aceptar este hecho podremos avanzar hacia un nuevo enfoque de la psicología oscura; un enfoque que apunte en dos sentidos: la prevención, la utilización de sus valiosos elementos en aras del crecimiento personal y de la concreción de objetivos sin que esto implique vejar o herir a nuestros contemporáneos.

La existencia de personajes como Stalin, Hitler, Mao, Robert Mugabe, Pinochet, Trujillo, el reverendo Jim Jones, Charles Manson debió enseñarnos mucho acerca de cómo la psicología oscura, radicalizada en el interior de un individuo, puede generar un impacto sin comparación en grandes cantidades de personas. Que hoy, en un nuevo milenio, se siga hablando de la labor que Joseph Goebbels desempeñara para el nazismo, es una demostración magnánima de cuánto nos apasionan los recursos oscuros cuando son aplicados contra nosotros mismos. La propaganda de Goebbels fue determinante para aplastar cualquier intento de disidencia en la Alemania nazi. Edward Bernays, famoso escritor, hace una observación muy clara en su libro *Propaganda*:

> La propaganda moderna es el intento consecuente y duradero de crear o dar forma a los acontecimientos con el objetivo de influir sobre las relaciones del público con una empresa, idea o grupo. La práctica de crear circunstancias e imágenes en las mentes de millones de personas es muy común. Hoy en día, prácticamente no se lleva a cabo ninguna empresa de importancia sin su concurso, con independencia de si la empresa consiste en construir una catedral, financiar una universidad, comercializar una

película de cine, poner en circulación una importante emisión de bonos o elegir al presidente. En ocasiones, es un propagandista profesional quien crea el efecto deseado sobre el público; en otras, es un aficionado a quien se encarga el trabajo. Lo importante es que la propaganda es universal y continua, y que se salda con la imposición de una disciplina en la mente pública tanto como un ejército impone la disciplina en los cuerpos de sus soldados

Te recomiendo que te apropies de la información que leerás a continuación para que sepas identificar cuándo te encuentras frente a un experto en la manipulación, a un referente de la psicología oscura. En este capítulo daré algunos comentarios y observaciones sobre las cuatro características más marcadas y representativas de la psicología oscura. Ten en cuenta, claro, que estos rasgos están presentes en todos los líderes que han utilizado la psicología oscura para sus propios fines sin un ápice de consideración por quienes le rodeaban. En la medida en que incorpores estos conocimientos a tu psique, sabrás cuándo te encuentres frente a un maestro manipulador. Así, tendrás la oportunidad de neutralizar cualquier ataque y evitar convertirte en una víctima más de su sistema de subyugación del otro.

Narcisismo.

El narcisismo es, posiblemente, el rasgo oscuro de personalidad con mayor resonancia en el mundo. Casi todas las personas tienen una idea bastante clara de lo que significa *ser narcisista* o estar anclado al *narcisismo*. En esto tiene mucho que ver la cultura popular, que, a través de la literatura, el cine y la música han difundido la noción genérica de lo que esta palabra significa. Todos tenemos más o menos claro que se considera que alguien es narcisista cuando tiene una percepción distorsionada sobre sí mismo y sus capacidades. Esta deformidad de autoimagen les hace creer que están por encima del resto, que tienen habilidades superiores al resto. En definitiva, están genuinamente convencidos de que son indispensables e insustituibles.

Es muy común hallar este tipo de rasgos en líderes políticos o religiosos, quienes crean y alimentan el relato de que han sido dotados con destrezas que le diferencian del resto. En el caso de un líder espiritual, a menudo les indican a sus acólitos que fue el "señalado" por la providencia para llevar a cabo algún tipo de misión universal que le involucra en todo momento como único protagonista de la escena. Una definición bastante clara acerca de este rasgo, proveniente del libro El Narcisismo, la enfermedad de nuestro tiempo, de Alexander Lowen, dicta lo siguiente:

> El grado en que una persona se identifica con sus sentimientos es inversamente proporcional a su grado de narcisismo. Cuanto más narcisista es un individuo, menos se identifica con sus sentimientos. Además, en este caso, tiene una mayor identificación con su imagen (como opuesta al yo), junto con una idea de grandiosidad proporcional en grado. En otras palabras, existe una

correlación entre la negación o la carencia de sentimientos, y la falta de un sentido del yo.

Por otro lado, una persona narcisista suele mostrarse encantadora. Esto se debe a que tienen una visión muy positiva de cuanto ocurre a su alrededor en relación consigo mismo. Existen muchos aspectos positivos en la conducta de un narcisista; esto no excluye, desde luego, que son expertos en manipular emocional y psicológicamente a individuos en distintos niveles jerárquicos. Por ejemplo, un narcisista cultiva relaciones sociales medianamente funcionales.

En medio de la jungla de Guyana, Sudamérica, casi 1.000 personas bebieron ponche de cianuro letal o fueron asesinadas a tiros, siguiendo las órdenes de su líder, Jim Jones. Las madres y los padres dieron la bebida mortal a sus hijos y luego la bebieron ellos mismos. La gente gritaba. Los cuerpos temblaron. Y en unos pocos minutos, el 18 de noviembre de 1978, murieron 912 personas.

Los seguidores de Jones llegaron originalmente a la comunidad guyanesa, conocida como Jonestown, en busca del paraíso y un escape del racismo y la persecución en los Estados Unidos. En cambio, encontraron algo que se parecía a un campo de concentración en el que trabajaban largas horas con poca comida y mucho abuso, informaron los que escaparon de Jonestown.

De este aspecto es posible extraer una posible explicación de por qué un hombre como Jim Jones (El templo del pueblo) o Charles Manson (La familia) fueron capaces de atraer a tantos seguidores en sus empresas criminales.

Sin embargo, otra característica que vale la pena mencionar es que este tipo de personas tienden a actuar desde la prepotencia una vez que han introducido su cosmovisión en otros individuos. Genuinamente, en su mente están convencidos de que te están ayudando al aprovecharse de ti. Esto contribuye a consolidar la distorsión en su autoimagen. Ahora, todos tenemos rasgos narcisistas en mayor o menor grado. La diferencia existente entre las características narcisistas de una persona promedio y un verdadero manipulador es lo que la ciencia define como trastorno de personalidad narcisista.

En contraparte, creo justo decir lo siguiente: en muchos casos, una persona narcisista desarrolla las habilidades y competencias necesarias para tener éxito. Cuando me preguntan acerca de por qué sucede esto, encuentro muchas posibles respuestas. No obstante, he aprendido a responder siempre de la misma manera: es muy probable que, si crees que estás por encima del resto en tu profesión, trabajes mucho más duro para probártelo a ti mismo. Esto trae implícito un resultado favorable en términos de desarrollo personal. Sin embargo, no es una garantía.

En lo personal, no me resulta curioso que los grandes líderes que han perpetrado acciones de manipulación masiva a lo largo de la historia hayan manifestado palpables demostraciones de una conducta narcisista. Después de todo, muchos estuvieron genuinamente convencidos de que estaban en la cima del mundo, de que sus palabras eran la profecía para muchos. Lo peor llega cuando estos rasgos narcisistas vienen acompañados de otros elementos que oscurecen más la personalidad del individuo en cuestión.

Maquiavelismo.

No está claro por qué el maquiavelismo es uno de los rasgos menos conocido de todos cuanto componen una personalidad oscura. Se puede decir, en esencia, que el maquiavelismo se basa en el engaño y en la manipulación, características adecuadamente aderezadas con una visión bastante cínica del mundo y de sus aparentes realidades. Lo que caracteriza a una persona con este rasgo de personalidad es que manifiesta un claro desdén por las normativas que rigen el comportamiento humano desde la dicotomía bien-mal. Sin embargo, esto no significa que sean escépticos o se encuentren evaluando la verosimilitud de los preceptos éticos. Es que simplemente no le importan. Es por ello que resulta tan importante identificar a tiempo a alguien que manifieste un desprecio por lo éticamente correcto.

Rafael Palacios, en su libro La locura moderna, dice que "*Los individuos enajenados tienen los conceptos equivocados y la incongruencia de esos conceptos con la realidad es lo que les hace perder el contacto con ella. Sobre el éxito, por ejemplo; desarrollan una personalidad alternativa y falsa, a partir de la cual se separan del resto de los humanos*". Si bien es cierto que el autor no se refiere específicamente a quienes han adoptado ciertas características maquiavélicas, es un concepto amplio en el que podrían ser incluidos sin problema alguno. Por otra parte, Peter Muris, un renombrado psicólogo, definió en 2017 al maquiavelismo como "*un estilo interpersonal doble, una indiferencia cínica por la moralidad y un enfoque por el interés y en las ganancias personales*".

En resumidas cuentas, son capaces de tomar cualquier acción (sea esta buena, mala o reprochable) si así pueden alcanzar sus intereses personales. Sienten, además, un placer indescriptible al manipular a las demás personas ya que lo consideran un juego. Su total desconocimiento de la vida tal como ha sido construida, y de los valores humanos más básicos, hacen del maquiavelismo uno de los rasgos oscuros más complejos y nocivos en el mundo. Es posible identificar una relación entre este rasgo y el narcisismo. En ambos, está implícita la creencia del sujeto de que sus intereses van de la mano con el interés común. De manera que, siguiendo esta premisa, ambas convergen en cuanto a la existencia de una distorsión enceguecida de la realidad donde el *yo* lo involucra todo.

Muris, en este aspecto, nos indica que el maquiavelismo consta de tres partes fundamentales:

   I.   Tácticas manipuladoras.
  II.   Una visión cínica de la naturaleza humana.
 III.   Un desprecio por la moral convencional.

Resumiendo, una persona maquiavélica es capaz de hacer cualquier cosa solo si así garantiza un beneficio para sí mismo, aunque esto incluya dañar, vejar o humillar a alguien de su entorno. Es de vital importancia, reconocer que estos individuos carecen de lazos emocionales fuertes que le aten a cualquier contemporáneo. Todas sus relaciones se desarrollan de forma superficial porque, en efecto, nunca se sentirán emocionalmente conectados a nada ni a nadie más allá de sí mismos. Esta particularidad puede resultar curiosa porque, en la práctica, un maquiavélico entiende que alguien actúe de forma desinteresada; lo comprende y acepta, pero no es capaz de crear nexos emocionales con esta conducta ni mucho menos con esta persona. Como se ha dicho en repetidas ocasiones, su visión de la vida es absolutamente cínica y desprendida de todo salvo de ellos mismos.

Para el caso, un ejemplo; El filósofo británico Bertrand Russell llamó a El Príncipe "un manual para gángsters".

En la película de Robert De Niro de 1993, Una historia del Bronx, el libro ocupa un lugar relevante.

El despiadado jefe del crimen Sonny LoSpecchio, cuenta a un adolescente del que se ha hecho amigo, que leyó a El Príncipe en la cárcel y que vive su vida en consecuencia.

Sus conceptos de liderazgo provienen directamente de El Príncipe. LoSpecchio explica la importancia de la "disponibilidad": mantenerse cerca de su territorio. De este modo, dice, sus aliados tendrán "más razones para amarle", porque pueden contar con su protección, mientras que sus enemigos tendrán más razones para temerle y "se lo pensarán dos veces porque saben que estoy cerca".

El adolescente le pregunta entonces: "¿Es mejor ser amado o temido?", a lo que LoSpecchio responde: "Es una buena pregunta. Es bonito ser ambas cosas, pero es muy difícil. Pero si pudiera elegir, preferiría ser temido. El miedo dura más que el amor".

"El truco", sigue diciendo, "es no ser odiado". Es casi como si hablara el propio Príncipe, pero ahí acaban las similitudes.

LoSpecchio acaba siendo asesinado, algo que un príncipe más sabio podría haber evitado.

Sadismo.

La característica medular del sadismo es la insensibilidad. Insensibilidad en su sentido más amplio. Este es otro de los rasgos ampliamente difundidos por la cultura popular, principalmente por el mundo del cine, que ha encontrado en el sadismo una representación llamativa, rentable y muy mediática. Como te mencioné al principio de este libro, el ser humano tiene una tendencia muy marcada a mostrarse interesados por lo malicioso. Esto no es una enfermedad de la modernidad; nuestros primeros filósofos dedicaron mucho tiempo a disertar en torno al alma, la consciencia y el mal. De manera que no estamos frente a un acontecimiento nuevo. Ahora bien, ¿qué hace tan especial al sádico? ¿Por qué fue incluido en la original tríada del mal, como se denominó a las personas caracterizadas por moverse alrededor del narcisismo, la psicopatía y el maquiavelismo?

Para responder a estas preguntas hace falta, en principio, definir la conducta sádica. Lo que hace especialmente peligrosos a estos individuos es que pueden desarrollar una vida perfectamente normal y funcional en sus rutinas diarias. Pueden licenciarse en las mejores universidades, optar por cargos públicos en sufragios, ser excelentes padres de familia, profesionales de alto nivel y excelentes amigos.

Dicho esto, cabe preguntarse si el sadismo es una máscara o si, en su defecto, la vida funcional es la tapadera para esconder motivaciones oscuras. Responder planteamientos como esto puede llevar años. Lo que sí es cierto es que cualquier contestación dada a vuelo de pájaro podría resultar un reduccionismo innecesario y poco efectivo.

Lo que sí es un hecho incuestionable es que los sádicos no solo disfrutan con el sufrimiento ajeno. Para ellos, el placer se encuentra precisamente en infringir el dolor, en dañar al otro. Muchas de las personas que han sido encerradas en esta clasificación a lo largo de la historia tuvieron una infancia difícil, marcada por la violencia o el sufrimiento. Esto podría ser una explicación suficiente si no fuese por el hecho de que, en contraparte, también se ha sabido de sádicos de primer orden que tuvieron familias funcionales, una crianza tranquila y que, desde temprano, manifestaron comportamientos oscuros típicos como matar animales o lastimar a otros niños.

El sadismo suele aparecer a edades tempranas, durante la primera etapa de desarrollo del individuo, a través de comportamientos sexuales explícitos o una tendencia ciega hacia la violencia. Sin embargo, también puede no presentarse hasta bien avanzada la adultez, cuando un desencadenante pudo ejercer como catalizador para que el sádico entienda que puede concederse placer con el dolor infringido en los demás.

Una de las principales diferencias entre el sadismo y rasgos como el narcisismo o el maquiavelismo es que los sádicos no se conforman con dañar al otro, con manipularlo para obtener un beneficio. Para el sádico es necesidad deleitarse con la crueldad, pero sobre todo con la crueldad excesiva. Otra diferencia a tener en cuenta es que el sádico es un sujeto activo, no pasivo. A menudo tomará acciones específicas para conseguir placer, aunque esto signifique hacerse daño a sí mismo con tal de herir a otros.

En esta ignominiosa categoría entran asesinos en serie especialmente violentos, violadores, torturadores.

En 1888, el distrito londinense de Whitechapel se vio afectado por los informes de un despiadado asesino en serie que acechaba las calles de la ciudad.

El loco, no identificado, atraía a las prostitutas a las plazas oscuras y a las calles laterales antes de degollarlas y mutilar sus cuerpos sádicamente con un cuchillo.

Entre agosto y noviembre, cinco prostitutas fueron encontradas descuartizadas en el deprimido distrito de East End, lo que desencadenó un frenesí mediático y una persecución por toda la ciudad.

Aunque al principio se le conocía simplemente como el asesino de Whitechapel, pronto se ganó un nuevo y escalofriante apodo: Jack el Destripador.

Las teorías más populares sugieren que los conocimientos de anatomía y vivisección del asesino significan que posiblemente era un cirujano. Se han propuesto más de 100 posibles sospechosos, e incluso se ha acertado a acuñar el término "destripología" para describir el amplio estudio que sigue el caso.

En definitiva, cualquier individuo que resuelva sus necesidades de placer generando daños irreparables en sus víctimas. Lo que hace tan difícil identificar a estos individuos es que saben mimetizarse, camuflarse en una sociedad que no presta la atención debida. Según investigaciones forenses sobre el sadismo, se ha logrado determinar que quienes comparten este rasgo de personalidad, optan por carreras universitarias u oficios que faciliten su acercamiento a potenciales víctimas.

Como podrás ver, el sadismo es una de las joyas más complejas de la psicología oscura. Además, se trata de un rasgo presente en casos tan universales como el de Jack el Destripador y Adolf Hitler, quien confinó a millones de judíos en campos de concentración, aniquilándoles sistemáticamente en el tristemente conocido holocausto.

Psicopatía.

La psicopatía es, sin duda alguna, el rasgo más poderoso y peligroso de todos cuanto han sido mencionados en este capítulo. Esta tiene como base fundacional una carencia total de empatía por los demás. Del mismo modo que sucede con las personas con rasgos de sadismo, los psicópatas tienen la capacidad de desempeñar una vida totalmente normal y funcional, lo que dificulta su reconocimiento en circunstancias sociales específicas. Ahora bien, ¿de qué es capaz alguien que se encuentre en esta clasificación? Prácticamente pueden hacer cualquier cosa siempre y cuando esta les ofrezca placer o emociones fuertes.

A lo largo de la historia hemos conocido la historia de muchos psicópatas que han llegado a nuestras vidas para impactar incluso nuestros sueños. El cine y la literatura también han aportado su grano de arena para la monstruosa resonancia de cada uno de estos individuos. Lo que mueve a un psicópata a actuar es la esperanza de sentir una emoción potente. Sin embargo, mientras encuentran el momento indicado, desarrollan carreras y profesiones como cualquier otro ser humano. En algunos casos, se ha determinado que las características narcisistas (grandiosidad, sentimientos de grandeza) refuerzan la carencia de empatía por el sufrimiento ajeno.

Este trastorno de la personalidad afecta principalmente la impulsividad del individuo. El aspecto sexual, por ejemplo, es una de las manifestaciones más significativas y a su vez representativas de un patrón conductual psicopático.

Álvaro Burgos Mata nos dice, en este sentido: "Exhiben un funcionamiento sexual perverso, poliformo y promiscuo, sin relación de objeto. Así el psicópata se manifiesta en lo que es: "verdadero explotador en forma continua de toda mujer u hombre que se encariña con él, o ella".

Un dato curioso es la aproximación conceptual existente entre la psicopatía y la sociopatía. Aunque la proliferación de investigaciones criminales ha contribuido a crear una especie de aura en la figura del psicópata, la verdad es que se trata de un perfil psicológico sobre el que hace falta estudiar mucho más en términos de diagnóstico y tratamiento. Ahora bien, para que caminemos en la misma línea, es conveniente acudir a una autoridad en cuanto a la categorización patológica de ciertas enfermedades o perfiles psicológicos. El Psychiatric Glossary de la American Psychiatric Asociation define las personalidades psicopáticas como "predominantemente amorales y antisociales. Con acciones fundamentalmente impulsivas, irresponsables y dirigidas a satisfacer sus inmediatos y narcisistas intereses".

Existen muchas dudas en relación a la calificación como personas asociales que, sin embargo, pueden tener una vida medianamente normal en los márgenes sociales. Esta discrepancia es la que separa la psicopatía del sadismo desde un enfoque conceptual. El desequilibrio entre los distintos componentes de la personalidad lleva a un psicópata a tomar acciones fuera de un margen ético. Sus principales características son:

1. Sienten una fuerte necesidad de protagonismo.
2. Realiza sus actos con plena consciencia de ellos.
3. Son expertos manipuladores.
4. Son emocionalmente fríos y distantes.
5. Delinquen con mucha facilidad.
6. Son profundamente egocéntricos.
7. Actúan de forma agresiva incluso sin tener razones.

Otra de las características más frecuentes en los psicópatas, es que suelen tener una fuerza de voluntad prácticamente inexistente en cuanto a las gratificaciones instantáneas o efímeras. Por lo que cualquier acción o conducta apunta a saciar esta necesidad perenne. En este sentido, Álvaro Burgos Mata, en su libro *Introducción a la psicopatía*, reflexiona en los siguientes términos:

> Los tipos psicopáticos exhiben una cálida simpatía. Personalidad amable, complaciente y subyugante hasta cierto punto, locuaces, bien hablados, pero en el momento propicio esta máscara dará paso a conductas violentas, frustrantes que dejarán en desconcierto a la víctima y al observador no comprometido. Como su encanto inicial era actuado, sin el correspondiente compromiso afectivo, no tendrá entonces sentimientos de culpa, de remordimiento ni vergüenza. Son personas que no guardan lealtad con nadie.

Y, así, existen muchos elementos de estudio cuando se trata de los trastornos psicopáticos. Entendiendo, en este sentido, que la psicopatía no es una enfermedad sino un trastorno de la personalidad, carece de sentido el debate acerca de posibles curas. Lo que podemos hacer, desde nuestras respectivas posiciones, es identificar a quienes manifiesten algún tipo de comportamiento asociable a la psicopatía. Los expertos, por su parte, corren con la enorme responsabilidad del diagnóstico y los tratamientos paliativos.

Aquí te dejo una historia escalofriante;

Gilles de Rais fue un noble francés del siglo XV, soldado y compañero de armas de Juana de Arco durante la Guerra de los Cien Años. La carrera militar de Rais le valió muchos elogios, pero su distinguida reputación y su opulento estilo de vida ocultaban un horrible lado oscuro que incluía acusaciones de satanismo, violación y asesinato. Al parecer, a partir de la década de 1430, Rais empezó a torturar y matar brutalmente a niños pequeños, muchos de ellos campesinos que habían acudido a su castillo para trabajar como sirvientes. Después de abusar sexualmente de estos sirvientes, Rais los asesinaba cortándoles la garganta o rompiéndoles el cuello con un bastón. Otros eran decapitados y desmembrados, e incluso se sabe que Rais besaba las cabezas cortadas de algunas de sus víctimas.

Rais se entregó a estos hábitos sádicos sin control hasta 1440, cuando atacó a un sacerdote por una disputa de tierras. Esto provocó la ira de la Iglesia, que inició una investigación y pronto descubrió el historial de depravación del barón. Se celebró un famoso juicio en el que Rais fue acusado de asesinato y sodomía y de practicar la alquimia y otros ritos satánicos. Finalmente, confesó bajo tortura haber asesinado hasta 140 niños -aunque algunos afirman que la cifra puede ser mucho mayor- y fue ahorcado y quemado en octubre de 1440. Algunos historiadores han sugerido desde entonces que el Rais fue la influencia para el cuento popular del siglo XVII "Barba Azul", que sigue a un rico barón que asesina a sus jóvenes esposas.

Capítulo 8

Lenguaje corporal; entenderlo y sacar provecho

Para nadie es un secreto que el éxito está íntimamente relacionado a nuestra capacidad para desenvolvernos en diversos escenarios. La vida, con cada día, nos provee un sinfín de oportunidades para crecer como personas y como profesionales. De allí la importancia de pensar en la psicología oscura como un conjunto de herramientas y tácticas que, en definitiva, nos puede acercar a la concreción de nuestros objetivos.

A lo largo de mi extensa trayectoria, he conocido personas que dedicaron sus vidas a capitalizar sus conocimientos en esta área para tomar ventaja en relación a sus competidores. Esta es una forma válida de entender la psicología oscura, pero no es la única. Insisto en que la información que puedes extraer de todos los capítulos que componen este libro puede ser de gran ayuda en tus proyectos personales, siempre y cuando sepas orientar estos conocimientos hacia un fin concreto.

No te mentiré al respecto: hay quienes han desarrollado los rasgos característicos de la psicología oscura (maquiavelismo, narcisismo, psicopatía e incluso sadismo) para alcanzar sus fines egoístas. Este tipo de individuos actúa desde un ensimismamiento que va mucho más allá de lo estudiado en este libro-guía.

Se acepte o no, todas las personas en el globo terráqueo hacen uso, consciente o inconscientemente, de algunas tácticas de manipulación mental. En cierto sentido, es comprensible porque toda interacción social puede ser interpretada como una especie de lucha por establecer nuestros criterios más allá de nuestras propias cabezas. La manipulación mental es, en esencia, uno de los brazos de la psicología oscura. No tiene caso negar esta realidad, pero, ¿una mujer que *manipula* a su pequeño hijo para que tome una decisión en lugar de otra, puede ser denominada como una representante de la psicología oscura? Por supuesto que no. En todo caso, ha llevado a cabo una estrategia de manipulación, nada más. Incluso cuando un jefe apela a la necesidad de aprobación de sus subalternos, está manipulando emocionalmente a su colaborador sin "irrumpir" en su visión personal para implantar la suya.

Entendiendo esto, he decidido preparar este capítulo para ayudarte a sacar provecho a uno de los elementos representativos de la psicología oscura: la manipulación. Pero, para conseguirlo, muchas veces es necesario adelantarnos a los demás. Esto es lo que propongo con cada segmento de los que leerás a continuación. El lenguaje no verbal, o corporal, es la puerta a la mente subconsciente de una persona. No lo creerás, pero una parte importante de lo que sucede en nuestro subconsciente se refleja, involuntariamente, en nuestro lenguaje corporal. Si tú quieres capitalizar una interacción social, a través de la influencia, es menester que aprendas a captar todos estos pequeños mensajes que el interlocutor nos expone desde su lenguaje no verbal.

Los segmentos contenidos en este capítulo (*Leer el lenguaje corporal como clave al éxito* y *Las emociones del otro, leerlas y sacar provecho*) te ofrecen algunas pautas relacionadas a este proceso que, para muchos, es una de las formas más sanas de influir en quienes nos rodean de una forma sencilla y poco invasiva. Querido amigo, la psicología oscura tiene muchas ventajas que puedes incluir en tu vida diaria para, así, acercarte cada vez más a tus metas. Entender el lenguaje corporal es esencial para ello.

La importancia del lenguaje corporal en el éxito.

Lo que nos diferencia del resto de especies que habitan el planeta es el lenguaje. Esta es una de las maravillosas diferencias que albergamos en nuestra constitución como seres humanos. Ahora, ¿qué pasaría por tu cabeza si te digo que es posible entender lo que ocurre en la mente de nuestro interlocutor con el simple hecho de prestar la debida atención a sus gestos corporales? Es posible. De hecho, no solo es posible hacerlo; *es necesario*. Cuando alguien ha conseguido desarrollar esta cualidad, es capaz de interpretar lo que sucede en la mente subconsciente de la otra persona, permitiéndole así una ventaja significativa para ganar un debate o para influir en la toma de decisión de alguien más.

Antes de continuar, es imprescindible reevaluar la definición de mente subconsciente. ¿Qué significa? ¿Qué información alberga esa parte de nuestro cerebro? La mente subconsciente puede contener cualquier tipo de información sin que la persona esté debidamente consciente de ello. Claro está, existen métodos para hurgar en la mente subconsciente, pero el porcentaje de personas que están al tanto de estas tácticas es fútil, insignificante. Entendiendo esto, ¿tienes idea de la ventaja que supondrá para ti aprender a leer el lenguaje corporal de alguien más? Esto implica la oportunidad de orientar el sentido de una conversación, de influir, de implantar ideas en el otro sin que este consiga siquiera enterarse.

Esos pasillos inexplorados de la mente humana tienen su oportunidad de manifestarse, de exteriorizarse, a través de un conjunto de tics o pequeños gestos que nos permitirán entender qué está pasando en una cabeza ajena. Así, podemos determinar si el tema de la conversación resulta incómodo para el interlocutor, si está mintiendo e incluso si se siente vulnerable e inseguro frente a lo que está escuchando o diciendo. Impresionante, ¿no lo crees? Si tienes en cuenta que cerca del 90% de la comunicación con los otros es no verbal, imagina la cantidad de oportunidades que encontrarás en una simple conversación para sacar provecho de la misma.

¿Por qué crees que existe una relación entre el éxito y la lectura del lenguaje corporal? Piensa, por ejemplo, en los vendedores. El mundo comercial es la profesión universal. Absolutamente todo deviene en un servicio o en un producto que deberá, en consecuencia, ser vendido. Si los vendedores son expertos consolidados en el lenguaje corporal es porque de esta manera se adelantan a la decisión de su potencial cliente.

Si en los patrones leídos ellos identifican una negativa, readaptan su estrategia, ofrecen nuevas cosas, ventajas inéditas, cambian el tono de sus voces, doblan la apuesta. Sin embargo, los vendedores no son los únicos que necesitan de esta capacidad para ser exitosos. Gerentes, políticos, analistas, campesinos, obreros de una fábrica... ¡todos! La razón: todo oficio que requiera de interacción social es el caldo de cultivo para sacar ventajas desde la lectura del lenguaje corporal de nuestros interlocutores.

Resumiendo; en la función no verbal se encuentran todas las emociones de una persona. Emociones que subyacen ocultas en la mente inconsciente y que, más temprano que tarde, serán manifestadas de forma involuntaria. Es entonces cuando tú, con el conocimiento que adquirirás en este capítulo, podrás tomar una ventaja y capitalizarla a tu favor. No existe un ser humano que esté exento de la interacción social, porque somos esencialmente animales sociales, pero, ¿no te parece una gran idea ganar algunos puntos adicionales leyendo de forma adecuada lo que el subconsciente de otro intenta decirnos?

Las emociones del otro, leerlas y sacar provecho

La buena noticia es que quiero regalarte algunas claves para que aprendas a leer las emociones del otro sin que este consiga saber que alguien ha entrado en su cabeza. Se trata de claves bastante sencillas, aplicables en tu día a día. La idea es que consigas desarrollar tu propio mecanismo de lectura corporal, un sistema en que te sientas lo suficientemente cómodo como para que fluya de forma genuina. Sin embargo, estas primeras pautas te darán una noción bastante clara de qué pequeños guiños o gestos deberás buscar al momento de hablar con alguien a quien quieres influir en tu favor.

En primer lugar, es importante que aprendas a identificar cuándo una persona se siente cómoda o de acuerdo con lo que dices. El cuerpo, en constante conexión con todos los recovecos que conforman la mente, te hará saber cuándo es momento de dirigir la conversación hacia otro tema o cuándo tienes que pisar el acelerador.

Una persona que se siente bien con todos los elementos de la conversación, lo manifiesta involuntariamente de la siguiente manera:

- Una sonrisa genuina, inocente.
- Contacto visual fijo con pocas variaciones.
- Los brazos se encontrarán a cada lado del cuerpo, lo que denota relajación.
- Se inclinará ligeramente hacia ti.

En cambio, las señales que denotan que la persona está incómoda o no se siente *metida* en el debate, son diametralmente opuestas a las anteriores:

- Evitará el contacto visual a toda costa, se sentirá tensa al mirarte.
- Los brazos o piernas estarán cruzados en señal de aversión o irritación.
- Ampliará la distancia entre ambos, alejándose.
- Se rascará la nariz o los ojos con mucha frecuencia.

Ahora bien, al margen de todas estas manifestaciones generales, existen otros gestos que puedes y debes leer en el marco de cualquier conversación que te sea de personal utilidad. Evaluemos, entonces, cada uno de estos rasgos teniendo en cuenta expresiones faciales y corporales.

Expresiones faciales.

La mirada: dicen que los ojos son la ventana del alma. Esto tiene mucho de cierto. A través de una mirada se puede leer el estado emocional en que un individuo se encuentra. Te presentaré tres ejemplos que ilustran bastante bien esta idea.

- Cuando los ojos miran hacia los lados: esta señal puede ser de gran ayuda en algún momento. Significa manipulación. Cuando una persona esconde información que podría resultar importante para la otra persona, no solo evita el contacto visual, sino que lo hace dirigiendo la mirada hacia los costados.
- Cuando los ojos miran al suelo: este gesto denota que la persona podría estar presentando problemas de autoestima. Por cierta razón, se posiciona debajo de ti. Sin embargo, también podría significar un juego de manipulación en el que asume una posición de víctima para influir indirectamente en tus emociones.
- Cuando los ojos se centran en los tuyos: un rasgo que denota que la persona se encuentra totalmente concentrada en lo que le dices. Si pestañea poco y se concentra en el contacto visual, es posible que realmente le interese el tema que estás tocando.

La boca.

- Labios que se muerden: aunque universalmente se asocie este gesto con el coqueteo o el placer, en la vida real es una manifestación de una mente subconsciente llena de ansiedades e inseguridades. En otras palabras, es un gesto que denota un gran nivel de tensión individual.
- Labios apretados: indica que la persona podría estar reprimiendo algo. Un secreto, por ejemplo. Los labios apretados denotan una actitud defensiva frente a algo que pugna por salir del interior.
- Sonrisa sutil: cuando alguien mantiene una sonrisa sutil o liviana, es posible que se encuentre en disconformidad con lo que está sucediendo o albergue dudas acerca de lo que le dices.

Brazos.

- Brazos cruzados: una de las señales más inequívocas de una persona que atraviesa un momento de tensión visible. Desconfianza, incredulidad. Estos factores llevan a la persona a establecer una pared que le proteja de su interlocutor.
- Manos sobre la cintura: cuando los brazos se cruzan, tomándose las manos sobre la cintura, estás frente a una persona con un nivel saludable de autoestima y autoconfianza. Cuenta con la capacidad de enfrentar cualquier recoveco de la conversación y no teme compartir su seguridad con los demás.

- Manos sostenidas en la espalda: es un rasgo que todos hemos visto en profesores, gerentes o figuras que representan una autoridad. En efecto, este gesto va asociado con sensación de superioridad frente a la situación.

Si consigues adaptar cada una de estas premisas del lenguaje corporal con tu propio sistema comunicativo, tendrás un proceso a través del cual la lectura de los demás te posicionará en un mejor lugar al momento de influir en ellos para que tomen decisiones en tu beneficio. La psicología oscura, al margen de lo que sabemos de ella por sus referentes negativos, tiene herramientas y enfoques que pueden sernos de gran ayuda puestos en práctica con una visión más pensada en la concreción de objetivos que en impactar negativamente en los demás.

Capítulo 9

Aspectos importantes de la psicología oscura

La psicología oscura contiene una serie de aspectos de vital importancia. Cada uno de estos, será cuidadosamente explicado a lo largo de las siguientes páginas. Te pido, entonces, que aproveches la información que te ofreceré y extraigas todo el valor que te sea posible. Si bien es cierto que muchos de los protagonistas referidos en capítulos anteriores han hecho un uso cuestionable de sus instrumentos, esto no es en absoluto definitorio ni concluyente.

La explicación más sencilla para entender por qué la psicología oscura ha ganado tantos detractores es porque ha sido malinterpretada en su base. Esta, contrario a lo que se cree, es una extensión de la psicología conductual que nos permite entender, canalizar y capitalizar el comportamiento humano. De manera que cualquier conclusión reduccionista en torno a esta es, a priori, equivocada. No se niega, en ningún momento, que los cuatro rasgos de personalidad (la denominada tétrada oscura), compuestos por el maquiavelismo, el narcisismo, sadismo y la psicopatía, representan el eje de muchas de las conductas reprochables que un cierto número de individuos ha ejercido a lo largo de la historia. Negar tal evidencia no solo supondría una irresponsabilidad de base, sino que nos sumaría al ya significativo número de personas que encierran la vastedad subjetiva de la mente en un cuadro de determinismos.

Siguiendo este orden de ideas es que he propuesto el diseño y desarrollo de un capítulo dirigido únicamente al discernimiento de algunos de los aspectos más importantes de la psicología oscura en términos de influencia y andamiajes comportamentales. Los segmentos que constituyen este capítulo (Reglas sobre la conducta humana, Persuasión, Manipulación, Control mental, Guerra psicológica y Negociación y posicionamiento) vienen a robustecer tu conocimiento en el amplio mundo de la psicología humana desde un enfoque conductual.

Todos estos elementos, cada uno en su esquema, contribuyen a nuestro relacionamiento con las personas que se encuentran en nuestro entorno. Para ello es imprescindible que te liberes de prejuicios y condicionamientos provenientes del exterior, porque estos solo pueden distorsionar nuestro encuentro con nuevos enfoques sobre cualquier tema.

En la medida en que te adentres en esta información con una mente libre de preconcepciones, entenderás mejor el mensaje que intento transmitirte, el cual en síntesis podría resumirse con una frase sencilla: más allá de lo que te han dicho, es posible crecer y desarrollarte como individuo a través de la psicología oscura. Pero, si por alguna razón te es imposible zafarte de estos condicionamientos, entonces te sugiero encarecidamente que enfrentes esta información con mente abierta y pensamiento crítico. Quienes se mantienen abiertos a un cambio en los paradigmas establecidos, usualmente toman mejores decisiones en circunstancias complejas. Te lo aseguro.

Reglas sobre la conducta humana.

Al margen de lo que un individuo puede entender como lo "adecuado" o lo "correcto", existe todo un marco legal que nos ofrece un panorama mucho más claro de qué es aquello que se puede hacer y qué no. Desde los primeros ejercicios filosóficos, el mal y la consciencia humana han sido temas de vital importancia. Con el progreso y desarrollo de la humanidad, los seres humanos fuimos capaces de tipificar todo acto o práctica que de algún modo rompía con el paradigma de lo "bueno". Hoy día, la sociedad se encuentra cada vez más cerca de un consenso universal que nos señale el camino en este sentido.

Sin embargo, siguen existiendo discrepancias notorias, principalmente concebidas desde la heterogeneidad cultural latente entre países. Haciendo un ejercicio detectivesco, es posible identificar muchos de los cánones éticos que hoy imperan en nuestras sociedades como una derivación de la tradicionalidad judeocristiana. Después de todo, la religión y la vida espiritual son factores que deben ser considerados por su peso (en términos cuantitativos) sobre la disposición de leyes y legislaciones varias. Se puede decir que la sociedad se encuentra en un constante proceso de tipificación. Cada nuevo año, un cúmulo de nuevas leyes son expelidas para delimitar el comportamiento de las personas.

Se trata, en definitiva, de un tema enrevesado y lleno de aristas significativas. La relatividad conceptual es, aquí, un factor determinante. Para ilustrar este punto es necesario dirigir la mirada al Oriente Medio. El hecho de que existan países, tanto en Oriente Medio como en África, donde la homosexualidad permanezca categorizada como un delito punible, es un claro indicador de las marcadas diferencias en relación a la legislación de los países occidentales, que despenalizaron la homosexualidad hace varias décadas. No obstante, existe todo un andamiaje religioso-cultural que no puede ni desaparecerá de la noche a la mañana.

El dalái lama, consternado por el atentado terrorista que tuvo lugar en la sede de la revista satírica Charlie Hebdo, emitió una de las declaraciones más significativas de esta problemática presente en el fundamentalismo religioso que parece no tener fin.

> Hay días en los que creo que sería mejor que no hubiera ninguna religión. Todas las religiones y todas las escrituras sagradas albergan un potencial de violencia. Por eso necesitamos una ética secular más allá de todas las religiones. En los colegios es más importante que se impartan clases de ética que de religión. ¿Por qué? Porque para la supervivencia de la Humanidad es más importante ser conscientes de lo que tenemos en común que destacar constantemente lo que nos separa.

Las religiones, juegan un papel trascendental en la creación de reglas sobre la conducta humana. Es posible que en la actualidad se presenten consensos *generales* acerca de determinados comportamientos. Sin embargo, estos no están exentos de especulaciones y polémicas derivadas de la reflexión más elemental. Por ejemplo, hoy todos sabemos que asesinar a alguien más es una acción reprochable y que debe ser castigada con la privación de libertad para el homicida. Pero, por otro lado, hay quienes creen que un asesino debe ser castigado con la pena de muerte. Que la primera potencia mundial, Estados Unidos, aún albergue estados con la pena de muerte impide que se cierre el debate, al menos en Occidente.

Es posible identificar algunas bases para determinar las reglas relacionadas a la conducta humana.

- Ética.
- Valores.
- La consciencia.

Siendo estos conceptos asociables entre sí, han de ser tomados en cuenta en cualquier proceso que busque establecer límites al comportamiento humano. Sin embargo, estos elementos también pueden albergar contradicciones entre sí, lo que nos devuelve al problema inicial (la heterogeneidad cultural), agregando un concepto neurálgico como *el individuo* en su amplio espectro. Como establece Norbert Billbeny en su libro *Ética*, en apunte sobre la ética kantiana, es imposible llegar a un consenso único e indivisible porque, para ello, haría falta que el sujeto tenga un alma descontaminada de pulsiones y egoísmos.

De manera que las reglas sobre la conducta humana nunca representarán un estadio único y universal. Mientras que, para algunas personas, especialmente en los países de origen islámico, el adulterio es una falta moral imperdonable; para la mitad occidental del mundo, una infidelidad no es más que un "desbordamiento" de las pulsiones del individuo. En muchos casos, punible, pero de ningún modo un crimen que amerite el castigo máximo. Esto nos sugiere una conclusión parcial: un consenso universal sobre lo correcto y lo no correcto parece más una imposibilidad conceptual que un camino viable.

En muchos casos, todas estas contradicciones son resueltas por el propio individuo en su consciencia. Somos capaces de tener conceptos claros acerca de lo bueno y lo malo. Para nadie es un secreto que esta dicotomía, que ha trascendido cualquier estudio al respecto, sobrevivirá mientras dure la humanidad. Por ahora, la legislación ha hecho un trabajo encomiable, esto sin dejar de lado que todavía falta mucho por recorrer en cuanto a la tipificación y clasificación de nuevos comportamientos que se salgan del canon de lo moralmente aceptable.

Por ahora, es factible vivir con la certeza de que quitar la vida de alguien, robar, estafar, hacer daño físico o psicológico, son comportamientos contemplados en la legislación de todos los países del mundo. De manera que, aunque falte mucho por hacer, las bases son fuertes y soportarán cualquier nuevo paradigma.

Persuasión

La persuasión es, por definición, el arte de provocar un cambio deliberado en la opinión de alguien más. Este proceso, presente en toda interacción social, tiene una estructura muy sencilla. Un emisor intenta convencer a un receptor para que haga o deje de hacer algo. Cuando el resultado es positivo para el emisor, entonces podemos afirmar que tiene una gran facultad persuasiva. Se trata de una herramienta muy útil en todas las esferas de la vida, teniendo su punto cumbre en el ejercicio de los políticos durante las campañas electorales o en los vendedores cuando se comunican con un potencial cliente. Esto podría resumirse a que la meta definitiva de un buen persuasor es lograr el convencimiento y la aprobación del otro.

La persuasión es una habilidad interpersonal que nos ayuda a conectarnos con los demás. Quien es capaz de persuadir en cualquier nivel tiene altas probabilidades de ser exitoso. Si prestas la debida atención, te darás cuenta que durante las 24 horas del día te encuentras con decenas de oportunidades para persuadir a alguien a que acepte tu premisa o actúe de acuerdo a ella. Es un ejercicio que se encuentra arraigado en nosotros, incluso cuando no somos plenamente conscientes de ello. Sucede, con la persuasión, lo mismo que con la influencia. Forma parte de nuestras habilidades sociales básicas, de manera que todos albergamos en nuestro fuero interno algo de persuasivos.

Una de las características más importantes de la persuasión es que a menudo es más efectiva que la fuerza o la coacción. Mientras que con la coacción forzamos la conducta de alguien (lo que a su vez sugiere un efecto efímero), con la persuasión realmente instauramos nuestro pensamiento o idea en la psique del otro. El concepto de persuasión ha ganado muchos adeptos en los últimos años, principalmente desde que los referentes en literatura de crecimiento personal entendieran su relevancia en el desarrollo de las personas en términos financieros, empresariales, individuales e incluso sociales.

Estas son algunas de las ventajas que disfrutan los que ejercen la persuasión en todas las áreas de su vida:

1. Nos ayuda a "vender" una idea sin socavar el criterio propio de la persona.
2. Es de especial ayuda en todas las profesiones.
3. Nos permite influir de forma natural y sin manipulaciones.
4. Es un proceso constante de retroalimentación en cuanto al perfeccionamiento de habilidades comunicativas.

Un punto de inflexión en nuestro entendimiento de la persuasión surgió con la publicación de 6 principios básicos. Este portentoso psicólogo ha sido hasta hoy uno de los profesionales que más valor ha aportado en lo concerniente a la persuasión como habilidad interpersonal. El mundo entero conoció su portentosa labor cuando, en 1984, publicara su libro *Influencia*, en el que nos enseñaría seis principios en apariencia sencillos, pero de un poder transformador que no puede ser cuestionado bajo ningún concepto.

Estos son los 6 principios de Robert B. Cialdini para una persuasión exitosa:

1. Coherencia y Compromiso.
2. Reciprocidad.
3. Prueba social.
4. Autoridad.
5. Simpatía.
6. Escasez.

Estos 6 principios constituyen, hoy, la base sobre la que muchos otros especialistas desarrollan nuevas teorías. El mundo del marketing, por ejemplo, ha sabido sacarles un provecho incalculable a los cimientos establecidos por Cialdini en su libro Influencia. Es importante a su vez saber que la persuasión es uno de los elementos que dan cuenta de que la psicología oscura puede ser aplicada en el desarrollo personal y no necesariamente en comportamientos indebidos. De manera que, cada vez que escuches que alguien emite juicios de valor parcializados sobre la psicología oscura, pon en práctica los principios de Cialdini y persuádelo para que cambie de idea.

Manipulación

Por muchos considerada un arte, la manipulación es uno de los aspectos más importantes de la psicología oscura. Por definición, puede decirse que la manipulación es un conjunto de acciones mediante el cual una persona interviene en el criterio propio de alguien más para imponer su visión. Esto, en muchos casos, implica la ejecución de enfoques como la manipulación emocional o psicológica. El fin primario de un manipulador es sacar provecho de la vulnerabilidad de sus víctimas. Para ello, es capaz de aplicar técnicas que estudiaremos más adelante, dentro de las que destacan el tratamiento silencioso, la proyección, la intimidación o los reforzamientos tanto positivos como negativos.

La manipulación a menudo tiene connotaciones negativas. Esto se debe a que es fácilmente asociable con actos reprochables, no obstante, esta es una generalización que no permite una evaluación panorámica de sus bondades. Ahora bien, todo depende de cada individuo. De manera que, si tú estás interesado en desarrollar técnicas de manipulación en aras de tu crecimiento como persona, te sugiero que ignores cualquier comentario prejuicioso al respecto. Es posible (la realidad diaria así lo demuestra) aplicar tácticas de manipulación para acercarnos a nuestras metas. Esto no supone, de ningún modo, que debamos ser clasificados como personas peligrosas para la sociedad.

Las generalizaciones siempre repercuten en prejuicios muchas veces carente de todo fundamento. Una de las razones por las que la psicología oscura, en la práctica, ha ayudado a tantas personas a concretar sus objetivos. Esto se debe a la suma de dos elementos básicos. En primer lugar, la consciencia individual de la persona (es decir, lo que esta interpreta como lo correcto y lo incorrecto) y las técnicas aplicadas en el ínterin. Por ejemplo, es un hecho que quien practique la intimidación para alcanzar un propósito está ignorando por completo los estándares definidos sobre el comportamiento humano. De allí la importancia del autoconocimiento, de tener muy claro qué es lo que queremos alcanzar y qué métodos nos permitiremos para hacerlo.

Ahora bien, existen expertos en el arte de la manipulación que poseen características conductuales específicas como el narcisismo o el maquiavelismo, lo que nos permite intuir que harán lo que sea necesario con tal de ser exitosos o de llegar a la cima. Todos recordamos esa frase atribuida a Nicolás Maquiavelo en la que expresa que "el fin justifica los medios". Esta máxima resume un enfoque conductual que hoy día es considerado maquiavélico.

Pero, ¿qué sucede cuando alguien intrínsecamente honrado y bondadoso aplica técnicas de manipulación para sacar rédito de una situación específica? Si se tiene en cuenta que la manipulación es una práctica del día a día (todos, en algún punto, hemos manipulado a alguien tanto como hemos sido víctimas), entonces es objetivamente imposible que no apliquemos alguna de las tácticas de manipulación, aunque sea de forma involuntaria.

La buena noticia, más allá de la estigmatización existente en el tema, es que la manipulación conforma buena parte de nuestras prácticas habituales. De manera que la psicología oscura, por sí misma, nos ofrece herramientas y estrategias para adecuarnos a una realidad que no puede prescindir de ella. En otras palabras, la psicología oscura *está entre nosotros*, por lo que aceptarla y entenderla es la mejor opción para quien ha decidido ser exitoso al margen de los prejuicios.

Negociación y posicionamiento

Otro de los valores que nos ofrece la psicología oscura se relaciona con una capacidad óptima en términos de negociación y posicionamiento. Para nadie es un secreto que toda interacción social, independientemente del contexto en que esta se presente, es un proceso de negociación constante en el que nos abocamos a integrar nuestra idea en la mente de alguien más. Esto, sin embargo, puede presentarse en el caso contrario, cuando nuestros mecanismos de defensa son puestos a prueba por alguien que intenta "vendernos" una idea para que la aceptemos como propia y actuemos de acuerdo a ella.

Aceptar esta realidad es un gran paso al momento de entender las interacciones con nuestro entorno desde un punto de vista práctico, lo que supone la oportunidad de prepararnos de mejor manera para tomar acciones estratégicas cónsonas con todos los posibles escenarios del día a día. Una negociación es, para muchos, un proceso complejo y desafiante. Si bien es cierto que hay que tener en cuenta los rasgos de personalidad de cada individuo, es menester que la persona se aboque a mejorar sus herramientas de confrontación en aras de sus propósitos de vida.

Por ejemplo, si alguien es por naturaleza tímido, difícilmente salga vencedor en una negociación. Ahora, si analizamos la panorámica completa, la timidez es un rasgo que debes trabajar atentamente. Los grandes expertos negociadores saben identificar las vulnerabilidades de su contraparte, esto implica la timidez y la docilidad. El impacto de una carencia de herramientas de negociación en tu vida es superlativo.

Otro de los ejemplos que me gusta citar mucho es de alguien que participa en un proceso de selección para determinada empresa. Estos procesos generalmente son estresantes porque los candidatos están a la expectativa de la decisión por parte del especialista en Recursos Humanos. La negociación es como vender un producto. En la medida en que sepas proyectar todas tus actitudes, la viabilidad de tu idea, tus factores diferenciadores, la otra parte te considerará en mejores términos. ¿Te imaginas perder la oportunidad profesional de tus sueños por no prestarle la debida atención a tus herramientas de posicionamiento en el otro?

Es comprensible que cada individuo tiene sus rasgos de personalidad, pero la adaptabilidad juega aquí un papel fundamental. Si el objetivo de alguien es ser un orador exitoso, que participe en exposiciones y conferencias en todas las latitudes del planeta, deberá perfeccionar algunas características asociadas a esta profesión como carisma, habilidades didácticas, oratoria, entre otras. Lo mismo sucede en la vida diaria, cuando la negociación se encuentra inmersa en prácticamente todos los procesos sociales.

Regatear el precio de un producto, definir la hora de salida entre amigos, establecer concesiones con tu pareja sentimental, postularte a un ascenso, pedir apoyo a algún colega, realizar una investigación universitaria, comprar, vender, alquilar, subsidiar, todos estos son estadios de la negociación a la que nos enfrentamos durante todos los días de nuestra vida. De manera que no existe mejor opción que adecuarnos a una realidad que parece inobjetable. En ese sentido, el desarrollo de las habilidades y técnicas de la negociación es una cuestión a priori innegociable.

Control mental

Desafortunadamente, la historia nos ha ofrecido muchos ejemplos prácticos de cómo la psicología oscura puede ser aplicada con fines egoístas, que buscan satisfacer los complejos y objetivos de unos pocos en detrimento de la mayoría. El control mental es uno de los métodos más representativos de este tipo de mezquindad. Líderes religiosos, políticos, estrategas militares o criminales comunes han conseguido generar un impacto mental tan profundo en sus seguidores que, en consecuencia, estos han terminado llevando a cabo cualquier cantidad de atrocidades motivados por las indicaciones de una persona que seguidores y acólitos asumen como una figura etérea e inalcanzable.

Estos profetas de la mente, como me gusta llamarles, no solo han sido capaces de adentrarse en la mente de otras personas (en muchos casos, millones) sino que han conseguido destruir por completo la visión individual de cada uno, sustituyéndola por una visión general que en realidad no es más que la visión del experto manipulador. Cuando Charles Manson condujo a aquellos jóvenes a perpetrar un crimen tan atroz como el cometido contra la actriz Sharon Tate y otras cuatro personas, ¿qué pasaba por la cabeza de los victimarios materiales? Esta es una pregunta que no podría ser respondida por nadie más que por los actores que participaron en aquella matanza; sin embargo, el autor intelectual fue ese joven aspirante a músico que manejó como quiso la mente de esas personas desde el culto La Familia.

O, siguiendo este orden de ideas, ¿cómo es posible que tantas personas persiguieran, hirieran y hasta asesinaran a los judíos durante el holocausto provocado y ordenado por Adolf Hitler en la Alemania nazi? Estas son demostraciones irrefutables de cómo el control mental puede destruir por completo el criterio propio de un individuo para adherirlo a una perspectiva que "le trasciende" y que proviene de la máxima autoridad que han terminado por aceptar. Las técnicas para *acceder* a la mente de alguien más varían según el escenario y el autor.

Otro ejemplo: existe documentación sólida que sugiere prácticas de control mental por parte de los líderes del grupo fundamentalista ISIS dirigidas a sus prisioneros. Por otro lado, se sabe que, durante la dictadura del proletariado comandada por Iósif Stalin, los disidentes eran conducidos a programas de reeducación donde se les enseñaban los nuevos conceptos idiosincráticos del partido único. Por muchos considerados el dictador más monstruoso de todos cuanto han existido, sus incursiones en la psique de los prisioneros iban mucho más allá de "reeducarles", tal como lo indica el escritor Robert Service en su biografía *Stalin, Una biografía*:

> Stalin inició y mantuvo el impulso hacia el Gran Terror. No le hacía falta que otros lo empujaran. Fue él y nadie más quien planeó los encarcelamientos, la tortura, los trabajos forzados y el fusilamiento. Recurrió al terror sobre la base de las doctrinas bolcheviques y de las prácticas soviéticas precedentes. También se dedicó a él al margen de un impulso psicológico interno. Aunque no necesitaba muchos incentivos para mutilar y matar, tenía una estrategia en mente. Cuando actuaba, su brutalidad era tan mecánica como una ratonera. Stalin sabía qué estaba cazando durante el Gran Terror y por qué lo hacía.

El control mental, por mala fortuna, ha ampliado su margen de acción a distintos campos. Lo que antes solo era visible en las prácticas militares o en un escenario bélico, ahora es parcialmente aceptado por las autoridades bajo la excusa de respetar las libertades de culto. Líderes religiosos de todo el mundo han conseguido dominar las mentes de sus acólitos de tal manera que muchas veces, cuando estos consiguen liberarse del yugo, necesitan años de terapia psicológica y psiquiátrica para superar los traumas acontecidos durante los prolongados periodos de abusos psicológicos y control mental.

Guerra psicológica

En el mundo actual, nunca se sabe lo que se puede encontrar cuando se mira el periódico o se prende la televisión. Las imágenes perturbadoras de terror pueden desencadenar una respuesta visceral, independientemente de lo cerca o lejos que haya sucedido el acontecimiento.

A lo largo de la historia, todos los conflictos militares han implicado una guerra psicológica de un modo u otro, ya que el enemigo trataba de quebrar la moral de su oponente. Pero gracias a los avances tecnológicos, la popularidad de Internet y la proliferación de la cobertura informativa, las reglas de combate en este tipo de batalla mental han cambiado.

Tanto si se trata de un ataque masivo como de un Único acto horrible, los efectos de la guerra psicológica no se limitan al daño físico infligido. En cambio, el objetivo de estos ataques es infundir una sensación de miedo mucho mayor que la propia amenaza.

Por ejemplo, Bulliet dice que la crisis de los secuestros en irán, que comenzó en 1979 y duró 444 días, fue en realidad una de las cosas más inofensivas que ocurrieron en Oriente Medio en los últimos 25 años. Todos los secuestrados estadounidenses fueron finalmente liberados ilesos, pero el suceso sigue siendo una cicatriz psicológica para muchos estadounidenses que vieron impotentes cómo el noticiero de cada noche contaba los días que los prisioneros permanecían cautivos.

Bulliet afirma que los terroristas suelen explotar las imágenes de un grupo de individuos enmascarados ejerciendo un poder total sobre sus prisioneros para enviar el mensaje de que el acto es una demostración colectiva del poder del grupo y no un acto criminal individual.

"No se tiene la noción de que una determinada persona ha tomado un rehén. Es una imagen de poder grupal, y la fuerza se generaliza en lugar de personalizarse", dice Bulliet. "La aleatoriedad y la ubicuidad de la amenaza dan la impresión de una capacidad mucho mayor".

El psiquiatra Ansar Haroun, que sirvió en la reserva del ejército estadounidense en la primera Guerra del Golfo y más recientemente en Afganistán, dice que los grupos terroristas suelen recurrir a la guerra psicológica porque es la Única táctica que tienen a disposición.

"Ellos no tienen M-16, y nosotros tenemos M-16. No tienen el poderoso poder militar que tenemos nosotros, y solo tienen acceso a cosas como el secuestro", dice Haroun.

"En la guerra psicológica, incluso una decapitación puede tener el impacto psicológico que podría tener matar a 1.000 enemigos", dice Haroun. "En realidad no se ha dañado mucho al enemigo matando a una persona del otro bando. Pero en términos de inspirar miedo, ansiedad, terror y hacer que todos nos sintamos mal, ha logrado una gran desmoralización." Porqué nos perturban los terrores lejanos.

Cuando ocurre un acontecimiento horrible, los expertos dicen que es natural sentirse perturbado, aunque el acto haya ocurrido a miles de kilómetros de distancia.

"La reacción humana es ponerse en la situación porque la mayoría de nosotros tiene una buena salud mental y la capacidad de empatizar", dice

Haroun. "Nos ponemos en el lugar de la persona desafortunada".

Presenciar a un acto de terrorismo psicológico también puede alterar nuestro sistema de creencias, dice el doctor Charles Figley, director del Instituto de Traumatóloga de la Universidad Estatal de Florida.

"Caminamos, psicológicamente, en una burbuja, y esa burbuja representa nuestro sistema de creencias y valores". "La mayoría de las veces asumimos incorrectamente que otras personas tienen los mismos valores y las mismas costumbres sociales que nosotros. Cuando eso se viola o se pone en duda, la primera respuesta suele ser un esfuerzo por proteger nuestras creencias y, en otras palabras, negar que haya ocurrido realmente."

Lo importante aquí es destacar que la guerra psicológica persigue un fin muy preciso: destruir la calma del oponente. Esto hace vulnerables a quienes son, por naturaleza, temerosos y débiles. Si tocamos ejemplos mucho más pequeños, cuando un jefe pone sobre el tapete la posibilidad de que no recibas la promoción por la que tanto has trabajado... ¡te genera miedo! ¡Te crea desconfianza e inseguridad! Esto, en una escala significativamente menor, es un tipo de guerra a la que debes hacer frente con la prevención y con todas las herramientas que tengas a tu alcance para defender tu psicología, tu integridad y tu visión.

Capítulo 10
Técnicas de manipulación psicológica

"Es claro que durante siglos la gente se ha comportado de determinadas maneras a causa de sus sentimientos. Come porque siente hambre, golpea porque se enoja, y en general hace lo que siente deseos de hacer. Sin embargo, si tal cosa fuese cierta, se sabría muy poco acerca de los sentimientos, y sería imposible alguna ciencia de la conducta. Pero lo que se siente no es una causa inicial ni desencadenante."

B. F. Skinner, El análisis de la conducta, una visión retrospectiva.

La manipulación psicológica es una de las principales causas en la infelicidad de las personas. A lo largo de mi trayectoria he aprendido a interpretarla con respeto y profesionalidad en vista de los efectos que esta puede producir en las víctimas. No hay que olvidar que el manipulador es un especialista en identificar potenciales víctimas en cualquier escenario posible. Y, siguiendo sus propósitos, dispondrá de un conjunto de herramientas o técnicas que le llevarán a imponer su control sobre quien así lo permita. Si la manipulación psicológica es considerada un arma tan poderosa es que ejerce un impacto tan profundo en quienes la reciben que más temprano que tarde estas personas pierden todo su sentido de la realidad, habituándose a una visión impuesta desde un factor externo.

Este capítulo tiene como finalidad enseñarte algunos aspectos relacionados a la manipulación psicológica. Todas estas estrategias pueden ser contrarrestadas desde la prevención; el fortalecimiento de la autoconfianza que es, la mejor defensa. En la medida en que estamos muy conscientes de nuestras capacidades, visión y expectativas, difícilmente seremos presa fácil de los especialistas manipuladores que habitan muy cerca de nosotros. La idea, es prepararte para que tengas las herramientas adecuadas (empezando, desde luego, por el conocimiento) y, así, evitar que el control de tus decisiones y acciones se te escapen como granos de arena de entre las manos.

He conocido personas que han sido sometidas y expuestas a manipulación psicológica durante prolongados lapsos de tiempo; la sensación que se tiene de las víctimas es similar a la que enfrentamos cuando alguien ha sufrido una especie de control mental. Todos los focos que componen su personalidad han sido cambiados por elementos que nada tienen que ver con lo que dábamos por sentado. Estos cambios no suceden de la noche a la mañana; es un proceso gradual en el que intervienen un sinfín de factores comandados por el control absoluto del manipulador.

Es desgarrador ver cómo la visión individual de alguien a quien queremos se hace pedazos por efecto de algunas de las técnicas que te enseñaré en las próximas páginas. De esta manera, aprender todo lo concerniente a las técnicas favoritas de los manipuladores no solo nos cuida a nosotros sino a nuestros seres queridos conforme nos comprometemos con la transmisión del mensaje, el cual no es otro que: existen especialistas que dominan al dedil el arte de la manipulación psicológica; ellos están en todas partes, al asecho, a la espera de que una personalidad vulnerable caiga en sus manos. No seas uno de los millones de víctimas que hoy han perdido las riendas de su vida por causa de alguien más.

Esta es la razón principal de este capítulo. Así que, sin más palabras, empecemos.

Aislamiento

El aislamiento es una técnica poco conocida pero que supone un golpe profundo y rotundo en la psique de las personas. No en vano ha sido aplicada en escenarios bélicos contra prisioneros de guerra con la finalidad de obtener información estratégica sobre las posiciones del enemigo. Sin embargo, el aislamiento tiene muchos marcos de aplicabilidad. El día a día representa muchas oportunidades para iniciar un proceso de manipulación psicológica. En este sentido, existen especialistas manipuladores que entienden el aislamiento como un arma tan efectiva como precisa.

Así que, de ahora en adelante, cuando escuches hablar de aislamiento no pienses en primer lugar en las tácticas de lavado de cerebro utilizadas contra los prisioneros de guerra. Piensa, primeramente, en el ciudadano común que camina por las calles de su ciudad, que tiene una carrera profesional o un oficio, que tiene una familia y que es especialmente vulnerable a los ojos de los manipuladores. No lo creerás, pero el aislamiento funciona tan bien como dispararle a alguien que no posee escudo alguno.

Lo que hace del aislamiento una técnica tan querida por los manipuladores es que consiste básicamente en deshacer el escudo de sus potenciales víctimas. El escudo, en este caso, es el cúmulo de personas que nos conocen y que con facilidad podrían identificar si existe un cambio significativo en nuestro comportamiento. Pongamos por ejemplo a tu pareja. Es probable que tu pareja sentimental te conozca como a la palma de su mano, por lo tanto, le será fácil saber si algo ha cambiado en ti o si has empezado a compartir con nuevas personas. En la medida en que el manipulador consiga que te aísles, que te separes de tu pareja sentimental, entonces estarás caminando desnudo en medio de una balacera. Y, te lo aseguro, no saldrás ileso.

Las personas de nuestro entorno inmediato son un recurso social que podemos utilizar como botón de emergencia. Si alguien cercano a ti nota que te has vuelto odioso, grosero o que tu empatía ha desaparecido, te lo hará saber. Y hará todo cuanto esté en sus posibilidades para convencerte de que algo malo ocurre en tu comportamiento. Pero, si te aíslas, rechazarás cualquier consejo sin importar de donde provenga. Este es el escenario idóneo para el manipulador, que aprovechará para sentar su dominio en tu mente sin que puedas impedirlo.

Esta es una técnica especialmente aplicada por los líderes religiosos que planifican su dominio sobre la base del aislamiento. Esto quiere decir que no tendrás hacia dónde dirigirte cuando tengas una "duda de fe", porque por mucho tiempo has generado distancia y rechazo por parte de tus seres queridos. Para muchos, es una de las técnicas más duras de las presentes en esta lista porque no solo destruye tu visión individual del mundo, sino que te aleja de aquellos con quienes existe un vínculo emocional lo suficientemente fuerte como para sacarte del círculo de manipulación en que te encuentras encerrado.

Intimidación

La intimidación, es una de las técnicas de manipulación psicológica mediante la cual un experto procura hacerse con el control de tu psique y dominarte desde todo punto de vista. Se trata de una táctica muy efectiva en la medida en que el victimario no ejerza resistencia alguna.

Uno de los escenarios más comunes y propicios para la intimidación como herramienta de manipulación psicológica es el mundo laboral o corporativo. La figura de un jefe autoritario, intransigente, sectario, que aprovecha cualquier oportunidad para amenazar a sus colaboradores con castigos o impedimentos en su desarrollo profesional es ampliamente conocida en el mundo.

Cada vez son más las empresas que dedican cuantiosos recursos para formar a sus gerentes y supervisores de cargos estratégicos para que ejerzan un liderazgo saludable y funcional, lo que implica respetar en todo momento la integridad de los subalternos. Los especialistas insisten en que un liderazgo concebido desde el respeto y la integración de los grupos de trabajo en un enfoque multidisciplinario es mucho más efectivo en términos de resolución de conflictos y concreción de metas. No obstante, la intimidación también puede ser aplicada en otros contextos como lo son las relaciones románticas, la amistad e incluso en el seno familiar.

El manipulador es capaz de mostrarse hostil, iracundo, para demostrar que tiene tendencias violentas. Para ellos, todo es válido cuando se trata de hacer que otros cumplan su voluntad. Por lo tanto, esta violencia podría trascender y tornarse física si la persona muestra resistencia a sus manifestaciones agresivas. Ahora bien, la intimidación puede también ser encubierta; esto supone la emisión de amenazas vagas, solapadas, con la finalidad de preparar el camino hacia tu psique.

En las relaciones de pareja, por ejemplo, la intimidación juega un papel fundamental porque el manipulador es capaz de trasladar la culpa o de amenazar directamente para posicionarse en la mente de su acompañante. Se trata, en definitiva, de una técnica que tiene muchos agravantes. La ira, cuando no es bien manejada y se encuentra con una víctima resistente, puede desencadenar escenarios violentos y posibles tragedias.

Mientras que la intimidación directa proviene de manipuladores que son dueños de la situación, en una relación de poder que les favorece; la manipulación encubierta se presenta cuando el victimario es consciente de que la sociedad juzga sus conductas y podría, posteriormente, traerle problemas mayores. De allí que esta última se presente mayormente en relaciones románticas mientras que jefes abusivos se encuentran en cualquier lado, por desgracia.

Muchas técnicas de manipulación psicológica son, en cierto modo, manejables. Sin embargo, con la intimidación entra en juego un elemento de relevancia incuestionable: la tendencia violenta del individuo. De manera que, en la medida de lo posible, evita cualquier relacionamiento con personas que procuren socavar tu visión desde la intimidación. Hay guerras que es preferible evitar.

Refuerzo positivo

El ingenio del ser humano es tan vasto como inasible. La psicología, en su interés por conocer las bases del comportamiento humano, ha llevado a cabo distintos experimentos de los más diversos. Los refuerzos (positivos y negativos) son un claro ejemplo de ello. Pero, ¿estás al tanto de lo que significa el refuerzo positivo? Es una técnica desarrollada en el campo de la psicología conductual que funciona desde la base del condicionamiento. Sí, el condicionamiento como un elemento conscientemente inoculado. En líneas generales, el refuerzo se presenta como una recompensa esperada que busca fomentar comportamientos y actitudes en los demás.

La premisa de esta técnica es que la recompensa ofrecida aumenta las probabilidades de que suceda la conducta que estamos esperando. Se trata de una táctica que los manipuladores utilizan con menor frecuencia que las restantes expuestas en este capítulo, no obstante, han de tenerse todas las consideraciones preventivas al respecto. Recuerda que, si conoces el terreno decidirás más apropiadamente si ir, o si, por el contrario, te abstienes. Por lo tanto, es importante que sepas que este método puede ser aplicado por personas inescrupulosas que quieren adentrarse en tu psique.

Todas las personas utilizamos, en menor o mayor medida, el refuerzo positivo como una especie de orientación conductual. Generalmente se ve mucho en los padres hacia la formación de sus hijos. Pero también se presenta en relaciones laborales, amorosas o sociales. De manera que, no te sientas mal si te sientes identificado a lo largo de ese segmento tras conocer algunos ejemplos representativos. La verdad es que el refuerzo es utilizado mayormente de forma inconsciente. Pero también es conveniente decir que es un arma muy a la disposición de los expertos en manipulación, que han encontrado en los estudios de la psicología conductual una herramienta que utilizar a su beneficio.

El refuerzo positivo sucede cuando se "vende" la idea de que un regalo o una recompensa es la consecuencia de una acción. Lo que, se presume, orienta a la persona a actuar de determinada manera para recibir la gratificación. Por ejemplo, cuando una madre felicita a su hijo (recompensa) por ordenar su cuarto o hacer la tarea (comportamiento) está ejerciendo el refuerzo positivo de forma inconsciente. O cuando un padre le ofrece dulces a su hijo (recompensa) si prepara la mesa antes de la cena (comportamiento). Así, el niño entiende dentro de su mente subconsciente que recibir una felicitación o dulces es la consecuencia directa de ordenar el cuarto o preparar la mesa.

La manipulación psicológica se presenta cuando alguien se aprovecha de algún rasgo de personalidad particularmente atractivo para la maniobra. Se sabe que las personas tímidas tienden a buscar la aprobación de alguien más. Ellos son más vulnerables que el resto a caer en la dinámica de los refuerzos positivos, lo que en consecuencia devendrá en una manipulación psicológica externamente imperceptible pero tan potente como cualquier otra.

Refuerzo negativo

Es muy común que las personas no sepan establecer diferencias claras entre el refuerzo positivo y el refuerzo negativo. En realidad, como sabrás, ambos parten de la misma premisa solo que desde un enfoque ligeramente distinto. Mientras que el refuerzo positivo establece una recompensa a cambio de un comportamiento determinado, el refuerzo negativo funciona de forma inversa: eliminando un estímulo (generalmente negativo o aversivo) a través de un comportamiento específico.

Uno de los errores más comunes con los que he tratado es que las personas creen que el refuerzo negativo es una especie de castigo correctivo. Conceptualmente, están muy separados. El castigo busca *suprimir* un comportamiento mientras que el refuerzo negativo busca *generar* el comportamiento. En resumidas cuentas, el refuerzo es utilizado para hacer que alguien se sienta obligado a actuar o comportarse de cierta forma. El caso que aquí analizamos tiene como finalidad fortalecer las respuestas voluntarias del individuo para liberarse de una sensación molesta; el castigo, en el caso totalmente opuesto, se encarga de debilitar las respuestas voluntarias del individuo a través de amenazas, intimidación y la imposición del miedo.

Este enfoque de la psicología conductual funciona *desde* castigo y no *desde* la recompensa. Es muy común encontrar este tipo de técnicas de manipulación psicológica en escenarios donde uno de los elementos requiere consolidar su autoridad frente al otro.

Sin embargo, al igual que el refuerzo positivo, también está muy presente en todas las interacciones sociales que tengan un mínimo de conexión emocional. No obstante, puede ser efectiva incluso en el caso de manipuladores con víctimas totalmente desconocidas. Aunque, de acuerdo a mi experiencia, su efectividad es mucho más sólida cuando va dirigida a personas en procesos formativos tempranos. Los niños, por ejemplo, por no haber desarrollado todavía un criterio propio, son objeto de los refuerzos, esencialmente por parte de sus padres. A continuación, dos ejemplos de refuerzo negativo.

1. El niño ordena su habitación justo después de levantarse para evitar los regaños de su mamá.
2. El joven profesional ha empezado a llegar más temprano a la oficina para que no le llamen la atención en la reunión de gestión.

3. La adolescente le baja el volumen a su reproductor musical para que no le duela la cabeza posteriormente.

Los manipuladores son expertos para sumergirse en la psique de su víctima, generando escenarios propicios para aplicar refuerzos negativos. Los refuerzos no son la técnica de manipulación psicológica más frecuentes, pero es imprescindible tener una noción lo suficientemente clara sobre el tema para evitar las redes y las trampas de oso que los expertos en el arte de la manipulación psicológica dejan por doquier, a la expectativa de su próxima víctima.

Castigo

La manipulación psicológica puede ser ejercida desde distintos enfoques; puede llevarse a cabo desde acciones sutiles hasta temerarias. En todo caso, el objetivo del manipulador siempre será la misma: debilitar las respuestas voluntarias de la persona para que esta, a su vez, pierda su sentido crítico de la realidad y actúe desde y hacia los propósitos del victimario. Al igual que la intimidación, el castigo es otra de las demostraciones tangibles de la manipulación psicológica impuesta en cierto modo desde la violencia. Es necesario entender que la violencia va mucho más allá de una acción física concreta, de un golpe o de cualquier manifestación de agresividad palpable.

De hecho, se considera que el castigo es una técnica de manipulación psicológica porque instaura en la persona un miedo a la consecuencia de actuar (o no actuar) del modo que lo indica su victimario. En la actualidad, amenazar con una repercusión a quien tenga, o no, algún comportamiento específico, es muy común en casi todas las esferas de la vida. Todos hemos sido testigos oculares, cuando no directamente víctimas, de alguien que a través del castigo coacciona nuestras decisiones, condicionándonos a través del miedo. Lo que hace del castigo una de las estrategias más efectivas es que el manipulador atrapa la psique de la persona, aplicando en muchos casos una forma de terror en la que esta no puede actuar de acuerdo a sus instintos o criterio individual.

Al igual que los refuerzos, tanto positivos como negativos, son aplicables en las primeras etapas formativas de un niño (tal como lo indican los ejemplos expuestos en el segmento anterior), el castigo es para muchos padres una posibilidad didáctica. Una de las posibles razones para explicar esto es que han heredado este comportamiento de sus padres, por lo que conscientemente no están al tanto de que al golpear a un niño si no actúa de determinada manera o hace determinada actividad, es una forma de manipulación psicológica de la que no están enterados. Esto se debe a que han normalizado la violencia como una herramienta didáctica en lugar de una consecuencia que amplía el espectro del miedo en la criatura en formación.

De manera que, aunque sean aplicables en los mismos escenarios, los refuerzos y el castigo son diametralmente opuestos en términos conceptuales. Este último consta de una primera etapa, la intimidación, que posteriormente pasa a la acción concreta al ejercer el castigo contra la víctima. En los últimos años se han desarrollado centenares de conferencias o simposios ofrecidos a padres y representantes en aras de ayudarles a entender las implicaciones del castigo en la formación de un niño. Pero, por otro lado, es una verdad incuestionable que esta técnica de manipulación psicológica entra prácticamente en todos los escenarios donde exista una relación de poder dispareja. Relaciones amorosas, por ejemplo, pueden ser el caldo de cultivo para la puesta en marcha del castigo como herramienta de manipulación.

Lo importante, pues, en términos de prevención, es que te hagas consciente de que un manipulador busca apoderarse de tu pensamiento crítico, debilitando tus respuestas involuntarias para así tener acceso total a tu mente subconsciente. Si lo logra, todas las acciones que ejecutes no tendrán un fin personal más allá de satisfacer las necesidades del otro. A menudo, cuando los manipuladores sienten resistencia por parte de la víctima, aplicarán la fuerza si así lo consideran necesario. En resumidas cuentas, desde el momento en que identifiques algún patrón asociable a esta técnica de manipulación, deberás actuar con entereza y fuerza para evitar que la situación se vuelva más compleja e incluso inmanejable. Tu plenitud como individuo está en juego.

El silencio.

El silencio, también conocido como tratamiento silencioso, es una técnica de manipulación psicológica que difiere mucho del castigo porque se ejerce desde un tipo de agresión que no implica contacto físico. En el argot popular, es posible que las personas conozcan esta técnica bajo el nombre de "ley del hielo". Es, pues, cuando una persona ejerce el distanciamiento para influir de una u otra manera en tu comportamiento. El tratamiento silencioso es un mensaje para muchos indiscernible, por su sutileza, pero quienes conocen la técnica y saben identificar sus patrones podrán leer entre líneas algo como "¿No quieres hacer lo que te digo? Entonces no tendrás mi atención". Porque, en efecto, esta es la finalidad del tratamiento silencioso.

Las relaciones donde existe una clara dependencia emocional es el marco ideal para llevar a cabo esta técnica porque el victimario entiende el apego como una "superioridad" de su parte en relación al otro, por lo que tiene la certeza de que la víctima más temprano que tarde hará lo que él indique para así recuperar de nuevo su atención. Aunque no tenga la popularidad y resonancia de otras técnicas, el tratamiento silencioso es especialmente cruel, sobre todo si se tiene en cuenta el grado de entrega emocional por parte de la víctima, que actuará desde la desesperación, desde el apego, para recuperar la atención del victimario.

Es totalmente comprensible que, como seres sociales, muchas veces requerimos la aprobación de alguien más para sentirnos realizados como individuos. Sin embargo, esta necesidad se vuelve un problema mucho más complejo cuando es aprovechado por la otra parte para sacar provecho e instaurar su visión en la mente subconsciente de la víctima. La praxis de esta técnica es tan sencilla, y común, que fácilmente puede pasar desapercibida si no se presta la atención adecuada.

Por ejemplo, el manipulador nos pide que hagamos algo que no nos conviene pero que "es de bien común". Si nos negamos, entonces el especialista marcará una distancia, se alejará, incluso dejando de hablar con nosotros. Así, se limitará a esperar que la dependencia emocional de nosotros hacia ellos actúe y nos obligue a actuar de acuerdo a sus intereses.

Se trata, en definitiva, de un hábito que amplifica la toxicidad en cualquier relación social. Independientemente de si hablamos de una relación amorosa, laboral, social o paternal. Todos los escenarios son viables para establecer el tratamiento silencioso como arma de manipulación psicológica. Lo importante, en todos los casos aquí referidos, es que el posible victimario sea consciente de que lo están manipulando. Solo así podrá aferrarse conscientemente a sus reacciones y no ceder ante los caprichos de aquella persona.

Resulta para muchos un verdadero desafío; no en vano el tema de la dependencia emocional ha calado tanto en la literatura de desarrollo personal. Se trata de un contexto muy complejo en que la persona deberá tomar algunas medidas para salir de él. Sin embargo, en síntesis, puede decirse que la dependencia emocional puede ser vencida cuando reforzamos nuestra autoconfianza.

En la medida en que nos percibamos a nosotros mismos como seres de valor, independientemente de quien nos acompaña en determinada etapa de nuestras vidas, el camino hacia la liberación empieza a pavimentarse con todos los elementos adecuados. La mente, querido amigo, puede ser tanto nuestra aliada como nuestra peor enemiga.

Persistencia

Quizá se trata de la conducta más común de todas las técnicas que componen esta lista. La persistencia, por definición, es cuando instamos a alguien por mucho tiempo, y de distintas formas, a que haga algo con lo que no se siente particularmente cómodo o convencido. En honor a la verdad, es importante aclarar que la persistencia es un rasgo de personalidad que muchos tienen no de forma consciente, por lo que en la mayoría de los casos es utilizado como una herramienta de manipulación psicológica de forma automática y no con un fin dañino. Sin embargo, cuando la persona alimenta algún tipo de tendencia hacia la agresividad, la persistencia es la primera puerta hacia conductas mucho más complejas y, en definitiva, peligrosas.

Las mujeres, por lo general, tienen que lidiar mucho con este tipo de comportamientos por parte de hombres que intenten coquetear con ellas. Es importante, en este sentido, tener en cuenta que la persistencia es una forma de violencia sutil con que desafortunadamente se ha naturalizado con el transcurrir del tiempo. No deja de ser, por ello, una técnica de manipulación psicológica que busca debilitar los comportamientos voluntarios de un individuo. La persistencia, en muchas culturas, es vista como un rasgo de personalidad positivo asociado a la consecución del éxito. No obstante, cuando esta persistencia es *dirigida* a la psique de alguien más, se vuelve problemática.

En un marco general, esta no es más que una guerra de voluntades entre una o más personas. Sin embargo, la esperada intensificación del manipulador por conseguir que la otra persona actúe de acuerdo a sus intereses tiene un matiz mucho más complejo que debe considerar factores como la relación emocional previa entre ambos (donde el victimario tiene las de ganar) y los rasgos individuales de la víctima (la docilidad, por ejemplo, es caldo de cultivo para que la víctima ceda sus voluntades en aras de satisfacer al otro). De manera que, aunque sutil, no carece de relevancia como materia de estudio en lo concerniente a la manipulación psicológica.

Ahora bien, ¿todas las personas persistentes son manipuladores tóxicos? La verdad es que no. Este reduccionismo no tiene cabida en la persistencia porque, para muchos, esta es una herramienta didáctica que le permite fomentar actitudes adecuadas en otros. Cuando una persona insta constantemente a otra para que se aleje de las drogas, no persigue un fin negativo. Cuando una madre persiste en que su hijo se lave los dientes al despertar, tampoco lo hace desde la necesidad de instaurar su visión en la visión individual del pequeño. De manera que, encerrar la persistencia en un cuadro de connotaciones puramente negativas es, a todas luces, una generalización que no aporta nada productivo al debate sobre la manipulación.

La manipulación psicológica aversiva sucede cuando el manipulador tiene intenciones maliciosas sobre la víctima. Este es el caso de las mujeres que se han acostumbrado a soportar constantes acosos de quienes buscan una relación amorosa. En términos generales, la persistencia puede ser utilizada en ambos sentidos, aunque en todos los casos es, desde luego, manipulación. Una persona que insiste (fastidia) para que su amigo salga de una relación tóxica, lo hace desde una preocupación genuina, aunque el fin diste de ser malicioso. Se trata de un tema que ha de ser evaluado entendiendo el todo que le contiene y no como un elemento aislado de las interacciones sociales del día a día.

Manipulación de los hechos

Un amigo abogado me dijo un día que su profesión se trata de encontrar huecos en las frases. Supongo que con esto quiso hacer referencia a los constantes vacíos legales que están presentes en todos los textos legislativos. Así como el abogado tiene que interpretar las leyes de acuerdo a su caso, para sacar algún provecho, lo mismo sucede con esta técnica de manipulación psicológica. Lo que hace de la manipulación de los hechos una táctica tan efectiva es que se basa en hechos no objetivos, sino en hechos que están de algún modo sujetos a interpretación por parte de los involucrados.

Si algo ha quedado claro es que los expertos manipuladores tienen una gran habilidad comunicativa; dominan el lenguaje a su merced, lo que sugiere que tienen la capacidad de torcer un mensaje cuanto sea necesario hasta que este le permita obtener ventajas al respecto. La manipulación de hechos no es técnicamente una mentira. Se trata de encontrar recovecos en el lenguaje para transmitir una idea desde una perspectiva que le resulta únicamente favorable al manipulador. A estas alturas, no debe asombrarte el hecho de que los manipuladores son virtuosos totales cuando se trata de (como me dijo mi amigo hace un tiempo), encontrar huecos en las frases.

Existen muchos métodos para manipular los hechos. Uno de los más conocidos es la descontextualización, que pasa por sacar de contexto un determinado mensaje para sacar un provecho de su nuevo escenario. Todos hemos optado por esta estrategia en algún momento para ganar una discusión, no puede negarse, pero los manipuladores lo hacen constantemente para debilitar la seguridad de la otra parte, obteniendo una ventaja significativa en cuanto a quién tiene la verdad. Ellos, en su experiencia, saben cómo exponer un argumento de mejor manera, característica que explotan a su beneficio en cuanto tengan oportunidad.

Uno de los "escudos" que alguien puede aplicar para defenderse de la manipulación de hechos es tomar notas constantemente acerca de conversaciones o debates de interés. De esta manera, es factible contrarrestar cuando el manipulador acuda a sacar de contexto un diálogo ocurrido tiempo atrás. Otra de las formas frecuentes de la manipulación de hechos es la invención de excusas. Una vez más, ¿quién puede asegurar nunca haber inventado excusas? Sin embargo, cuando esto se vuelve un denominador común puede tomarse como indicativo de una conducta manipuladora.

Las relaciones amorosas, laborales o sociales son propensas a participar en este tipo de dinámicas. La certeza, aquí, juega un papel fundamental. La certeza existe cuando estamos completamente seguros de lo que hemos dicho en ocasiones pasadas. Pero, cuando dudamos al respecto, es porque hemos sido expuestos a constantes manipulaciones de hechos por parte de los manipuladores expertos. De manera que, también esta técnica, la autoconfianza es un valor que debe ser reforzado para evitar a toda costa caer en las manos de quienes solo quieren debilitar nuestras acciones involuntarias para obtener una ventaja considerable.

Puedes anotar tus conversaciones importantes como un primer paso, pero la esencia de una defensa efectiva pasa por reconocer y recordar todo cuanto has dicho o hecho. De esta manera, impedirás que alguien más encuentre "huecos" en tus frases y las utilice contra ti.

Gaslighting

El gaslighting es una de las técnicas de manipulación psicológica más nociva. Se trata del peligroso encanto de los abusadores o manipuladores que pueden, incluso, hacerte dudar de tu cordura. En los últimos años la cantidad de conferencias relacionadas a este tipo de abuso han crecido exponencialmente en distintos lugares del planeta. Los expertos en desarrollo emocional y personal han llegado a la conclusión de que el gaslighting ha de ser considerado como uno de los abusos emocionales y psicológicos más dañinos en términos de manipulación.

En resumidas cuentas, esta técnica de manipulación psicológica es sobre un patrón de abusos emocionales puestos en práctica con la finalidad de que la persona abusada dude acerca de sí misma en muchas formas. Generalmente las víctimas del gastlighting desarrollan ansiedad, confusión e inseguridad. El manipulador buscará de cualquier modo posible, que su objetivo cuestione cada una de sus decisiones o acciones. Menoscabar la autoconfianza de la víctima es el fin primario del manipulador, y para lograr su objetivo podrá intensificar sus estrategias cuanto lo considere necesario. Implica, por ejemplo, destruir la seguridad y autopercepción de la víctima, sembrándole la duda sobre todo lo que pueda.

Como en la mayoría de las técnicas de manipulación psicológica, es muy común encontrar gastlighting en relaciones amorosas o sociales donde exista un fuerte vínculo emocional. Ahora bien, ¿por qué es considerada esta técnica como la más letal?

Imagina por un momento que te encuentras molesto con alguien luego de que este te mintiera sobre un tema importante. Llegado el momento, querrás exteriorizar tus sentimientos y tendrás la necesidad de discutir acerca del engaño. El manipulador, en este tipo de casos, es capaz de torcer la situación, incluso al punto de hacerte creer que tal mentira nunca tuvo lugar, que no existió. Aunque parezca un ejemplo no tan posible, recuerda que el manipulador puede ser muy persistente, mucho más cuando se trata de socavar tu confianza y seguridad.

Un jefe abusivo, un cónyuge o un socio de negocios que, durante la confrontación, persiste en negar que ocurrió algo malo, es una representación clásica del gaslighting. Pero, ¿sabes cómo detectar esta técnica de manipulación psicológica? Estas son las manifestaciones o indicadores que la psicóloga Robin Stern nos ofrece en su libro *El efecto Gaslighting*:

1. Constantemente ofreces excusas a amigos, familiares o seres queridos por el comportamiento de tu pareja (esto en caso de abusos dentro de una relación romántica).
2. Te cuestionas tus ideas en todo momento.
3. No paras de disculparte. Con tus padres, con tu jefe, con tu pareja, con tus amigos.
4. Te preguntas por qué no eres feliz si en tu vida, según crees, pasan muchas cosas buenas.
5. Empiezas a mentir para evitar que tu realidad cambie.
6. Nada de lo que haces es suficientemente bueno para ti.
7. Te cuesta mucho tomar decisiones.

La buena noticia es que el gaslighting no es una situación irreversible. Todos los cuadros emocionales o psicológicos pueden ser revertidos con el enfoque y las acciones necesarias. En primer lugar, debes hacerte consciente de que eres una persona con habilidades, destrezas y competencias idóneas para tomar decisiones y acciones concretas y efectivas. Ahora bien, ¿qué hacer cuando hemos sido víctimas del gaslighting?

- No te obsesiones con la aprobación de los demás.
- Confía en tu intuición, aunque al principio te cueste.
- Recuerda que eres el único dueño de tus pensamientos.
- Hazte consciente de tus capacidades desarrollando hábitos y cambiando tu estructura de pensamientos.
- Rompe el contacto con quien te manipula.

Siguiendo estas pautas, progresivamente conseguirás dar el salto y salir de esa jaula de condicionamientos emocionales que han terminado por afectar de forma considerable tu autopercepción. No olvides que la mente humana puede ser reprogramada; tenemos la habilidad de eliminar los pensamientos limitantes que hemos cultivado a lo largo de un proceso de manipulación. De manera que, si sientes que no eres lo suficientemente bueno para algo, cambia el chip en tu subconsciente y actúa de acuerdo a tu intuición. Estoy seguro de que encontrarás cientos de razones por las que los demás te consideran valioso.

Proyección

La proyección es un mecanismo de defensa utilizado por las personas para trasladar sus miedos e inseguridades a alguien más. En muchos casos, esto se presenta de forma inconsciente como un proceso automático que se da en nuestro cerebro, a través de condicionamientos y anécdotas del pasado. Sin embargo, existe un margen de acción en el que este mecanismo es utilizado por individuos para establecer un control psicológico sobre las decisiones y acciones de los demás.

En cierto modo, es comprensible el uso de esta práctica, pero, ¿qué pasa cuando se ejecuta persiguiendo fines maliciosos? Lo que convierte a la proyección en una técnica peligrosa, no es el impacto profundo en nuestra psique, sino que es socialmente aceptada por tratarse de un comportamiento sutil y que no revierte mayor agresividad. La razón del asunto se torna compleja cuando quien lo practica es una persona con rasgos narcisistas que busca socavar nuestras decisiones trasladándonos sus miedos e inseguridades. De manera que, aunque sutil, la proyección no deja de ser una técnica de manipulación psicológica que conlleva un peligro inminente.

Existen muchos ejemplos de proyección manipuladora en la vida diaria. Por ejemplo, una madre que limita la libertad de su hija adolescente puede tener causas inconscientes como una genuina preocupación por su hija o, en ciertos casos, lo hace para trasladar la culpa de un hecho que la marcó durante su propia adolescencia. Este es un enfoque de culpabilidad transmitida. En resumidas cuentas, las personas narcisistas son incapaces de aceptar que algo va mal en sus vidas como consecuencia de sus acciones. Para eliminar esta posibilidad acudirán a las excusas, a la intimidación o cualquier otra táctica que les facilite llevar a otros la culpa por su situación.

No hace falta ir demasiado lejos para hallar muestras representativas de este comportamiento. Los cleptómanos suelen acusar de ladrón a otras personas;

los mentirosos señalan a otros como tal; los impuntuales dirigirán su atención a quien cometa el error de llegar tarde, aunque sea una vez. Es un comportamiento humano natural hasta cierto punto, que se torna peligroso cuando el objetivo perseguido por los acusadores pasa por desacreditar, manipular o debilitar las acciones de sus víctimas.

Es bien sabido que cuando estamos a la defensiva, irónicamente somos presa fácil. Los manipuladores también saben esto, por lo tanto, se proyectarán en ti para obligarte a cerrar filas. Así, las probabilidades de controlar tus acciones son significativamente mayores. La empatía, por otra parte, es un indicador que estos expertos reconocen con bastante facilidad. En el momento en que ellos noten que tú eres, por naturaleza, empático, se proyectarán sobre ti porque saben que tu respuesta inmediata será extender empatía y compasión hacia ellos. Es en este preciso instante en que instauran su control psicológico sobre ti, dominando así tus emociones, decisiones y acciones.

Una vez más, nos encontramos frente a una técnica de manipulación socialmente aceptada por lo frecuente que es su uso entre todas las personas. La diferencia esencial radica en el fin perseguido. Mientras que unos se proyectan como mecanismo de defensa, otros lo hacen para sacar una ventaja. Estos últimos, por naturaleza narcisistas y maquiavélicos, son los maestros manipuladores que debes evitar a toda costa o terminarás atrapado entre sus redes.

Juegos mentales

Los juegos mentales llevados a cabo para controlar mentalmente a los demás es la última de las técnicas de manipulación psicológica que trataré en este capítulo. En el próximo capítulo ahondaré un poco más en este aspecto. Sin embargo, por ahora es importante destacar la naturaleza maliciosa del control mental en la vida de las personas. Para nadie es un secreto que el escenario idóneo para esta técnica se presenta en situaciones de específica conflictividad como guerras o conflictos de carácter bélico. Sin embargo, desafortunadamente el espectro del control mental ha sido ampliado de forma significativa, trasladándose a cualquier punto de la sociedad en que existan individuos vulnerables a manipulación psicológica.

Los cultos religiosos son el ejemplo más ilustrativo de este tipo de técnicas. Los juegos mentales son dinámicas mediante las cuales una figura manipuladora ejerce toda una cantidad de estrategias para nublar el raciocinio de alguien más (o de comunidades enteras). La reeducación, el lavado de cerebro o las técnicas coercitivas son instrumentos comunes en el control mental. Lo que diferencia esta técnica de muchas de las anteriores es que no existe forma en que sea aplicada de una forma inconsciente o involuntaria. Absolutamente todos los individuos que apliquen juegos mentales para controlar la psique de alguien más lo hacen desde fines mezquinos y maliciosos.

Jim Jones, el reverendo que por años controló a cientos de acólitos en el marco del templo del pueblo, fue capaz de destruir el pensamiento crítico de sus seguidores de tal manera que consiguió, en última instancia, uno de los suicidios masivos que más ha consternado a la población norteamericana en los últimos años. La historia de la humanidad está plagada de ejemplos magnánimos, de representantes que se autoproclamaron profetas en aras de un propósito individual y que controlaron la mente de miles de personas. Ahora bien, ¿el control mental es solo una herramienta de líderes y figuras "etéreas"? La única respuesta posible es: no.

Un cónyuge puede convertirse en un controlador mental de su pareja si así se lo propone. Para ello, deberá ejercer un conjunto de técnicas y estrategias que apunten a la distorsión o destrucción total de la individualidad de su pareja. El aislamiento, el lavado de cerebro, la propaganda, la intimidación o el castigo son solo algunas de las prácticas que estos seres (usualmente representantes de al menos tres de los rasgos que componen la tétrada oscura: narcisismo, maquiavelismo, psicopatía y sadismo), a los que solo les importan sus fines mezquinos, se dirigen hacia sus víctimas con el único propósito de controlarlas a placer.

Los juegos mentales, a su vez, son los instrumentos que el manipulador utiliza para alcanzar su propósito. Las técnicas estudiadas en este capítulo son generalmente enarboladas por estos narcisistas para apropiarse de la mente de sus víctimas (sean: acólitos, seguidores, un amigo, los padres e incluso su propia esposa). En condiciones normales, algunos elementos han de ser considerados para establecer una línea clara de quiénes son más vulnerables a este tipo de instrumentos psicológicos.

1. Personas que dependan objetivamente del agresor o victimario.
2. Personas que dependan emocionalmente del agresor o victimario.
3. Personas desesperadas por la aprobación del agresor o victimario.
4. Personas idealistas con poca capacidad de autocrítica.

Capítulo 11
Técnicas y ejercicios

Uno de los aspectos más importantes de la psicología oscura es que nos acerca a nuestros objetivos a través de la interpretación de la mente subconsciente de los demás. Esto sugiere que, si somos capaces de entender lo que alguien nos dice *sin decirlo*, podemos sacar provecho de la situación y cambiar el sentido de la conversación.

En efecto, si se entiende que la psicología oscura estudia el comportamiento humano a través de ciertos elementos constantes, esto no implica que la determinación de sus practicantes sea únicamente negativa o nociva para quien los acompañe en su entorno social.

Ahora bien, si partimos del hecho de que una persona puede ejercer la psicología oscura sin que esto tenga implícita una subyugación del otro, entonces adquiere especial sentido la comprensión de todas esas técnicas y ejercicios aplicables en la realidad para manipular a nuestros interlocutores desde múltiples enfoques. Hay que tener en cuenta un aspecto importante: absolutamente todas las personas practicamos la manipulación en menor o mayor grado. De manera que, uno de los primeros pasos es aceptar que la psicología oscura se encuentra arraigada en cada uno de nosotros, independientemente que sea aceptado o no.

Este capítulo ha sido estructurado y desarrollado con la idea de enseñarte algunas de las técnicas más importantes y efectivas de manipulación, con las cuales puedes sacar provecho en determinados momentos. Para facilitar tu comprensión, he optado por estructurar el capítulo por segmentos diferenciados para que cada uno represente, en conjunto, información focalizada que te será de gran utilidad en tu vida diaria. Los segmentos que, en definitiva, componen este capítulo son: Para lograr el posicionamiento, el control mental, la persuasión, la negociación y la manipulación.

Recuerda que, como animales sociales, estamos en constante interacción con nuestros contemporáneos. En muchos casos, la carencia de habilidades sociales puede arrojarnos a un abismo de malos resultados en cada empresa que abordemos en nuestra vida. Sin embargo, muchas de estas técnicas parten de la base del perfeccionamiento de las habilidades comunicativas. Después de todo, nunca he conocido a un experto de la manipulación que no haya desarrollado una gran pericia en el manejo de las relaciones sociales. La invitación, entonces, es que te adentres en las siguientes páginas y absorbas toda la información de valor que aquí te ofrezco. Todo, claro, en aras de la concreción de tus propósitos como individuo.

Para la persuasión

¿Qué es la persuasión? Es, en líneas generales, la capacidad de un individuo para influir en la toma de decisión de alguien más, pudiendo apuntar a una única persona o a un grupo. La persuasión es la llave maestra para el éxito en muchas profesiones y oficios de la actualidad. Los vendedores, los políticos, incluso los artistas necesitan influir en los demás para que estos tomen decisiones cónsonas con sus objetivos. ¿Es posible, entonces, que un vendedor que no sabe persuadir alcance el éxito? Desde luego, no. De allí la importancia de conocer algunas técnicas o ejercicios que te ayuden a lograr un alto grado de influencia en las personas. Veamos algunas tácticas inmejorables para conseguir tus propósitos por medio de la persuasión:

RECIPROCIDAD: Las personas tienden a devolver un favor o a retribuir en especie cuando se les da algo. El acto de recibir o aceptar algo (por pequeño que sea), como una muestra gratuita o un pequeño regalo, influye en las personas para que hagan algo a cambio, incluso algo que no les agradece.

Te en cuenta: La extensión clásica de la reciprocidad es la popularidad de un obsequio o una cosa que les agrada, una vez aceptada, suelen responder positivamente. Te doy este ejemplo; Las "muestras" sanitarias pueden incluir situaciones en las que el paciente "experimenta" el servicio de la consulta o del proveedor en una pequeña medida. Otros ejemplos pueden ser una limpieza dental, la venta de productos tópicos por parte de un cirujano plástico, la venta de gafas de sol con receta por parte de un oculista, un pequeño regalo inesperado, o incluso información o una experiencia excepcionalmente positiva en la primera visita.

COMPROMISO Y COHERENCIA: Una vez asumido un compromiso (o una elección), las personas quieren mantener la palabra. El compromiso oral o escrito que creen que es lo correcto, es un deseo de mantenerse fieles a la decisión/convicción o, por el contrario, de no ser vistos como incoherentes o incluso poco fiables. Los compromisos públicos son los más eficaces.

Te en cuenta: Para que la gente diga "sí" (asumiendo el compromiso), primero hay que preguntar. Aunque preguntar es sorprendentemente fácil, a menudo se pasa por alto. Por ejemplo, las personas que reciben instrucciones pueden entender lo que se les dice. Pero, para conseguir que la persona cumpla con una promesa será más eficaz si se les pregunta: "¿Puedo contar contigo para hacer (esto) para nuestra próxima cita?"

También es posible conseguir mayores cambios de comportamiento si se empieza con una petición inicial más pequeña. El objetivo de un régimen de ejercicio regular podría lograrse pidiendo a la persona que empiece simplemente por pasear al perro dos veces al día. Cuando la decisión de "hacer ejercicio" es suya, es más probable que se mantenga.

PRUEBA SOCIAL: Las personas aprenderán de los demás lo que es correcto hacer. Lo que hacen los demas valida "lo correcto", y la gente hará aquellas cosas que ve hacer a las otras personas. (Al fin y al cabo, debe ser "lo correcto"). Esto es especialmente cierto cuando una persona está muy insegura sobre lo que ocurre, o cuando la gente observa el comportamiento de otros como ellos.

Te en cuenta: Ante las preguntas o la incertidumbre, las personas se guían por saber lo que otros han decidido o están haciendo. Los testimonios de pacientes, las referencias y el boca a boca son los ejemplos obvios, especialmente cuando se considera que provienen de compañeros u otros miembros del público objetivo. La popularidad de varias plataformas de medios sociales, como Facebook, se debe en parte a la "prueba social", así como al siguiente principio.

Simpatía: La persona se dejan convencer más fácil por las propuestas de personas que conocen y les agradan. (Como dice el refrán, a la gente le gusta hacer negocios con gente que conoce y le gusta. Pregúntale a cualquier vendedor). La simpatía puede ser el atractivo físico, la similitud con ellos mismos (edad, apariencia, intereses), la familiaridad, tener objetivos comunes, responder a los cumplidos, la apariencia de veracidad y otros factores.

Te en cuenta: Términos como "estoy satisfecho" e "involucrar amigos" a través de los medios sociales u otros medios es una prueba de "agrado". Las opciones de "me gusta" y "seguir" de las redes sociales son, como es lógico, ejemplos del Principio de Gusto. Sin embargo, lo más habitual es que las personas tiendan a gustar y a responder a situaciones en las que sienten que un proveedor, un servicio o un producto les reporta un beneficio. Así que, aunque ayuda tener la buena apariencia de un actor de televisión, también es útil identificarse con el público objetivo y mostrar cómo el producto o servicio aporta beneficios a otros como ellos.

AUTORIDAD: Las personas tienden a responder, respetar y dejarse influir por las figuras de autoridad. En algunos casos, esto puede extenderse a la apariencia de autoridad o a responder a títulos o símbolos de autoridad como una bata blanca o un chaleco naranja.

Te en cuenta: Los títulos y las batas blancas suelen ser un hecho en la sanidad; todo el mundo tiene los mismos símbolos de autoridad. Por lo tanto, se necesitan otros puntos de distinción y diferenciación (que también forman parte de la marca) para comunicar la credibilidad como experto o autoridad. Ser autor, profesor, líder y/o tener el aval de otros expertos son otros símbolos que influyen y persuaden. Recuerda que es también muy importante un buen traje.

ESCASEZ: Lo que está menos disponible o escasea se considera de mayor valor. Esto se aplica a los objetos (el oro, por ejemplo), a una cantidad limitada o a una oferta "por tiempo limitado". (Las oportunidades disponibles por poco tiempo parecen tener mayor valor debido al riesgo de que se pierdan sin una acción inmediata). Además, cuando un producto o servicio es único, o cuando los beneficios son únicos, esto también puede ser una expresión de escasez.

Te en cuenta: Ser raro (poco numeroso) implica inmediatamente un mayor valor (y posiblemente un precio más alto). Pero el concepto más fuerte puede ser que alguien sufrirá una pérdida al no actuar o capturar una oportunidad (rara). De ahí los mensajes publicitarios que advierten: "No te lo pierdas..." o "Esto es lo que te vas a perder...".

Increíble, ¿no?

Para la manipulación.

Antes de enseñarte algunas de las técnicas más afectivas para manipular personas, es indispensable que te hagas consciente de una realidad pocas veces aceptada: la manipulación está en todos nosotros; en menor o mayor grado, todos manipulamos a otros en el día a día. Si bien es cierto que esto se presenta, principalmente, de forma inconsciente, esto no le resta peso a la idea de que la manipulación forma parte de lo que somos como individuos.

¿Quién no ha apelado a la emotividad de un amigo para sacar ventaja? O, ¿no ha utilizado estrategias específicas para convencer a alguien de que haga algo por ti? Esto es, en esencia, manipulación. Ahora que has aceptado una realidad incuestionable, el siguiente paso es aprender algunas de las técnicas y ejercicios más comunes para conseguir tus objetivos a través de la manipulación.

Intimidación encubierta: se trata de un ejercicio de manipulación especialmente común en las relaciones afectivas sólidas como parejas románticas o amistades. La característica medular de este tipo de manipulación es que se trata de un lenguaje basado en amenazas indirectas o implícitas que buscan poner en situación de "decisión rápida" al individuo. Por ejemplo, cuando alguien nos dice "si no vas conmigo, creo que me perderé". De esta manera, traspasan la responsabilidad y posible culpa en el caso de que las cosas no salgan de acuerdo a lo planeado. La intimidación encubierta es una táctica a la que hay que prestarle especial atención, ya que puede devenir en situaciones hostiles de mayor importancia.

Apelar a figuras de autoridad: los manipuladores expertos se caracterizan por ser personas locuaces y con un alto desarrollo de sus habilidades comunicativas. Esta destreza les permite torcer las ideas centrales para incluir referencias de figuras de autoridad que le permitan reforzar su punto de vista. Apelar a figuras de autoridad es una forma de falacia en la que muchas personas vulnerables terminan cayendo, cediendo así su criterio propio para tomar el del manipulador. En consecuencia, actuará de acuerdo a lo que le pida el experto que le manipula desde el otro lado.

Crear inseguridad: una forma bastante compleja de manipulación que, en muchos casos, implica un trasfondo de hostilidad significativa. Los expertos en manipulación son capaces de convencer al otro de que no es capaz de llevar a cabo determinada tarea solo para motivarles a tomar acciones rápidas. También conocida como psicología inversa, esta táctica funciona bastante bien en personas con un cuadro emocional distorsionado o cuando son especialmente vulnerables. Es importante destacar que este ejercicio puede funcionar en dos sentidos. A) Atizando la motivación de la persona. B) Reforzando sentimientos de inseguridad, cohibiendo en ellos cualquier acción en torno a la idea de que no será capaz de lograrlo.

Al margen de lo que puede significar para muchos la palabra manipulación, esta se encuentra arraigada en cada pequeño recoveco de la sociedad. En la actualidad, es prácticamente imposible alcanzar objetivos (sean estos grandes o pequeños, individuales o universales) sin llevar a cabo algún tipo de manipulación hacia quienes nos rodean. Lo esencial radica en qué pretendemos hacer con esta información.

Recuerda que la psicología oscura también puede ser utilizada para el bien, aunque parezca una contradicción conceptual. En este sentido, te recomiendo que practiques el autoconocimiento. Nadie es más idóneo para saber lo que quieres que tú mismo. De manera que, ¿qué quieres lograr con todas estas técnicas de manipulación? Esta es la pregunta que debes responder frente al espejo.

Para el control mental.

¿Es posible controlar la mente de otras personas? Esta es una pregunta que ha repercutido en infinidad de investigaciones científicas. Incluso, su espectro ha llegado mucho más allá. La literatura, la ciencia ficción, el cine, todos han rodeado el tema del control mental como tópico principal. Ahora bien, ¿qué tan capaces somos, como entes limitados, de controlar a alguien más a través de técnicas y ejercicios concretos? Yendo un poco más allá, ¿te resulta creíble que un líder pueda adentrarse en la psique de una comunidad para sacar provecho de sus vulnerabilidades mentales? Es cierto que, en la actualidad, todavía se mantienen algunas dudas al respecto.

Sin embargo, la historia de la humanidad nos ha regalado algunos ejemplos que solo podrían explicarse a través del control mental de un experto hacia individuos endebles y propensos a la manipulación o control mental. El caso del reverendo Jim Jones, mencionado hace algunos capítulos, ilustra el poder de un maestro del control mental que fue capaz de superponer sus intereses a los de sus acólitos. El control que este señor ejerció sobre sus acólitos fue tal que devino en el suicidio masivo más grande registrado hasta la fecha, donde alrededor de mil personas se quitaron la vida siguiendo las órdenes del magno líder de la secta.

Los especialistas han profundizado en el estudio de la psicología humana en la búsqueda de explicaciones fisiológicas o biológicas que permitan entender la razón por la que alguien puede entregar su visión a un elemento externo. Sin embargo, como he señalado con anterioridad, resulta un verdadero desafío encontrar respuestas palpables a un factor henchido de subjetividades como la mente humana. Pero bueno, a este propósito, te enseñaré algunas de las técnicas o ejercicios que muchos líderes ejercitan para establecer un control mental sobre otra persona e incluso sobre una comunidad entera.

Hipnosis: la cultura popular se ha encargado de darnos una idea bastante básica pero válida acerca de lo que representa la hipnosis en la sociedad actual. Para que tú y yo avancemos en la misma línea, entonces aboquémonos a la definición clásica, que concibe la hipnosis como un proceso a través del cual una persona puede conectarse con algunos de sus condicionamientos atados a la mente subconsciente. Esta técnica puede llevarse a cabo de dos formas: A) Autoinducida. B) Inducida por un experto o profesional de la hipnosis.

En ambos casos, el paciente espera encontrar respuestas mediante el "trance", lo que un hipnotista define como el espacio que existe entre la mente inconsciente y la mente subconsciente de un individuo. La idea de la hipnosis es que, al entrar en el trance, encontremos información que ha sido bloqueada o parcialmente eliminada por los andamiajes defensivos del cerebro. Ahora bien, muchas veces esta técnica puede ser contraproducente para quien la pone en práctica. Esto principalmente cuando el experto o hipnotista es quien ejerce el control de nuestros mecanismos mentales. En resumidas cuentas, cuando una persona está hipnotizada, se encuentra en su punto más alto de vulnerabilidad.

Imagina por un instante que un neurocirujano está operando a un paciente. En algún punto del procedimiento quirúrgico, el cirujano tendrá el cerebro de la persona a su merced. Por su lado, el paciente no tiene forma de defenderse ante un hipotético ataque. Este ejemplo es extrapolable al proceso de hipnotismo, en el que alguien no tiene la posibilidad de plantar defensa alguna.

Lavado de cerebro: es un título bastante sugerente, ¿no lo crees? Pero puede tener mucho sentido cuando se analiza el cambio radical que manifiesta una persona que ha sido sometida a un largo y extenuante proceso de reconversión.

La expresión "lavado de cerebro" fue acuñada por el periodista norteamericano Edward Hunter en el marco de la guerra de Corea. ¿La razón? Describir las técnicas a las que fueron sometidos los prisioneros de guerra por parte de las autoridades chinas.

El sargento mayor William Olsen fue capturado durante la guerra de Corea por las fuerzas comunistas a finales de 1950 y llevado al campo de prisioneros. Allí, los chinos que dirigían el campo se propusieron "reeducar" a él y a sus compañeros de prisión sobre la verdadera naturaleza de la guerra, a saber, que "eran las víctimas de los guerrilleros y que eran los agresores en Corea". Esta "reeducación" no fue en absoluto aleatoria. Fue sistemática e implacable, con innumerables horas de conferencias, debates en grupo e interrogatorios. Los chinos llamaron a este tratamiento de los prisioneros de guerra "política indulgente", porque era corta en amenazas y larga en "persuasión". A lo largo de la guerra, tuvo un éxito sorprendente. Consiguió que los prisioneros de guerra estadounidenses hicieran cosas que los alemanes nunca habían conseguido que hicieran durante la Segunda Guerra Mundial.

Se delataron unos a otros, frustraron sus intentos de fuga y, de una forma u otra, casi todos colaboraron con el enemigo. La piedra angular de la estrategia china era "empezar poco a poco y construir", una técnica que ahora les describo así:

A los prisioneros se les pedía con frecuencia que hicieran declaraciones tan ligeramente antiamericanas o procomunistas que parecían irrelevantes. ("Estados Unidos no es perfecto". "En un país comunista, el desempleo no es un problema"). Pero una vez que se cumplían estas peticiones menores, los hombres se veían empujados a cumplir a solicitudes conexas aún más sustanciales. A un hombre que acababa de estar de acuerdo con su interrogador chino en que Estados Unidos no es perfecto se le podía pedir que hiciera una lista de esos "problemas con Estados Unidos" y que firmara en ella. Más tarde se le pedía que leyera su lista en un grupo de discusión con otros prisioneros. "Después de todo, es lo que crees, ¿no?" Más tarde, se le pediría que escribiera un ensayo ampliando su lista y discutiendo estos problemas con más detalle.

Los chinos entonces pudieron utilizar su nombre y su ensayo en una emisión de radio antiestadounidense transmitida no sólo a todo el campo, sino a otros campos de prisioneros de guerra en Corea del Norte, así como a las fuerzas estadounidenses en Corea del Sur. De repente, se vería como un "colaborador", por haber prestado ayuda y consuelo al enemigo. Consciente de que había escrito el ensayo sin ninguna amenaza o coacción fuerte, muchas veces el hombre cambiaría su imagen de sí mismo para ser coherente con el hecho y con la nueva etiqueta de "colaborador", lo que a menudo daría lugar a actos de colaboración aún más extensos.

Desde entonces, la expresión ha adquirido popularidad y es asociada a sectas religiosas o procesos de "reeducación" política en los países donde imperan dictaduras militares. Con el transcurrir de los años, las investigaciones sobre este particular término han ofrecido algunos descubrimientos significativos en términos de tácticas y estrategias empleadas. Algunas de las más renombradas son:

- Lavado de cerebro a través del canto y del baile.
- Lavado de cerebro a través del aislamiento.
- Lavado de cerebro a través del miedo.
- Lavado de cerebro a través de la privación del sueño o de la comida.

Pero miremos otro ejemplo;

Natascha, de 10 años, fue secuestrada cuando iba sola a la escuela por primera vez en Viena (Austria). Un hombre llamado Wolfgana Priklopil la capturó y se la llevó a un sótano secreto donde permaneció más de ocho años. Durante su secuestro, fue golpeada, maltratada mentalmente e incluso la hizo pasar hambre, para que estuviera demasiado débil para escapar. Priklopil practicó intensos juegos mentales con Kampush.

Recuerdo perfectamente lo que dijo en una entrevista:

"Una de las peores escenas de mi secuestro fue cuando me empujó, llevando sólo un calzón, medio muerta de hambre, cubierta de morados y con la cabeza completamente rapada, delante de la puerta principal me dijo: "Vamos, corre. Vamos a ver hasta dónde llegas'".

Continuó: "Estaba tan humillada y llena de vergüenza que no podía dar ni un solo paso. Me alejó de la puerta y me dijo: 'Ya ves. El mundo de afuera no te quiere de ninguna manera. Tu lugar está aquí y sólo aquí'".

Priklopil también la convenció de que las ventanas y puertas de la casa tenían trampas explosivas. Finalmente, cuando Kampusch tenía 18 años, aprovechó la oportunidad de escaparse. Su huida condujo a la muerte de Priklopil, que se acostó en una vía férrea y se suicidó al pasar de un tren durante unas horas después.

La verdadera señal de lo mucho que había deformado la mente de Kampusch, fue cuando se enteró de la muerte de Priklopil, lloró por él.

Propaganda: La propaganda es una de las técnicas más eficaces cuando se trata del control mental *masivo*. Ha sido empleada por las grandes multinacionales en el impulso de sus bienes y productos, por líderes políticos que quieren crearse una oportunidad en medio de un acto electoral, por profetas espirituales que buscan que su misión trascienda más allá de su círculo inmediato. El propagandista por antonomasia es Joseph Goebbels, ese hombre de baja estatura y pésimo carácter que, a través de su gestión, encubrió los horrores del partido al que representaba.

El escritor Edward Bernays, en un fragmento extraído de su libro *Propaganda*, nos dice lo siguiente acerca del uso de la propaganda y su efectividad en el control de masas:

> La propaganda no es una ciencia en el sentido de que pueda comprobarse en el laboratorio, pero en todo caso ya no es aquella materia empírica que solía ser antes del nacimiento del estudio de la psicología de masas. Hoy es científica en el sentido de que trata de sentar sus operaciones en unos conocimientos precisos extraídos de la observación directa de la mente de grupo y en la aplicación de principios que se han demostrado coherentes y relativamente constantes.

La propaganda es el arma de muchos de los líderes que hoy han impuesto sus respectivas banderas en las cimas del mundo. Personajes como Ángela Merkel, Donald Trump, Barack Obama o Boris Johnson contaron, en su momento, con mastodónticas maquinarias propagandísticas que le facilitaron el camino hacia lo que hoy disfrutan. En contraparte, hubo muchos líderes políticos y religiosos que no le dieron un uso propiamente correcto a esta. Para nadie es un secreto que la psicología oscura nos facilita las herramientas.

En la actualidad, es difícil encontrar a alguien que se mantenga escéptica ante la irrefutable evidencia de que la propaganda puede ejercer un control mental sin comparación en quienes, por diversas razones, se encuentren en un estado de vulnerabilidad tanto emocional como psicológica. El papel de la consciencia, aquí, adquiere especial importancia desde el punto de vista de la prevención. Por ejemplo, una persona que tiene un concepto de su propia consciencia y de lo que esta significa, difícilmente permita que factores externos intervengan en su cosmovisión del mundo, mucho menos para llevarle a cometer acciones moralmente cuestionables. Joaquín María Aragó Mitjans, en su libro Ética y valores, hace la siguiente observación en torno a los valores y la consciencia:

La conciencia moral, pues, es la que valora las situaciones en orden a la praxis, a la actuación; pero ello tiene presente la *norma última* que rige el obrar humano, la dignidad de la persona humana; norma última que el dictamen de la consciencia, como norma próxima, actualiza y presenta como propia. A esta decisión personal se le denomina "dictamen práctico" (...) Para que un acto sea moralmente bueno *han de ser buenos cada uno de estos tres elementos: objeto, circunstancias y fin;* es obvio que no solo el objeto que se dirige una decisión, sino también las circunstancias y el fin o intención pueden matizar, y aun cambiar, el sentido global de la actuación.

Como habrás visto, el control mental es posible para quien sabe cuáles son las vulnerabilidades de su "objetivo" y qué técnicas podrían ser más efectivas. Pero, como he referido anteriormente, el uso *malicioso* de estas técnicas no es la única alternativa. Es posible darle un uso funcional y cónsono con nuestros objetivos sin menoscabar la voluntad y visión de quienes nos rodean.

Acá te dejo algunos ejemplos de manipulación gracias a la propaganda:

- Construir una imagen mental: Un político presentará una imagen de cómo sería el mundo con la inmigración o la delincuencia para que los votantes piensen en esa imagen y crean que votar por él reducirá esa amenaza.
- Exagerar la participación: El concepto de "subirse al carro" consiste en apelar a un gran número de personas encontrando puntos en común, como la religión, la raza o la vocación. El tema aquí es "todos los demás lo están haciendo, y tú también deberías hacerlo".
- Construir imágenes falsas: Los presidentes intentan aparentar ser "gente común", pero en realidad no lo son. Ejemplos son Bill Clinton comiendo en McDonald's o Ronald Reagan cortando leña.
- Generar miedo: El miedo se genera para cambiar el comportamiento de la gente. Un anuncio mostrará un accidente sangriento y luego recordará a la gente que se ponga el cinturón de seguridad.
- Prometer felicidad: Vender felicidad es un concepto que se utiliza en los anuncios, por ejemplo, un actor muy querido explicará por qué hay que comprar un producto para resolver un problema.
- Crear un falso dilema: Un ejemplo de falso dilema es cuando se ofrecen dos opciones como si fueran las únicas. Por ejemplo, un presidente que dice que para reducir el déficit, tenemos que gravar más a los ricos o pedir a los ancianos que paguen más por la medicación.
- Utilizar eslóganes: Si un eslogan se repite suficientes veces, el público acabará creyéndolo.
- Apelar a la tradición: Los buenos sentimientos se generan al pensar en determinados bienes y acciones, y se incluyen con frecuencia en anuncios como: "Béisbol, torta de manzana y Chevrolet".

- Cita errónea: Al sacar una cita del contexto se puede dar una falsa impresión al lector o al oyente. Para la película Live Free or Die Hard, se citó a Jack Mathews diciendo: "Histéricamente... entretenida". La cita real es: "La acción de esta película de ritmo rápido, histéricamente sobre producida y sorprendentemente entretenida es tan realista como un dibujo animado de Correcaminos".
- Insultos: Un ejemplo de insultos en la propaganda sería: "Mi oponente es un alcohólico"
- Afirmación: Se trata de presentar un hecho sin ninguna prueba, como en "Esta es la mejor crema de dientes contra las caries que existe".

Para lograr el posicionamiento: posicionarme en la mente de alguien es una tarea que, para algunos, puede parecer desafiante cuando no imposible. Pero la verdad es que se ha avanzado mucho en este aspecto, principalmente desde el campo del marketing. Sin embargo, creo pertinente aclarar que no son los únicos protagonistas en la práctica del posicionamiento. Cualquier persona puede ejercer este efecto en alguien más. Si bien es cierto que se recomiendan algunas tácticas desde la Programación neurolingüística, la esencia del posicionamiento es mucho más sencilla. Una mente "en blanco" es el campo idóneo para implantar nuestra presencia (o la de una marca, una idea, un producto).

Piensa por un momento en el monte más alto del mundo. Lo primero que te viene a la cabeza es el Monte Everest, ¿correcto? Ahora, ¿qué dirías si te digo el nombre del segundo monte más alto? Seguramente no tendrás una respuesta automática. Esa hipótesis parte del término *Imprinting*, que los estudiosos del mundo animal definen como la idea generada en la mente de una cría al abrir los ojos por primera vez y encontrarse con la imagen de su madre. La extrapolación ha sido utilizada para explicar la teoría de que, la mejor forma de posicionarte en la mente de alguien, es establecer un vínculo que te permita ser "el primero".

Para la negociación: es increíble cuán difícil puede resultarles a algunas personas establecer un proceso de negociación y, en definitiva, obtener una ventaja de la misma. Esta área es la especialidad de los grandes gerentes y de profesionales abocados a los distintos procesos comerciales. Para ellos, la negociación es una tarea del día a día. De manera que han desarrollado técnicas y destrezas propicias para salir airosos de la dificultad que conlleva una negociación. Sin embargo, el mundo corporativo no es el único contexto en el que se dan las negociaciones. Todos los días, independientemente de a qué nos dediquemos, nos enfrentamos a situaciones que requieren negociación para la resolución de determinado conflicto.

Asociar la palabra "negociación" únicamente con escenarios empresariales es un reduccionismo que escapa de la realidad objetiva. Y es que todas las personas, en varios momentos de cada día, buscan afectar las emociones y conductas de alguien más para sacar provecho de la situación. Esto puede suceder consciente o inconscientemente, en todo caso, pasa con más frecuencia de lo que a menudo se admite.

El poder del posicionamiento consiste en presentarse a la persona adecuada, en el momento y lugar adecuado, de la forma correcta, con el mensaje adecuado. Si puedes hacer eso todo el día, todos los días, serás un profesional increíblemente exitoso. Esto se aplica a casi todos los aspectos, incluido en la parte privada. Siempre estamos intentando "vender algo", ya sea un producto, un servicio, una imagen, lo que sea.

Lo que separa a los verdaderos profesionales de los aficionados es su capacidad para hacer que lo que ofrecen sea de vital importancia para cada potencial receptor.

El posicionamiento no es algo que se pueda lograr rápidamente, o una vez para siempre. Es un proceso continuo de descubrimiento de nuevas formas de hacerse cargo de la forma en que tus receptores y prospectos lo ven.

Cuanto mejor planifiques tu estrategia de posicionamiento, más éxito tendrán tus esfuerzos. De hecho, hay nueve factores cruciales que hay que tener en cuenta a la hora de pensar en tus propias estrategias y tácticas de posicionamiento.

1. En primer lugar, te posicionas en tu propia mente. La forma en que te ves a ti mismo determinará la forma en que te ven los demás. La forma en que piensas en ti mismo determina cómo haces todo. Afecta a la forma en que conversas, a la forma en que haces preguntas, a la forma en cómo te presentas, a la forma en que concluyes una conversación, o la forma en que gestionas tu tiempo: determina todo lo que haces. Como resultado, la gente te verá de la forma en que te consideres a ti mismo.

2. Te posicionas con tu actitud. Algunas personas entran en una habitación y dicen: "¡Aquí estoy!". Otras personas entran en una habitación y dicen "¡Ah, ahí estás!". La diferencia consiste en si somos egocéntricos o centrados en las personas; si nos guiamos por el ego o por los valores. Nuestras actitudes hacia las personas o receptores siempre se mostrarán en la forma en que tratamos a la gente. Y, más que cualquier otro factor, la forma en que tratamos a los demás determinará la forma en que ellos nos respondan.

3. Te posicionas con tu apariencia. Las primeras impresiones, en primer lugar, se fijan muy rápidamente. Y te guste o no, tu aspecto es el factor más importante para dar forma a esas primeras y duraderas impresiones. Todo lo que tienes que hacer para ver lo vital que es la buena apariencia, es reflexionar sobre tus propias reacciones ante las personas que conoces. ¿No prestas más atención a las personas que tienen un aspecto importante que a las que tienen un aspecto descuidado? Lo más importante que tienes que recordar es que tus receptores te juzgan por tu aspecto.

4. Te posicionas con tus acciones. Tus receptores determinan tu importancia, tus intenciones, tu fiabilidad (y muchos otros factores críticos) observando todo lo que haces.

5. Te posicionas con las palabras. Cada palabra que dices te posiciona como una persona a la que hay que considerar importante o como alguien a quien hay que descartar lo antes posible.
6. Te posicionas con el enfoque. La pregunta más apremiante en la mente de tu receptor es siempre: "¿Qué hay para mí?". Los verdaderos profesionales se posicionan como consultores y socios comerciales de sus clientes. Siempre mantienen el foco de atención precisamente donde debe estar: en el receptor, no en ellos mismos y en sus fines.
7. Tu te posicionas con la presentación. La forma en que te preparas y haces tu presentación dice mucho a los destinatarios sobre lo importante que es escucharte.
8. Te posicionas por la forma en que manejas las objeciones. Los aficionados ven las objeciones como excusas e invitaciones a luchar. Pero quien sabe cómo funciona el cerebro, entiende que las objeciones muestran las preocupaciones legítimas de un receptor, cuestiones que deben ser aclaradas antes de que el destinatario tome una decisión.
9. Te posicionas con la forma de hacer amistad. Uno de los factores más importantes para posicionarse es lo que haces una vez que has conocido una persona. El posicionamiento implica desarrollar una relación a largo plazo y mutuamente beneficiosa con cada persona. Es convertir a las personas de una sola vez en amigos que te ven como un recurso valioso.

Lo que realmente cuenta no es lo que tú sabes o crees, sino lo que tus destinatarios piensan y sienten de ti. Haz que crean en ti posicionándote como una persona con una grande energía positiva.

Otra de las recomendaciones que siempre me gusta extender a mis lectores es que se preparen. La preparación es imprescindible. Si quieres ser un negociador inmejorable, entonces acude a los máximos referentes en este sentido. Por ejemplo, ¿qué tal si te adentras en las memorias de Donald Trump? O, ¿por qué no, en la literatura especializada que nos ofrecen diversos expertos en el mundo de la negociación? Esto te permitirá ampliar tu margen de acción y perfeccionar tus habilidades.

Capítulo 12
Tipos de manipulación

Para fortalecer tu conocimiento en todo lo concerniente a la manipulación, he diseñado un capítulo entero que tiene como finalidad explicarte a profundidad cuáles son los tipos de manipulación que hoy día son frecuentes en la vida diaria.

Es importante destacar que la manipulación es uno de los elementos constantes en la psicología oscura. Para desligarnos de este prejuicio, he optado por hacer algunas observaciones que considero pertinentes desde un punto de vista de aprendizaje y conocimiento en términos generales sobre el tema que aquí nos reúne. Porque, después de todo, ¿cómo podemos liberarnos de los prejuicios y las generalizaciones improductivas si no es a través del estudio constante del tema que se encuentra en debate?

Esta es una de las razones por las que decidí escribir este libro. Las personas tienen una idea a menudo errada de lo que significa la expresión psicología oscura. Inmediatamente, al leer el adjetivo "oscura", lo asocian con algún tipo de comportamiento psicopático, perverso, nocivo.

Maria France Hirigoyen, en su excelente libro *El acoso moral*, nos ayuda a entender este punto con un párrafo conciso y didáctico:

> Cada uno de nosotros puede utilizar puntualmente un proceso perverso. Éste sólo se vuelve destructor con la frecuencia y la repetición a lo largo del tiempo. Todo individuo «normalmente neurótico» presenta comportamientos perversos en determinados momentos —por ejemplo, en un momento de rabia—, pero también es capaz de pasar a otros registros de comportamiento (histérico, fóbico, obsesivo...), y sus movimientos perversos dan lugar a un cuestionamiento posterior.

Los tipos de manipulación reflejan un comportamiento que puede presentarse en diversos escenarios y bajo diversas circunstancias. Ahora bien, el verdadero problema viene cuando se genera un patrón conductual que solo es compatible con un trastorno psicológico como el narcisismo, la psicopatía, el sadismo o el maquiavelismo.

Los segmentos descritos, pues, en este capítulo (*Manipulación romántica, Manipulación paternal, Manipulación ideológica, Dependencia emocional, Manipulación laboral*) representan las 5 formas de manipulación más comunes, por ende, nuestra propensión a convertirnos tanto en víctimas como en victimarios de forma consciente o inconsciente. Pero, como se sabe, cuando dominamos un tema entendemos mejor todos los factores que intervienen en su desarrollo.

El conocimiento es poder. O, como escucharías alguna vez en una película de superhéroes: un gran poder... requiere una gran responsabilidad. No imaginas cuánto valor puede agregar la psicología oscura a tu búsqueda personal. Sin embargo, todo depende de ti.

Manipulación romántica

Se trata de uno de los escenarios donde la manipulación se presenta con mayor frecuencia. Como su nombre lo sugiere, la manipulación romántica es aquel tipo de control emocional o psicológico que se da en el marco de una relación amorosa o sentimental. Contrario a lo que se cree, todos hemos participado alguna vez en este tipo de dinámicas, bien sea como víctima o como victimario, de forma consciente o inconsciente. Lo que convierte a la manipulación romántica en una de las derivaciones más preocupantes es que puede presentarse en pequeños actos perversos que, por tamaño o dimensión, pueden tornarse indiscernibles. Sin embargo, existen.

Esta es una forma de destrucción moral que genera consecuencias palpables (principalmente en el estadio psíquico de la víctima) y que, en el peor de los casos, puede devenir en situaciones de hostilidad significativa. Mucho tendrá que ver la naturaleza psicológica del victimario. Para nadie es un secreto que una relación romántica es un gran desafío en términos de adaptabilidad y compromiso. La presión social, en este sentido, ejerce un protagonismo importante, principalmente cuando el contexto formativo de los integrantes contribuye a reforzar la manipulación.

Pero, ¿cómo es que el entorno social participa de este tipo de violencias? En primer lugar, por la idiosincrasia del victimario. No es un secreto que, en muchas familias tradicionales, el hecho de que una relación sentimental "fracase" (es decir, se dé por terminada) implica una estigmatización para la que muchas personas no se encuentran preparadas. Esto obliga a la víctima a mimetizarse con la manipulación para evitar ponerle fin a la dinámica de manipulación.

Se trata, en definitiva, de conceptos distorsionados que tienen que ver con la tradicionalidad que hemos heredado de nuestros antepasados. Marie France Hirigoyen describe maravillosamente esta problemática en la siguiente frase: "*En la mayoría de los casos, el origen de la tolerancia se halla en una lealtad familiar que consiste, por ejemplo, en reproducir lo que uno de los padres ha vivido, o en aceptar un papel de persona reparadora del narcisismo del otro, una especie de misión por la que uno debería sacrificarse*".

La manipulación en un escenario romántico se presenta con pequeños actos que, de algún modo, trasladan la responsabilidad del éxito (o fracaso) de la relación a una de las partes, la víctima. Esto especialmente cuando se trata de una manipulación consciente por parte de la víctima, que se aprovecha del temor emocional arraigado en su pareja para señalarle el camino, las decisiones o acciones que deberá tomar para mantener el equilibrio en la pareja, es decir, la unión. Sin embargo, también puede presentarse de forma inconsciente, que es como la mayoría de las personas participa. Esta, aunque desprovista de una malicia genuina, también genera repercusiones importantes.

Por ejemplo, cuando un hombre le dice a su pareja alguna frase como "no debes salir vestida de esa manera porque tienes que cuidar tu imagen, nuestra imagen". Este tipo de clichés, asentados en una base pasivo-agresiva, implícitamente traslada una posible culpa, forzando en la víctima que cambie de ropa para evitarle incomodidades a su pareja.

El enfoque mayormente estudiado por los psicólogos en torno a este tipo de relación es el de la relación de poder. En efecto, una relación de poder construida sobre la base de ruptura como la peor de las consecuencias posibles. La importancia de determinar este tipo de manipulaciones es que nos ayudará, tanto a evitarlas como a tomar acciones concretas para establecer una relación que respire desde la funcionalidad y no desde la dependencia.

La psicología oscura es un canon que nos ofrece la posibilidad de interpretar adecuadamente, y en tiempo real, este tipo de escenarios. De manera que tendremos la facilidad de tomar decisiones y comportamientos que vayan de la mano con lo que esperamos de una relación sentimental y no con aquello que la sociedad nos ha impuesto como un concepto de felicidad que no parece ser el más indicado para nuestro bienestar.

La manipulación paternal.

La manipulación paternal se presenta cuando nuestros padres son los protagonistas e inquisidores en un proceso (lento y extenuante) en el que cedemos nuestro criterio propio para adecuarnos al pensamiento crítico de ellos. Esto implica, a su vez, alejarnos de aquello que nos apasiona para perseguir algo que ha sido previamente aprobado en el "consenso familiar". En la mayoría de los casos, esto se debe a una acción intensa en aras de nuestro "bienestar" como hijos. Aunque esto puede tener sentido, después de todo, lo esperable es que un padre desee los mejor para sus hijos, esto no significa que la intervención psíquica y emocional en la decisión de los hijos no sea un acto de violencia perverso y tan nocivo como cualquier otro.

Ahora bien, ¿cuál es la particularidad de la manipulación paternal que le desmarca del resto de tipos estudiados en este capítulo? Si bien es cierto que en otros casos el victimario también puede actuar desde el desconocimiento, establecer una intencionalidad perversa a un padre o a una madre en relación a sus hijos es un tema por naturaleza enrevesado y complejo. Esta es una de las razones por las que siempre digo que la manipulación, en el marco de la psicología oscura, no es intrínsecamente mala o maliciosa. Un padre, comúnmente, quiere lo mejor para sus descendientes. En busca de este bienestar, es posible que incurran en actos de manipulación psicológica o emocional. La conclusión más palpable que puede extraerte de estos casos es que los padres no actúan con intenciones tóxicas o negativas.

Muchos psicólogos han definido la "influencia" de estos en sus hijos como agresiones tiernas. No puede retirarse la palabra agresión, pero sí es posible agregar el epíteto "tierno" porque, de otra manera, se tornaría imposible catalogar un conjunto de acciones claramente manipuladoras que no persiguen más que el bienestar (lo que el padre y la madre entienden por *bienestar*) de sus hijos. Cabe entonces, hacerse la siguiente pregunta: ¿es posible fijar un límite a estas acciones? Entendiendo, claro, que pueden entenderse las razones que llevan a un padre a manipular a su hijo, pero al mismo tiempo, dejando claro que hacerlo es una forma de tomar el poder sobre él.

Se hace más visible el tema cuando un hijo atraviesa la confusa etapa de la adolescencia, que es cuando su personalidad empieza a moldearse significativamente, dando paso al futuro adulto. Este momento, crucial para ambas partes, determina un primer enfrentamiento si el victimario es consciente de que sus voluntades empiezan a verse socavadas por la intencionalidad (buena o no, justificable o no) de sus padres. Sin embargo, la manipulación paternal tiene lugar en distintas etapas de la vida del hijo. Todo dependerá, claro, de la formación recibida por parte de los padres y por las circunstancias que se vivan.

Por ejemplo, es muy común que en procesos de separación los padres busquen ganar la lealtad de sus hijos en aras de sacar ventaja en un eventual juicio por custodia. Esta manipulación particularmente cruel, aunque el niño no sea del todo consciente, se da mucho más de lo que pudiéramos creer. En todo caso, es difícil establecer un diagnóstico único sobre la situación emocional de una familia. Muchos padres (me atrevería a decir que la mayor parte) solo toman acciones manipuladoras pensando en el bienestar y las necesidades de sus hijos. Sin embargo, ¿cómo podría dictaminarse cuando este no sea el caso?

Es por ello que me gusta enseñar el valor de la psicología oscura en la vida diaria, tanto desde un enfoque preventivo como activo. Sea cual fuere la situación de una persona, si esta tiene un conocimiento sólido de lo que implica la psicología oscura, y sus distintos elementos, sus probabilidades de defenderse se amplifican considerablemente. Adicionalmente, pueden tomar los instrumentos inherentes a este concepto de la psicología para establecer distancias o sacar provecho de cualquier interacción social en busca de la concreción de sus metas de vida.

Manipulación ideológica.

En lo personal, creo que la manipulación ideológica es uno de los tipos más peligrosos de todos cuanto han sido explicados en esta lista. Esta implica una destrucción casi total de la cosmovisión de un individuo, al punto de que este termina apenas coexistiendo con sus propios intereses de forma desasociada. En otras palabras, quien es manipulado gracias a la figura de un ideal sufre una transformación monstruosa en términos de su personalidad y expectativas individuales. Cada vez que me preguntan acerca del espectro de la manipulación ideológica, respondo con uno o dos de los múltiples ejemplos que la historia de la humanidad nos ha provisto a lo largo de estos años de existencia humana.

Aunque la manipulación ideológica es mayormente entendida desde un enfoque general, como la subyugación mental de una persona por parte de un ideal político, esta no es la única forma en que alguien pierde prácticamente toda su capacidad de discernimiento en aras de una visión "oficial" que le trasciende. La figura del Gran Hermano, elemento principal de la novela 1984, de George Orwell, nos ha permitido entender en líneas generales cómo es que funciona la manipulación ideológica.

No obstante, la política es solo uno de los escenarios en que esta puede presentarse. En el estadio espiritual, por ejemplo, la participación de figuras mesiánicas, autoproclamados profetas que se adentran tan profundamente en la psique de sus acólitos, es un elemento de gran relevancia si buscamos entender cuán nociva resulta la manipulación ideológica.

¿Qué te parece si ahondamos en el tema de la manipulación ideológica a través de algunos ejemplos bastante ilustrativos? ¡Bien! La mayoría de las personas tienen una noción sólida de lo acontecido durante la segunda guerra mundial. Dos mitades del mundo enfrentándose entre sí, buscando limitar al otro, socavar al otro, destruirlo, en síntesis. La segunda mitad del siglo pasado estuvo protagonizada por nueva y compleja dicotomía que iba mucho más allá del bien y del mal. Se trataba del Capitalismo y el Comunismo. Parecía, en aquellos tiempos, que era responsabilidad innegociable tomar posición por alguno de los dos lados. Después de todo, quien ganara la guerra terminaría imponiendo su verdad frente al derrotado. Ahora bien, este es el contexto general, pero ¿qué ejemplos es posible tomar de este escenario?

Orientando el estudio al ciudadano común, y entendiendo que la guerra supone un sinfín de situaciones moralmente reprochables, ¿qué papel jugaron las ideologías, y sus líderes, en las sucesivas acciones de sus militantes? Quiero que pienses por un momento en un soldado de la SS alemana. Por ejemplo, un joven soldado que apenas tuvo la oportunidad de desarrollar alguna relación afectuosa con amigos y parejas sentimentales. Cuando, de sopetón, vino la guerra y tuvo que tomar decisiones que le trascendían como objeto moral. ¿Qué motivación pudo tener este soldado anónimo para contribuir activamente a la sistemática eliminación de judíos que nada tuvieron que ver con la explosión de la guerra y que, en definitiva, no eran el enemigo militar dentro del conflicto?

Está claro que todas las acciones llevadas a cabo por el soldado del ejemplo, quien *personalmente* no tiene ningún conflicto con algún judío, vienen establecidas desde una visión superior, del partido, que ha intervenido en su criterio individual para imponer el de una idea concebida fuera de sí. ¿Es consciente, este soldado, de que *el otro* (el judío) no es responsable de las acusaciones que se ciernen sobre él desde la figura del líder político? No lo es. Y no lo es porque ha dejado de utilizar su criterio propio, que ha sido sustituido por la cosmovisión del partido. En relación a este tema, nuestra configuración del *otro*, Norbert Bilbeny nos dice lo siguiente en su libro *Ética*:

> El otro es siempre una construcción: una construcción nuestra, pero influida por aquél. No es una invención. Ahora bien, entender al otro, como decíamos, significa por lo menos reconstruir su mundo. Es lo mínimo que se debe

hacer, si de verdad tenemos en cuenta al otro y evitamos «construirlo» en solitario y a nuestro antojo. En tiempos de grave antagonismo social al otro se le adjudica esta naturaleza fantasmal y amenazante (el «bárbaro», el «salvaje», el «extranjero», el «fundamentalista», etc.).

Este *antagonismo social* es la representación. El marco sobre el que un ideal desaparece lo que entendemos como adecuado para que actuemos desde un nuevo concepto *moral* que no está relacionado con nuestra individualidad pero que ha sido impuesto a fuerza de manipulación.

Dependencia emocional.

La dependencia emocional es la síntesis de todas las manipulaciones. Mucho se ha dicho sobre este concepto, pero la verdad es que todos y cada uno de nosotros hemos sido de algún modo partícipes en ella. Si conscientemente no somos capaces de ubicarnos en algún antecedente, es muy probable que hayamos conocido a alguien cuya situación emocional estuvo durante un largo tiempo atada a cierta dependencia. Pero, ¿de qué va esto de la dependencia emocional? Esta sucede cuando perdemos de vista la importancia del *yo* como individuo único. Es decir, cuando solo podemos concebirnos como entes importantes en un marco sentimental o afectivo determinado.

La dependencia emocional, más que un tipo de manipulación, es el estadio en que cae inmersa una persona que ha sufrido prolongados intervalos de manipulación afectiva. Se pueden encontrar ejemplos ilustrativos en cualquier escenario que involucre sentimientos. Sin embargo, el caldo de cultivo para este tipo de estadios se da en las relaciones amorosas. De hace un tiempo a esta parte, la dependencia emocional en las parejas románticas ha adquirido una consistencia de lugar común. Por ejemplo, cuando un individuo se siente incapaz de "superar una ruptura amorosa", esto se debe a múltiples factores, todos asociados a una dependencia emocional.

Este tipo de apegos se caracteriza, como dije, en una supresión paulatina de la consciencia del yo. Quien ha caído en un cuadro de dependencia emocional, a menudo le cuesta imaginar su vida sin la constante presencia del otro elemento que, en su criterio, *le complementa*. De manera que cuando se da la ruptura, le resulta muy doloroso (psíquicamente, claro está), adecuarse a una nueva dinámica en que la individualidad retorna tras un largo periodo de ausencia. Usualmente, este momento viene acompañado de pensamientos limitantes como "nadie me querrá" o "no soy suficientemente bueno para ser querido nuevamente".

Retornar al equilibrio emocional es un desafío titánico para quien ha sido emocionalmente dependiente por mucho tiempo. Sin embargo, algunas de las recomendaciones de los expertos se asocian a un elemento general: la reconexión. En la medida en que la persona dependiente consiga volver a definir las características que le hacen un individuo único, podrá liberarse del lastre que supone haber sido víctima de una dependencia emocional. Ahora bien, un caso aún más frecuente es cuando el victimario es plenamente consciente de esta situación y se aprovecha de ella. Esto viene representado con pequeñas agresiones tiernas que tienen como finalidad reforzar la idea de que el otro (la víctima) no *será* sin su presencia.

Es importante reconocer este escenario emocional. Para hacerlo, basta echar un vistazo profundo hacia nosotros mismos o hacia quien presumamos víctimas. Todo proceso de manipulación tiene implicaciones palpables a nivel de la personalidad de la víctima. Algunos de los aspectos mayormente afectados son:

- Autoestima.
- Estabilidad emocional.
- Autonomía.

Es posible abandonar esa celda sin barrotes que es la dependencia emocional. El primero paso, como es habitual, pasa por reconocer que nuestra individualidad se encuentra amenazada. El segundo paso es tomar acciones concretas para reconectarnos con la esencia de lo que somos como personas. El miedo es la mejor arma de un manipulador, por lo que quien aspire a retornar a la zona del equilibrio emocional deberá, en consecuencia, enfrentar el miedo a lo que pudiera pasar. Nadie es digno de nuestro afecto si así eso significa perder conexión con nuestra visión personal y nuestras expectativas.

Manipulación laboral.

Está claro que la manipulación solo puede nacer y desarrollarse cuando existe una relación de poder naturalmente desequilibrada. Ahora, las relaciones de poder están en todos los resquicios de la vida tal como la conocemos, de manera que, ¿cuál es la solución? Te diré un secreto: estás ejecutando parte de la solución, porque esta solo puede ser puesta en marcha cuando nos hemos formado en torno al tema de la afectividad y la manipulación como elementos agresores. Las relaciones de poder desequilibradas pueden desarrollarse en el marco de una relación romántica, paternal, política y, la que aquí se evaluará, laboral.

Las relaciones en un escenario profesional o corporativo no escapan de esta realidad, principalmente cuando el líder es una persona con determinados rasgos de personalidad asociados a la psicología oscura. Cuando un gerente pide la colaboración de uno de sus empleados, estableciendo implícitamente la necesidad de que esta actividad se lleve a cabo para poder participar en un posible ascenso, la manipulación es evidente. Sin embargo, no es la única característica de un jefe manipulador. Por ejemplo, muchas de las técnicas de manipulación ampliamente referidas a lo largo de este libro son ejercidas en el marco de una relación laboral. La intimidación es la más notoria porque implica elementos hostiles y la afectación directa de la psique de un colaborador. Pero, ¿qué tal si hablamos de los otros modos?

Algunas de las técnicas explicadas en el capítulo anterior son puestas en marcha por jefes manipuladores que ejercen el liderazgo autocrático o manipulador desde distintos puntos de vista. Amenazar a un colaborador con someter a determinado castigo si no se cumple cierta actividad, aplicar un tratamiento silencioso, proyectar las inseguridades en los otros o hacer uso del referido refuerzo negativo son solo algunas de las estrategias presentes en cualquier relación de poder claramente desequilibrada.

En líneas generales, todo comportamiento que inocule en el subalterno la posibilidad de perder su empleo o de ser degradado es una forma de manipulación establecida desde la relación de poder. Es importante, entonces, tener en cuenta que cualquier manifestación o conducta abusiva (esto encierra: gestos, palabras, conductas y cualquier otra forma de transmitir un mensaje) constituye un grado significativo de manipulación. En el mundo actual, donde la competitividad profesional ha adquirido niveles insospechados, estos tipos de liderazgo han proliferado. Afortunadamente, muchas empresas han invertido recursos en la formación de líderes integrales que, más allá de delegar funciones desde un escritorio, establezcan una relación de poder equitativa entre todas las esferas jerárquicas de la corporación.

Maria France Hirigoyen nos advierte sobre este tipo de abusos y coacciones en su libro *El acoso moral*:

> Cuando el acoso aparece, es como si arrancara una máquina que puede machacarlo todo. Se trata de un fenómeno terrorífico porque es inhumano. No conoce los estados de ánimo ni la piedad. Los compañeros de trabajo, por bajeza, por egoísmo o por miedo, prefieren mantenerse al margen. Cuando una interacción asimétrica y destructiva de este tipo arranca entre dos personas, lo único que hace es amplificarse progresivamente, a menos que una persona exterior intervenga enérgicamente.

Esta, al igual que las otras formas de manipulación estudiadas a lo largo de este capítulo, tienen una consecuencia común: la destrucción del *yo individual*. De manera que, si eres líder en alguna empresa, existen otros métodos para influir en el comportamiento de tus colaboradores sin que ello signifique menoscabar su autoestima. Si, por el contrario, estás siendo víctima de algún tipo de manipulación laboral, puedes romper con esta dinámica desde el autoconocimiento, reconectándote contigo mismo, con tu visión y tus expectativas como individuo.

Tipos de manipuladores

Es objetivamente imposible identificar a estos especialistas si no conocemos cuáles son los tipos más comunes, esos personajes con los que podemos toparnos en un café, en la biblioteca pública e incluso en la oficina donde trabajamos. Por lo tanto, creo pertinente hacer un inciso para hablarte de los tipos de manipuladores y sus comportamientos habituales. La finalidad, como sabrás, es que consigas reconocerlos a tiempo y evites, en la medida de tus posibilidades, caer en las garras de estos depredadores que seguramente estarán cerca de ti con el único propósito de manipular tu mente para sacar una ventaja significativa.

A continuación, los tres tipos de manipuladores más comunes en la actualidad:

El despótico:

Generalmente es desagradable, grosero, impertinente. Cada uno de sus actos busca consolidar una relación de poder desequilibrada. Así, garantiza que estés abierto o abierta a sus técnicas que, a menudo, vienen acompañadas con gestos hostiles, amenazas a bocajarro o, en el peor de los casos, como una agresión directa.

Desde luego, es el tipo de manipulador que reconocerás a metros de distancia. Sus características, nada solapadas, transmiten un mensaje incluso antes de que pueda acercarse a ti. Estas personas están convencidas de que decir las cosas de mala manera le infunde autoridad, por lo que optan por un lenguaje muchas veces soez o de mal gusto.

El encantador:

Es el caso diametralmente opuesto al manipulador despótico. En este caso, la persona expone una interminable cantidad de recursos sociales para resultarte especialmente simpático. A menudo son "el alma de la fiesta", disponen de un control escénico importante y saben manejarse en toda clase de escenarios. Sus habilidades comunicativas son, en esencia, su mejor arma. Se muestran alegres, conversadores, divertidos. Dicho esto, ¿cómo es posible identificarles?

El indicador más llamativo del manipulador encantador es que solapa todos sus comportamientos indebidos. No pierde oportunidad de exponer información personal sobre alguien más, disfrazándola en un contexto de broma. Son capaces de hacer chistes de mal gusto porque son de naturaleza narcisista y quieren humillar a los demás si así consiguen ser el centro de atención. Estas personas, aunque amigos de todos, realmente no consiguen entablar una conexión emocional importante con nadie.

El culto:

Existe la posibilidad de que este tipo de manipulador acapare la conversación desde una erudición que a veces resulta forzada. Citan personalidades, extrapolan información, buscan siempre un dato supuestamente interesante con el que llamar la atención de todos y, así, quedar como el más culto del grupo. Una de las características más insoportables de estos manipuladores que explotan en exceso el error de los demás.

Por ejemplo, si en medio de una reunión alguien tiene una pequeña confusión acerca de las fechas de la segunda guerra mundial, el culto hará hasta lo imposible para humillarlo frente a todos sin tener en cuenta los sentimientos y emociones de la persona. También puede darse el caso de que alguien cometa un lapsus linguae o alguna incongruencia sintáctica, pero no hay que preocuparse porque allí está nuestro manipulador culto para decirle al mundo que hubo un pequeño error, procurando engrandecerlo innecesariamente.

Capítulo 13
Falsos ganadores

Falsos ganadores es un capítulo orientado a enseñarte la naturaleza intrínseca de esos personajes que ejercen la psicología oscura para sus fines mezquinos y egoístas. Los tipos de manipulador aquí expuestos representan solo una parte de un universo que crece cada nuevo día. La importancia de este texto radica en que me he propuesto enseñarte, a lo largo del libro, que la psicología oscura puede ser utilizada para crecer como individuo sin la necesidad expresa de pasar por encima de los demás, de distorsionar su pensamiento crítico ni apoderarte de su control a través del manejo malicioso de sus emociones. Una vez que se ha entendido esto, habrás dado un paso significativo en términos de crecimiento.

Si bien, como he señalado, hay ciertos aspectos transversales que deben ser tomados en cuenta al momento de determinar si un comportamiento persigue un fin o si surge más como un mecanismo de defensa interpersonal, está claro que la manipulación como elemento neurálgico de la psicología oscura ha permitido que muchas personas, de naturaleza psicopática, obtengan victorias efímeras que consolidan esa idea interiorizada de que sobrevive el más fuerte. En las siguientes páginas haré algunas observaciones relacionadas a los falsos ganadores; personas que ganan aprovechándose de otras, utilizando el comportamiento *coaccionado* para su beneficio.

Manipuladores de primer orden: *líderes políticos*, *profetas espirituales*, *estafadores*, *sociópatas* son los cuatro segmentos abordados en este capítulo. En la medida en que entiendas cómo funcionan sus mentes, cuáles son sus motivaciones y cómo es posible que saquen provecho de la psicología oscura, tendrás una idea mucho más clara de por qué la psicología oscura ha generado tanta controversia desde su clasificación en el mundo del comportamiento humano.

Al margen de los comentarios que a diario escuchas sobre ella, existe un plano mucho más amplio en el que la psicología oscura, más allá de propiciar medidas coercitivas, nos ofrece herramientas funcionales. Lo importante, es no caer en reduccionismos y obtener una visión panorámica de sus conceptos.

Líderes políticos

En capítulos pasados te he hablado del papel que ciertos líderes políticos han protagonizado en cuestiones como el control mental, la intimidación, la guerra psicológica, el aislamiento, entre otros aspectos. La verdad es que el líder político es, por muchos, la máxima autoridad de una nación. Cuando me refiero a líderes políticos, no me refiero a aquellos asesores o políticos de segundo orden sino al *efectivamente* líder de un país. En resumidas cuentas: primeros ministros, presidentes democráticos, dictadores, líderes militares que tienen el control de las decisiones estructurales de una nación, entre otros de carga simbólica y objetiva parecidas. Ahora bien, ¿qué te parece si empezamos con una definición que nos ayuda a alinear nuestra visión?

De acuerdo con el diccionario de Psicología social, compilado y publicado por Pablo Cazau, un líder es:

> Rol mediante el cual un miembro del grupo asume en mando e impulsa y dirige la acción hacia una meta (por ejemplo, hacia el cambio o hacia la resistencia al cambio), haciéndose depositario de los aspectos positivos del grupo. Su rol complementario es el de seguidor, asumido por los restantes miembros que lo siguen. El liderazgo puede ser autocrático, democrático, laissez-faire y demagógico.

Con independencia de cuál ha sido la técnica utilizada por tal o cual líder, estas victorias no son victorias reales porque nunca superarán la prueba del tiempo. Todos los imperios despóticos, con el tiempo, se vienen abajo.

¿Quién habría creído que el imperio soviético, liderado por el todopoderoso Iósif Stalin, alcanzase su ocaso unos pocos años después de haber sido los protagonistas objetivos y materiales de una victoria en la segunda guerra mundial? ¿Quién habría imaginado que aquel carismático líder alemán, después de equipar a sus fuerzas armadas con las mejores tecnologías belicistas, terminaría suicidándose en su búnker por el avance del enemigo? O, dirigiendo la mirada al presente, ¿quién, desde el sentido común, es capaz de visualizar hoy día el fin del imperio que ha constituido tan hábilmente el imperio norteamericano?

Todos los líderes políticos que han utilizado la psicología oscura para consolidar sus ideas mezquinas terminan, tarde o temprano, viendo derrumbarse su castillo de naipes. Hombres como Stalin, Mao, Franco, Ho Chi Minh, Pinochet, Mugabe, Mussolini, entre otros tantos que ejercieron la intimidación, la fuerza, la violencia, y todos los recursos que tuvieron a su alcance para imponer a las masas su pensamiento como única salvación posible contra los enemigos externos, encontraron algunos chispazos de éxito en algunas circunstancias, pero todos, sin excepción, terminaron cargando una derrota mucho más pesada que sus escasas gratificaciones.

Se torna necesario fomentar este tipo de debates para tratar el "éxito" de estos hombres por lo que en realidad fue, victorias falsas y provisionales que no trascendieron más allá de lo repudiable. Todos, me parece, actuaron desde la consciencia absoluta. Albergaron, en su fuero interno, la certeza de que la colectividad les pertenecía, de que *ellos* y nadie más tenían la solución única a los problemas del mundo. Un ejemplo claro de esta *consciencia* de acción se refleja en el libro *Adolf Hitler*, de Bern Gisevius. El autor muestra la respuesta del líder nazi cuando se le aborda en torno a la protesta de "reaccionarios".

> ¿Han observado ustedes cómo afluyen las masas cuando disputan dos individuos en la vía pública? La crueldad conmueve los ánimos…, crueldad y fuerza bruta. El hombre de la calle no se impresiona fácilmente; sólo admira la brutalidad y la inexorabilidad. Además, las mujeres piensan igual, mujeres y niños. La gente necesita experimentar un

saludable temor. Desea algo que le infunda miedo. Ansia la zozobra, quiere que alguien le haga sufrir y temblar... ¿Qué tonterías están diciendo ustedes sobre crueldad? ¿Por qué les indigna tanto la tortura? Las masas lo desean. Necesitan algo para horrorizarse.

Estafadores

Los estafadores, ¡qué clase de ganadores! Puede que muchos de ellos consigan hacerse con una cantidad de dinero en un corto intervalo de tiempo, pero, ¿cuánto pueden durar estas pequeñas victorias para un individuo que ha naturalizado el timo y la manipulación de hechos como el oxígeno que respira? Se dice poco de los estafadores, pero están por todos lados. Pueden encontrarse en bares, en plazas, en rascacielos de alta gama o en las gerencias más importantes de una multinacional. No hay forma de detenerles, y solo lo harán cuando sea la única opción que se les presente.

Los estafadores no necesariamente son personas urgidas que atraviesen una situación económica precaria. En muchos casos, estos acuden a las estafas para sentir que vencen al otro. Es posible que vean la vida y las relaciones sociales bajo una lente lúdica. Sí, para ellos todo es un juego. En este sentido, la victoria es simbólica y objetiva.

Objetiva porque puede significarle dinero o cualquier otro bien material. Simbólica porque es la demostración definitiva de que ha obtenido una meritoria victoria frente a alguien "más débil". Ahora bien, personalmente considero que estos personajes de la vida diaria son falsos ganadores porque sus victorias no les sacian nunca. Independientemente de si consigue un robo multimillonario o un par de dólares, siempre necesitará más porque sus características narcisistas le exigen siempre acción.

Aunque se trate de estructuras psicológicas complejas, me permitiré la comparación. Los estafadores están atrapados en sus propias celdas, como les sucede a los ludópatas, mitómanos o cleptómanos. De manera que, aunque obtengan un beneficio cuantioso con sus comportamientos, nunca serán libres. Es, con algunas diferencias, lo mismo que le ocurre a una persona de la clase alta que tiene problemas con las drogas. El factor dinero no es una preocupación, pero de un modo se encuentra prisionero de sus propias necesidades fisiológicas. En el caso del estafador, al estructurar su vida en torno a la estafa, a la manipulación, es evidente que no podrá abandonar nunca la celda que, a su vez, le genera algunas sensaciones de victoria.

Son expertos en el arte de la manipulación, la coacción, la destrucción de nuestras defensas involuntarias. Es fundamental reconocerles en la primera oportunidad, de lo contrario corremos el riesgo de caer en sus redes y ver alterado nuestro equilibrio emocional. Al margen de lo que ahora sabes, que sus victorias son insignificantes y efímeras, has de valorar como prioridad tu salud. De allí la importancia de consolidar mecanismos de defensa como la autoconfianza y la intuición. De esta manera no caerás nunca en sus garras.

Capítulo 14
Cómo reconocer y analizar las características comportamentales de las personas influenciadas

Este capítulo persigue, como fin, ayudarte a entender cuáles son las implicaciones presentes o las características comportamentales más comunes en las personas que han afrontado procesos de influencia por parte de factores externos.

Ahora, ¿cuál es la importancia de entender e identificar estas características? En primer lugar, porque solo así seremos capaces de saber que la influencia, la persuasión y la manipulación representan una oportunidad de acceder significativamente a la psique de un individuo. Pero, además, porque al hacerlo podemos sacar ventaja o provecho de esto; lo que representa, por sí mismo, un conjunto de oportunidades. Esto viene a comprobar lo dicho con anterioridad. Quienes decidan aprender sobre técnicas de influencia y manipulación entiendan que no están *en el lado oscuro de la historia*.

Siguiendo este orden de ideas, el primer segmento del capítulo que tienes entre tus manos es *La psicología oscura para fines correctos*, donde te enseñaré cómo es posible que un concepto que implica manipulación puede orientarse hacia los fines adecuados, sin la necesidad de destruir la individualidad de los demás a través del manejo mezquino de sus emociones.

Además, te enseñaré algunas de las implicaciones que la influencia ejerce sobre las personas en el espectro conductual y en el psíquico.

La psicología oscura para fines correctos.

Se ha dicho mucho (nunca demasiado para quien quiere entender cada cosa que existe en el mundo) acerca de la psicología oscura. A menudo, cuando se emiten juicios de valor sobre esta, se toma como base de la tríada oscura, o de lo que poco tiempo se denominó como la tétrada oscura. Tiene sentido tomar posición sobre la psicología oscura cuando lo primero que nos dicen sobre ella es que identifica a los individuos especialmente nocivos de acuerdo a 4 rasgos de personalidad bastante sugerentes:

1. Narcisismo.
2. Maquiavelismo.
3. Sadismo.
4. Psicopatía.

Sí, muchos se asustan al leer o escuchar estas palabras, lo que los lleva a cerrar filas inmediatamente para evitar ser lastimados. Mucho tiene que ver en esto la resonancia aportada por los medios de comunicación o los brazos de la cultura popular, que nos han vendido en los últimos años millones de dólares en producciones, libros, programas y documentales acerca de la vida de los psicópatas que nos aterrorizaron de forma incomparable. Así que, en cierto modo, la posición que adoptamos frente a estas 4 palabras no necesariamente nace de nosotros como individuos sino del contenido con que hemos sido bombardeados desde que alguien descubriese que la oscuridad humana (como producto) es de una rentabilidad incuestionable.

Si conseguimos deshacernos de este condicionamiento impuesto, tenemos una oportunidad de ver las cosas con mayor claridad. Existen razones suficientes para que la psicología oscura sea tenida en cuenta como un conjunto de herramientas e instrumentos que, en la práctica adecuada y orientada hacia fines correctos, nos ofrece posibilidades innegables para alcanzar nuestros objetivos. Por ejemplo, es posible evaluar la implicación de la psicología oscura en nuestra personalidad desde un punto de vista psicológico.

Ahora bien, ¿qué entiende la psicología por "personalidad"? En primer lugar, la personalidad incluye una serie de elementos relativamente estables en el tiempo. Estos elementos son:

1. Rasgos.
2. Disposiciones internas.

Elementos que a menudo son consistentes en diversas situaciones. Son estas características de la personalidad de naturaleza estable lo que nos ayuda a predecir la conducta de un individuo. Teniendo en cuenta esto, ¿cuáles son los factores de naturaleza estable, por ejemplo, en un narcisista? Un artículo de sugerente título, ¿Es en verdad tan malo el narcisismo?, publicado por el investigador Keith Campbell, este manifiesta, entre otras cosas, que *"el narcisismo puede ser una estrategia funcional para lidiar con el mundo actual. La idea de que los narcisistas son frágiles, mermados o deprimidos simplemente no cuadra con las investigaciones recientes que se han hecho con sujetos normales"*

Del mismo modo, el maquiavelismo. El individuo maquiavélico es capaz de hacer todo cuanto sea necesario para llegar a la cima; esta determinación, en un buen número de casos, repercute en resultados positivos. Imagina esta determinación en todas las personas que has conocido a lo largo de tu vida. Todos hemos tratado con una galería variopinta de individuos que, aunque talentosos, por pusilánimes no llegaron a donde querían. Esto me permite concluir, que la determinación del maquiavelismo es un elemento a considerar cuando hablamos de éxito.

Por otro lado, si aceptamos la manipulación como un factor causal de la psicología oscura, también existen beneficios inherentes. Se sabe, por ejemplo, que una persona que ha desarrollado habilidades para la manipulación tiene un mayor y mejor uso del lenguaje. Adicionalmente, el hecho de saber reconocer el conjunto de emociones que puede manifestar alguien más (por ejemplo, a través del lenguaje corporal), le ofrece una ventaja sustancial para sacar provecho de esa vulnerabilidad. Quien sabe influir en los demás tiene mejores posibilidades de alcanzar sus objetivos. Esto sugiere que las herramientas comunicativas, entendidas como un camino y no como una meta, perfectibles en el marco de la psicología oscura, nos serán de gran ayuda.

Rasgos conductuales de las personas influenciadas.

Son muchas las posibles implicaciones de la influencia en las personas influenciadas, tanto a nivel psíquico como conductual. En este segmento te enseñaré algunas cosas acerca de los rasgos que caracterizan a una persona influenciada *desde el punto de vista comportamental*. Pero, antes de avanzar, es conveniente que nos movamos en la misma dirección. Para ello, he acudido al *Diccionario de psicología social*, compilado y publicado por Pablo Cazzau, donde se establece que la conducta es:

> Sistema dialéctico y significativo en permanente interacción intersistémica e intrasistémica, y que, normalmente, involucra una modificación mutua entre el individuo y su entorno social, así como una modificación de su mundo interno. Desde la psiquiatría, la conducta puede ser normal o patológica ("desviada"), y tanto en uno como en otro caso se manifiesta en las tres áreas del cuerpo, la mente y el mundo externo.

Siguiendo esta definición, una persona que ha sido influenciada por alguien más tiende a tomar como propios algunos comportamientos adicionales. Mucho tiene que ver la técnica utilizada por el experto al momento de influir. Antes de mencionarte algunos de los rasgos conductuales mayormente apreciados en estas personas, ¿qué te parece si damos un breve repaso acerca de los distintos enfoques asociados a la influencia?

- Influir a través de la autoridad.
- Influir a través del humor.
- Influir a través de la ética y los valores.
- Influir a través del ejemplo.

Estas son algunas de las técnicas más comunes y menos agresivas cuando se tratar de influir a alguien para que acepte nuestras premisas. Recuerda en todo momento que para triunfar debes influenciar, manipular y seducir solo en la medida exacta. Dominar las técnicas para hacerlo no es un salvoconducto para apropiarte del criterio propio de alguien más para tu beneficio personal.

Se vuelven dóciles: las personas influenciadas a menudo se vuelven dóciles frente a quienes representan una autoridad. Por ejemplo, si has practicado algunas técnicas para posicionar tu idea en la mente de una persona, puedes esperar un comportamiento totalmente dócil en relación a la idea que has implantado. No olvides que la diferencia entre influencia y manipulación es que esta última destruye la cosmovisión de la persona mientras que la influencia solo inocula ideas puntuales sin intervenir ni coaccionar una decisión al respecto.

Necesitan aprobación constante: otra característica de fácil identificación en las personas que han sido influenciadas es que desarrollan una especie de conexión emocional con la persona que le ha influido. A partir del primer momento en que la idea ha sido establecida en su mente, buscará por todos los medios posibles desarrollar elementos o ideas derivadas para su respectiva aprobación. En el caso del mundo comercial, esta aprobación se lleva a cabo mediante la terminación de la compra. Es increíble el efecto que un proceso de influencia genera en personas que, en condiciones normales, actuarían de forma diametralmente opuesta.

Puede perder autoconfianza: aunque no sea el fin que persigue el experto, es posible que la persona influenciada pierda certeza y confianza en sus propias decisiones. Este rasgo conductual podría ser indicador de algo mucho más profundo, como una tendencia previa a la depresión o a la docilidad patológica. En todo caso, debes recordar en todo momento que tu tarea es influenciar, no manipular ni emocional ni psicológicamente. De manera que, si llegas a percibir alguna afectación significativa en la autoconfianza del individuo, tómate algo de tiempo para ayudarle.

Podemos resumir este protocolo en los cuatro pasos siguientes:

1. Identificar la audiencia

Averigua a quién tendrás que influir. Evalúa las variables como la diferencia de generación, el nivel de comprensión del proyecto, la personalidad y cualquier detalle que pueda causar un impacto significativo. A continuación, elije el estilo de liderazgo que mejor se adapte a tus objetivos.

Capta cualquier señal no verbal que muestre resistencia o aprobación.

Intenta determinar quién tiene más influencia en la decisión. Fomenta esas relaciones con un interés genuino.

2. Identificar los deseos y las necesidades

En una reunión, la mayoría de las personas llevan su propia agenda en primer lugar. Se adelantan con grandes razones y datos bien pensados. Esto es lo contrario de una técnica de influencia eficaz, ya que no se alinean los intereses de los demás antes de su solicitud.

Hay que predecir las áreas que podrían suponer un problema antes de promover tu idea. Saberlo de antemano es una gran manera de prepararse y puede dirigir las preguntas que se esperan.

3. Construir la confianza

Las investigaciones siguen demostrando que es importante crear una conexión antes de influir en los demás. El establecimiento de esta confianza se produce cuando la persona reconoce ciertas cualidades en ti:

- La gente confía en las personas que son como ellos mismos.
- Intereses alineados. Encontrar compromisos mutuos o valores comunes.
- Tener una preocupación genuina por los demás.
- Capacidad o competencia. La capacidad de cumplir sus promesas.

- Previsibilidad e integridad. Actitudes coherentes y dignas de confianza.
- Escuchar plenamente, oír otras opiniones y estar abierto a la discusión.

La confianza tarda en desarrollarse. Si el tiempo es escaso y necesitas mostrar más coincidencias con la persona, puedes utilizar una técnica llamada mirroring. Esto da a la persona una sensación de comodidad y familiaridad.

4. Explicar el beneficio

Si has seguido correctamente los pasos uno, dos y tres, es seguro que tendrás un público más receptivo para el paso cuatro. Aquí es donde entra en juego el razonamiento. Explica las ventajas con claridad y por supuesto, con ejemplos.

No hay nada mejor que un argumento sólido que muestre cómo la petición se relaciona con las necesidades de los demás. ¿Cómo se ven afectados los compañeros de trabajo si NO participan? Los puntos de dolor como éste pueden ser a menudo un motivador tan fuerte de apoyo como si participaran. Detalla en qué medida la persona o la empresa se verán perjudicadas si no actúan.

¡Ya tienes tu victoria!

Se trata de una victoria con la que puedes sentirte bien. Llegar a un acuerdo basado en el respeto mutuo crea relaciones más receptivas a largo plazo. La gente confiará en ti en futuras interacciones gracias a los cimientos que estás sentando ahora. Con la confianza viene la influencia.

Sigue este protocolo de cuatro pasos y pronto estarás en camino de llegar a un acuerdo y mejorar las técnicas de influencia en poco tiempo.

Conclusión

Somos seres sociales, esta es una realidad inobjetable. La influencia, juega un papel fundamental para quienes aspiran alcanzar el éxito. De hecho, es imposible que un individuo carezca por completo de herramientas para influenciar a quienes les rodean. Absolutamente todos nosotros nos enfrentamos, día tras día, a circunstancias que suponen la necesidad de influir en los demás para alcanzar objetivos, sean estos grandes o pequeños. Independientemente del área a que te aboques en tu vida, si eres vendedor, publicista o programador para una multinacional de las tecnologías de la información, siempre ejerces influencia sobre alguien más, aunque de forma inconsciente.

Con este libro he buscado cambiar ese chip o enfoque que tienes acerca de la influencia. Entendiéndola, desde luego, como una herramienta que te acercará a la cima una vez que aprendas a ejercerla desde la consciencia plena y no desde la mente subconsciente. Durante mi trayectoria me he encontrado con individuos que tienen una capacidad superlativa para influir en su entorno, sin embargo, lo hacen involuntariamente o sin ser plenamente consciente de ello. Sus estrategias fueron perfeccionadas con la práctica y la repetición, como quien afila un cuchillo una hora cada día de su vida. Pero, aunque la destreza estaba allí, su protagonista no podía sacarle todo el provecho posible.

En este sentido, creo imprescindible que nos hagamos conscientes de nuestras fortalezas tanto como de aquellas carencias que denominamos oportunidades de mejora. En la medida en que estamos al tanto de cuáles son nuestras herramientas y armas, le daremos un mejor uso y avanzaremos, a pasos agigantados, en el camino hacia nuestras metas. Me gustaría que te tomes unos minutos para pensar en el siguiente ejemplo: imagina por un momento que un niño de unos once años quiere encender una vela a mitad de la noche para ir a la cocina sin tropezarse. En su necesidad, busca en mesas y gavetas, pero solo encuentra una caja de cerillos y un juguete. Si este niño desconoce la función de los cerillos, es imposible que consiga su objetivo. Lo que le llevará a invertir mucho tiempo y energía en seguir buscando otro rato. Esto es lo mismo que sucede cuando no somos conscientes de nuestras armas y habilidades, las desaprovechamos.

Si bien es cierto que el ejemplo no se encuentra directamente asociado al tema de la influencia, sí permite una sencilla extrapolación donde la oscuridad en el camino a la cocina es el escenario como representación y la caja de cerillos un objeto de la representación que no será debidamente aprovechado desde el desconocimiento.

La capacidad de influir en los demás puede ofrecernos grandes cosas solo en la medida en que la llevemos a la práctica desde una integridad incuestionable. No olvides que la manipulación e influencia son diametralmente opuestos, tanto conceptual como empíricamente. Mientras un experto en la manipulación suprime la visión de su víctima, el experto en influir en los demás sugiere/implanta ideas concretas sin ir más allá.

Para finalizar, me permito referir el siguiente fragmento, el cual ha sido extraído del libro *Psicología social, algunas claves para entender la conducta humana,* de Anastasio Ovejero Bernal, que a su vez cita a Lukes:

> A puede ejercer poder sobre B consiguiendo que éste haga lo que no quiere hacer, pero también ejerce poder sobre él influyendo en sus necesidades genuinas, modelándolas o determinándolas. De hecho, ¿no estriba el supremo ejercicio del poder en lograr que otro u otros tengan los deseos que uno quiere que tengan, es decir, en asegurarse su obediencia mediante el control sobre sus pensamientos y deseos?

MANIPULACIÓN

Cuáles son las técnicas de persuasión usadas para la manipulación mental, para influenciar y negociar. ¡Cómo y por qué se termina diciendo que sí!

Por
Fabián Goleman

.

Fabián Goleman

Nacido en New York el 24 de agosto de 1960 en el seno de una familia burgués de origen española. Fabian desde muy joven mostró una vocación artística y una sensibilidad fuera de común. Obtuvo el doctorado de Psicología en Harvard.

Gracias a los consejos de sabiduría, inspiración y amor de Fabian Goleman, muchas personas han podido redescubrir los verdaderos valores de la vida y el optimismo necesario para tener una mayor confianza en sí mismo.

El principal mensaje filosófico de Fabian que nos deja en sus libros, es que toda persona en la tierra es un milagro y debe elegir dirigir su vida con confianza y congruencia con las leyes que gobiernan la abundancia.

...Mi vigor aumentará, mi entusiasmo aumentará, mi deseo de encontrarme con el mundo superará cualquier miedo que conocí al amanecer, y seré más feliz de lo que nunca pensé que podría ser en este mundo de lucha y dolor. F.G.

Si quieres dejar tu opinión y ganarte un cheque regalo Amazon, abre este QR Code a treves de la foto cámara de tu celular o entrando directamente en este enlace:

WWW.FABIANGOLEMAN.COM

Fabián Goleman (@fabiangoleman)

Introducción
¿Cómo usar este libro?

El ser humano tiene todas las posibilidades para alcanzar sus metas personales. Desafortunadamente, en el camino nos cruzamos con individuos que socavan estas posibilidades desde el control. Esta es la esencia del libro que leerás: la manipulación mental. Todo cuanto hacemos en el día a día trae consigo un cúmulo de emociones. Pero, ¿cómo reaccionamos ante estas es lo importante? Esta es una pregunta que encontrarás presente en buena parte de los capítulos a continuación. La verdad es que, si me preguntaran por la razón que me llevó a escribir este libro, tengo que responder con otra pregunta que, en lo personal, considero mucho más importante que cualquier posible razón aislada: ¿qué nos impide tomar el control de nuestra vida?

Por desgracia, en este momento muchas personas se encuentran vulnerables en distintos factores. La razón de ser de estas vulnerabilidades puede encontrarse en:

a. Condicionamientos adquiridos durante los primeros años de nuestro desarrollo.
b. Condicionamientos adquiridos por experiencia propia.
c. Rasgos propios de nuestra personalidad.
d. El efecto de los otros sobre nosotros.

Independientemente de la razón que nos haya hecho vulnerables a los manipuladores, todas estas pueden ser solucionadas en el marco de acciones puntuales y el cerebro es la clave. En la medida en que entendamos cómo funciona nuestra mente, las posibilidades de encontrar la salida del laberinto aumentan significativamente. A este respecto apunta cada uno de los capítulos que componen este libro: ofrecerte las herramientas para liberarte de la manipulación (emocional, psicológica y afectiva), y entender la realidad que te rodea desde tu mapa personal.

Dicho esto, empecemos.

Capítulo 1
Definición de la manipulación
mental y sus características

¿Te has preguntado alguna vez por qué siempre terminas cediendo ante los deseos de otras personas, incluso cuando estos no se encuentran alineados con tu propia voluntad? O, si se quiere, ¿por qué antepones la felicidad de otras personas sobre la tuya? Cuáles son esos factores que nos impiden retomar el control de nuestras vidas al tiempo que entregamos nuestro poder de decisión a alguien más. Estos elementos serán profundamente estudiados más adelante. Por ahora, quiero que te centres en este capítulo y en sus distintos componentes.

Todos somos manipulables, en mayor o menor medida, pero esto no quiere decir que debamos perder el control de lo que somos y queremos. En contraparte, es justo decir que todos nosotros hemos manipulado a alguien en diversos escenarios de nuestra vida. No vale la pena mentirnos al respecto. En líneas generales, considero que la manipulación forma parte de nuestro día a día, de lo que somos como especie. Pero, que sucede ¿cuándo esta característica relativamente natural se eleva a niveles insospechados de maltrato, dominio y destrucción emocional?

Un manipulador te mentirá activamente, pondrá excusas, te culpará o compartirá estratégicamente hechos sobre ellos y ocultará otras verdades. Al hacer esto, sienten que están ganando poder sobre ti y ganando superioridad intelectual.

Exageración y generalización

Los manipuladores son expertos en exagerar y generalizar. Pueden decir cosas como: "Nadie me ha querido nunca". Utilizan acusaciones vagas para que sea más difícil ver los agujeros en sus argumentos.

Humor cruel

Esta táctica utilizada por los manipuladores tiene por objeto señalar tus puntos débiles y hacerte sentir inseguro. Al hacerte quedar mal, tienen una sensación de superioridad psicológica.

En la medida en que aprendamos a identificar cuándo estamos siendo manipulados, tendremos un mayor control en cuanto a la toma de decisiones, acciones y consecución del éxito en la vida. Lo realmente importante, si me preguntas, pasa por no caer en este tipo de trampas. Está claro que, en muchos casos, la manipulación no tiene tintes corrosivos ni busca hacer daño. No obstante, esta es un arma de doble filo que termina (casi siempre, por no generalizar) provocando daños inminentes.

Independientemente de quién provenga, esta ha de ser suprimida o evitada por completo. Solo a través de estrategias y acciones orientadas a este fin, conseguiremos el control de nuestras vidas. Supongo que ya estarás harto de ser tratado como una simple marioneta que carece de alma y de inteligencia propia. No hace falta negarlo; todos los que hemos sufrido algún tipo de manipulación nos sentimos, más temprano que tarde, como juguetitos puestos a disposición de alguien más para cumplir metas que nos son ajenas.

Definición y algunas consideraciones sobre la manipulación mental

En la literatura psicológica, existen algunos manuales que nos permiten plantear distintos tipos de definiciones; en todo caso, todas estas apuntan hacia un mismo objetivo: tomar ventaja sobre los programas mentales de otras personas para sacar un provecho específico. Si bien es cierto que, en la mayoría de los casos, la manipulación mental se da de una forma inconsciente por parte del manipulador, esto no significa que el daño sea menor. Por ejemplo, un líder tóxico puede ejercer su influencia sobre sus colaboradores más inmediatos a través de una presión concebida desde su posición de poder.

Para nadie es un secreto que, en ciertos sectores profesionales, la manipulación juega un papel fundamental en términos de control y subyugación de colegas o subalternos. Esto promueve una cierta aceptación implícita por parte de la sociedad, que no se atreve a emitir juicios de ningún tipo para que no se le considere como invasor en un proceso aparentemente normal. Ahora bien, ¿qué pasa cuando el manipulado termina llevando a cabo acciones éticamente reprochables debido a este tipo de coacciones? Es por esta razón que creo imprescindible saber definir e identificar la manipulación como una herramienta (corrosiva) por parte de ciertas personas y como un lastre para quien no consigue zafarse del peso que ella conlleva.

Lo preocupante de este tipo de violencia es que puede encontrarse en prácticamente todos los ámbitos de la sociedad. Incluso un matrimonio puede ser caldo de cultivo para que una persona de carácter manipulador despliegue sus tácticas para ejercer control sobre las decisiones de alguien más. Los contextos pueden variar significativamente, no obstante, el riesgo es el mismo. Independientemente de si nos ubicamos en escenarios sociales, académicos, profesionales, políticos, sociológicos o antropológicos, la manipulación mental es un factor a tener siempre en consideración.

Ahora, ¿qué propicia que un manipulador tome acción sobre otra persona de forma genuina, sin previos conocimientos sobre tácticas de persuasión? En esto tiene mucho que ver la naturaleza humana, sus programaciones y condicionamientos mentales. Un ejemplo válido es el de aquellos individuos que han tenido una infancia repleta de abusos emocionales o físicos. Sin entrar en detalles estadísticos, es muy común que este tipo de personas desarrollen un cuadro manipulador de forma empírica y no por haber estudiado a los grandes manipuladores de la historia. Sin embargo, esto es un mito que no ha podido ser comprobado por la ciencia, más allá de ciertos cuadros comparativos. Después de todo, la manipulación mental puede resumirse en ejercer poder sobre otro. Y, para ello, no hace falta haber estudiado en la mejor universidad de manipuladores del planeta Tierra.

La escritora Vitelleschi Belén, en su libro *Manipulación Afectiva*, nos ayuda a derribar este mito con el siguiente párrafo:

> La creencia de que los manipuladores responden únicamente al perfil de oscuros personajes de películas de suspenso con mentalidad maquiavélica y actos ruines ha pasado de moda. En nuestra actualidad, los medios de comunicación muestran diariamente, sin velo alguno, discursos, propagandas, escenas de ficción, noticias o situaciones convencionales donde el recurso de la manipulación es moneda corriente. Discursos políticos con tendencia a instalar una idea o derribar otras; publicidades donde se incita la posesión material como fuente de felicidad; personajes anónimos que adquieren popularidad sólo por aparecer en todos los medios, son claros ejemplos. Hoy, la cultura de la satisfacción inmediata y la vorágine mediática fomentan la manipulación como un recurso válido para asegurar el éxito.

Cojamos como ejemplo este caso: Antonio planea hacer Y, pero Luca quiere que haga X en su lugar. Luca ha intentado sin éxito dar a Antonio razones para hacer X en lugar de Y. Si Luca no está dispuesto a recurrir a la coacción o a la fuerza, podría desplegar cualquiera de las siguientes tácticas para intentar influir en la elección de Antonio. Por ejemplo, Luca podría...

- Engañar a Antonio para que quiera complacer a Luca haciendo X.
- Exagerar las ventajas de hacer X y las desventajas de hacer Y, y/o subestimar las desventajas de hacer X y las ventajas de hacer Y.
- Hacer que Antonio se sienta culpable por preferir hacer Y.
- Inducir a Antonio a un estado emocional que haga que hacer X parezca más apropiado de lo que realmente es.
- Señalar que hacer Y hará que Antonio parezca menos digna y atractiva para sus amigos.
- Hacer que Antonio se sienta mal consigo mismo y presentar Y como una opción que confirmará o exacerbará este sentimiento, y/o presentar X como una opción que lo desconfirmará o combatirá.
- Hacer un pequeño favor a Antonio antes de pedirle que haga X, para que se sienta obligada a cumplirlo.
- Hacer que Antonio dude de su propio juicio para que confíe en el consejo de Luca para hacer X.
- Dejarle claro a Antonio que si hace Y en lugar de X, Luca le retirará su amistad, se enfadará o se volverá irritable y desagradable en general.
- Centrar la atención de Antonio en algún aspecto de hacer Y que Antonio teme y aumentar ese miedo para conseguir que cambie de opinión sobre hacer Y.

Cada una de estas tácticas podría considerarse razonablemente una forma de manipulación. Muchas de ellas también tienen nombres más específicos y comunes, como "viaje de culpabilidad" (táctica 3), "luz de gas" (táctica 8), "presión de grupo" (táctica 5), "negación" (táctica 6) y "chantaje emocional" (táctica 9). Tal vez no todo el mundo esté de acuerdo en que todas las tácticas de esta lista se describan correctamente como manipulación. Y en algunos casos, que la táctica parezca manipuladora puede depender de varios detalles que no se especifican en el caso descrito. Por ejemplo, si Y es gravemente inmoral, tal vez no sea manipulador que Luca induzca a Antonio a sentirse culpable por haber planeado hacer Y. También es posible que revisemos nuestros juicios sobre algunas de estas tácticas a la luz de una teoría de la manipulación totalmente elaborada y bien respaldada, si la tuviéramos. No obstante, esta lista debería proporcionar una idea razonablemente buena de lo que entendemos por "manipulación" en el contexto actual. También debería servir para ilustrar la gran variedad de tácticas que se suelen describir como manipulación.

Características reconocibles de la manipulación mental

Aunque no se le haya dado la resonancia que creo merece, la manipulación mental como estrategia para el éxito es un mal endémico que acosa a la sociedad en todos sus ámbitos si nos es echa para un fin positivo. Como se mencionó en el segmento anterior, mayormente esta se ejerce desde la involuntariedad. Lo que agrega mayor importancia a este mal. ¿Es necesario controlar las acciones de otras personas para alcanzar nuestros objetivos de vida? Desde luego, no. Sin embargo, parece imposible desarraigarnos de la idea de que esta es una táctica valiosa para la consecución de nuestras metas. Si tienes la sospecha de que pudieras estar siendo manipulado mentalmente por tu jefe, por algún amigo e incluso por tu pareja sentimental, es hora de aprender todo lo relacionado a esta forma de violencia que te afecta negativamente.

Una verdad inobjetable es que todos estamos expuestos a ser manipulados de diversas maneras. Cada estadio de la vida supone, así mismo, una exposición constante a otras personas. Si no nos abocamos a suprimir cualquier atisbo de manipulación, corremos el riesgo de sufrir efectos insidiosos tanto en nuestra salud física, psíquica, como en nuestra forma de relacionarnos con los otros. No hay que olvidar que esta es una agresión hostil que hemos interiorizado como algo normal. Conviene entender que muchas veces el daño se encuentra en haber normalizado la manipulación mental. Este ejercicio, solapado y arbitrario, cuando se vuelve crónico echo de manera negativa, disminuye nuestras posibilidades de éxito porque nos mantiene encerrados en una celda imaginaria de la que, en parte, somos responsables.

Las víctimas de este tipo de manipulación están, además, expuestas a:

- Desarrollar ansiedad.
- Entrar en un patrón depresivo crónico.

- No son capaces de desarrollar mecanismos de afrontamiento cónsonos con personas exitosas.
- Les cuesta confiar en los demás.
- No se sienten cómodos con la verdad, tendiendo siempre a mentir incluso en cuestiones anodinas.

Una de las razones por las que este mal es tan peligroso, es porque quien se encuentra atrapado en este tipo de dinámicas, a menudo es incapaz de establecer un criterio propio de la realidad que le rodea. En otras palabras, pueden llegar a cuestionar su percepción de la realidad. A nadie le gusta ser controlado, es cierto, pero, ¿qué pasa cuando hemos aceptado implícitamente que nuestras decisiones no son las más adecuadas? Esto sugiere, de forma inconsciente, que no somos capaces de ser efectivos en ningún aspecto, lo que nos lleva a ceder el control a alguien más que ha sabido vendernos la idea de que ceder nuestro control es una estrategia para que las cosas salgan como esperamos.

En este sentido, es tan común como espeluznante cómo cada día nos enfrentamos a manipuladores que han perfeccionado sus métodos para dominarnos. Como los virus. Lo que nos puede proteger de ellos es un cóctel de aceptación, autoconfianza y la puesta en práctica de hábitos que propicien una mentalidad adecuada. Los tipos de manipulación, según el entorno en que se desarrollan, son:

En el trabajo: mayormente representada por jefes controladores que basan su control en nosotros desde una relación de poder nada equitativa. Es indispensable reconocer este tipo de liderazgos; de lo contrario, liberarnos será cada vez más difícil.

En nuestras relaciones sociales: existe una relación muy marcada entre nuestra autoconfianza, lo que percibimos de nosotros mismos, y las posibilidades de ser manipulados por quienes conforman nuestro entorno inmediato. Si asumimos por un momento (solo como ejercicio) que todas las personas tienen un cierto grado de manipulador en su conformación genética, entonces la mejor defensa es sentirnos bien con nosotros mismos. De esta manera, no nos permitiremos ceder el control de nuestras decisiones bajo ninguna circunstancia.

En nuestra relación sentimental: otro de los escenarios más frecuentes se da en el ámbito sentimental o romántico. ¿Quién no se ha sentido alguna vez atrapado en una dinámica en la que apenas somos capaces de tomar alguna decisión? La manipulación puede hacer que una persona se sienta intimidada, sin valor o aislada. Se trata, en definitiva, de una cuestión compleja. Por ejemplo, una persona puede llegar a manipular a su pareja para evitar discusiones o para ganar confrontaciones. Sin embargo, la manipulación puede tomar muchas formas: la exageración, la violencia pasivo-agresiva, la entrega desmedida de responsabilidades, las críticas constantes o la adulación excesiva. Es por ello que, en un contexto sentimental, este tipo de conductas representan una bomba de tiempo.

Para darte un ejemplo, te cuento la historia de un muchacho que tuve en terapia;

David, un abogado canadiense, tiene 28 años, pero ya ha tenido 11 relaciones serias. Dice que cada una de esas relaciones terminó con infidelidad por su parte, y con graves dudas por parte de las mujeres. Es un "gaslighter" confeso.

"Mirando hacia atrás, está claro que yo estaba iluminando con gas a las mujeres y haciéndoles dudar poco a poco de su versión de la realidad", dice.

Ahora habla para comprender la mente de un "gaslighter" y advertir a las mujeres de las señales que lo delatan.

El gaslighting se ha descrito como un abuso psicológico en el que se presenta deliberadamente información falsa a la víctima, con el fin de que ésta se cuestione su propia memoria y percepción de los hechos.

David se enteró de que era un gaslighter recientemente, mientras estaba en terapia.

Sitúa el inicio de su comportamiento en una relación cuando era un estudiante de derecho de 21 años.

Federica era cuatro años mayor y estaba terminando un máster. David describe la relación como "romántica pero inestable". Pronto empezó a tener encuentros sexuales con otras mujeres a espaldas de ella.

Pero Federica era una mujer inteligente y pronto se dio cuenta de que David le estaba siendo infiel. David dice que, para seguir engañándola, sin dejar de mantener su relación, tuvo que "alterar su realidad".

Comenzó a identificar "técnicas y caminos" en los que podía manipular a Federica, sentando las bases para hacer más creíbles las mentiras que vendrían después.

"Federica era extremadamente inteligente, pero era consciente de que estaba dejando huellas de la infidelidad en el mundo digital, en las redes sociales", dice David.

Dice que durante un tiempo le hizo bromas señalando su "obsesión" por las redes sociales, haciéndole sentir que era sospechosa de una manera poco saludable, incluso "loca".

"Utilicé deliberadamente un lenguaje denigrante para hacerla perder la confianza en su lectura de la situación y de mi infidelidad. Estaba 'paranoica', estaba 'loca', estaba 'llena de drama'.

"Todo esto lo decía en broma. Pero se acumulaban con el tiempo, y entonces ella empezó a creer".

A modo de conclusión

Como habrás notado, retomar el control de tus propias decisiones es el único modo para salvaguardarte de la actitud manipuladora de los otros. Para ello, te recomiendo que pongas en práctica ejercicios sencillos que te ayuden a reconectarte contigo mismo, con tu valor y con lo que percibes de ti mismo. Entendiendo que todos los seres humanos poseemos características maravillosas que nos hacen únicos e irrepetibles, tiene sentido que aceptemos lo que somos y podemos lograr. La autoconfianza es una de las herramientas doradas para alcanzar este punto. Prácticas como la meditación, la verbalización de tus deseos, habilidades y destrezas, la escritura de un diario y la visualización, tendrán un efecto significativo en tu autopercepción.

Todos somos capaces de reflexionar y tomar decisiones positivas para salir adelante. Lo único que nos impide hacerlo está en nosotros mismos. Si cuestionas cada una de tus acciones, es probable que hayas alimentado años de manipulación por parte de agentes externos. Sea cual fuere tu caso, puedes tomar las riendas de tu vida siempre y cuando te hagas consciente de que es la única opción válida para tener una existencia plena, próspera y feliz. En caso contrario, vivirás cada uno de tus días subyugado a alguien que antepone *su* felicidad a la tuya. Sobra decir que nadie (absolutamente nadie) quiere que las cosas te salgan bien más que tú mismo.

Capítulo 2

Estudios científicos y reglas sobre la manipulación mental

La manipulación ha formado parte de nosotros desde el primer día de la existencia humana. Si eres creyente, seguramente interpretarás aquella acción de Eva como uno de los primeros ejercicios de manipulación en la historia de la humanidad. Existen otros ejemplos más o menos representativos a lo largo de la historia de cómo el hombre ha desempeñado un papel fundamental en el control mental de sus contemporáneos.

Muchos especialistas han invertido años y recursos en dar cuenta de cómo funciona el cerebro humano en términos de autopercepción y autoconfianza. Todos ellos, en mayor o menor medida, han visto de soslayo la cuestión de la manipulación. ¿Cuáles son estas reglas sobre la manipulación? ¿A qué conclusiones han llegado los expertos en este tema tan importante para la consecución de la felicidad y la plenitud?

Ten en cuenta que para superar una problemática (sea esta microscópica o de dimensiones bíblicas) lo primero es entender de qué manera nos vemos afectados por esta, cómo se genera y qué acciones podemos ejecutar para evitar su incidencia en nuestras vidas. Dicho esto, es conveniente apoyarnos en quienes han dedicado años enteros a profundizar todo cuanto ha sido posible en el estudio de la materia que hoy nos compete: la manipulación mental.

Del libro *Manipulación Afectiva*:

> Así como la manipulación de la mente se convierte en el elemento clave de cualquier propaganda y de la industria del marketing en general, también ha socavado el concepto del éxito y sus derivados. Es más sencillo hacer uso de la difusión y el hacer creer a otros, ¿cómo?, Manipulando la visión de las personas, sosteniendo la idea de éxito, divulgándola y generando la sensación de veracidad que vuelve confiable y creíble una creencia.

¿Qué dicen los especialistas acerca de la manipulación mental?

A lo largo de los últimos años, la neurociencia se ha encargado de ofrecernos una cantidad variopinta de opciones, alternativas y tácticas, para mejorar nuestras condiciones de vida desde adentro, es decir, desde la comprensión de cómo funciona nuestra mente. Te sorprendería saber cuán efectivas son muchas de las estrategias recomendadas por los especialistas de la neurociencia en sus trabajos y conversatorios especializados. Sin embargo, muchos de ellos han optado por un enfoque más optimista y correctivo. En otras palabras, la mayor parte de los estudios de neurociencia consultados apuntan a mejorar condiciones como la autoconfianza, la determinación, la fuerza de voluntad y la motivación, siendo estas medidas correctivas que nos ayudan (en segundo grado) a no ser presa fácil de manipuladores.

En este sentido, nuestros especialistas recomiendan dinámicas y juegos mentales para fortalecer nuestra relación con nosotros mismos, es decir con nuestras habilidades, destrezas, limitaciones y oportunidades de mejora. Entre los ejercicios más comunes para *engañar a nuestra mente,* se destacan:

- El dilema del prisionero y la temperatura.
- El efecto McGurk.
- La ilusión del cuerpo invisible.

Además de recomendar la práctica frecuente de hábitos como:

- La visualización.
- La meditación.
- La gratitud.

Estas herramientas corresponden a un enfoque de "auto manipulación". En otras palabras, es cuando el enemigo se encuentra encerrado en la bóveda de nuestro cráneo. Infinidad de científicos han intentado comprender cómo funcionan esos mecanismos de aceptación y afrontamiento que cada uno de nosotros tenemos en nuestro haber mental. Los primeros en intentarlo fueron, sin dudas, los filósofos. Posteriormente el testigo fue tomado por los científicos de las ciencias sociales. Ahora bien, uno de los grandes desafíos que ha tenido que enfrentar la ciencia ha sido el siguiente: ¿Manipulación o influencia? ¿Persuasión, quizá? Este es un dilema que ha arrastrado siglos de conjeturas, conclusiones nada concluyentes y más preguntas que respuestas.

¿Dónde está, entonces, la frontera entre influir en alguien más y manipularlo? Marie-France Hirigoyen, quien se ha desempeñado como médico psiquiatra, psicoanalista y psicoterapeuta, nos dice lo siguiente:

> También a veces nosotros, conscientemente o no, manipulamos: una comunicación no siempre es completamente neutra. Puede ser por el bien del otro (un progenitor puede hacerle tomar un medicamento a su hijo; un profesor trata de transmitir mejor sus enseñanzas...).

También puede hacerse de forma inofensiva, como en el caso del cónyuge al que manipulamos para que nos acompañe a una reunión que le parece aburrida. Ningún sector de la vida social se libra de la manipulación, tanto en el trabajo para que un compañero te eche una mano como en la amistad cuando disfrazamos los hechos para dar una mejor imagen de nosotros mismos. En estos casos, la manipulación no es malévola ni destructiva, sino que forma parte, mientras exista una reciprocidad, del intercambio normal. Pero si uno toma el poder sobre otro, dicha "manipulación negativa" se convierte en abuso.

Cuestiones como estas han sido planteadas desde que el ser humano empezó a interpretar su realidad individual en comparación con la de quienes le rodean. A partir de ese momento, surge la necesidad de investigar todo cuanto sea posible para entender por qué existe la manipulación mental, por qué se ha arraigado tan profundamente en las sociedades y, en definitiva, quiénes son especialmente vulnerables para caer en ella. Por ejemplo, la especialista Graciela Chiale, licenciada en sociología, nos dice en su libro *Las Trampas de los Manipuladores*:

Todas las personas tenemos puntos débiles, pero hay personalidades más vulnerables que otras, porque tienen ciertos traumas de la infancia no resueltos. La pérdida de un progenitor a edad temprana, la convivencia con adultos manipuladores en su entorno afectivo, el tener una madre o un padre que abandona, una educación represiva, entre otras razones, podrían ser la génesis de dicha vulnerabilidad. En esa realidad "donde los otros todo lo sabían" ha aprendido que no debe sentirse herido, aunque lo esté, pero, sobre todo, ha aprendido que, de alguna manera, por incomprensible que parezca, es responsable de lo que le ocurre. Puede sufrir el maltrato y sentirse merecedor de él.

Aunque se ha hecho un esfuerzo significativo por tener datos conclusivos, parece imposible sacar conclusiones cuando el objetivo de estudio es la mente humana, un vasto universo de subjetividades.

La importancia de los hábitos, según la neurociencia.

Siguiendo la idea ofrecida por la socióloga argentina Graciela Chiale, algunas de las razones más comunes para que una persona desarrolle cierta vulnerabilidad son:

- Entorno familiar manipulador.
- Educación represiva.
- La pérdida de un progenitor en edad temprana.

Aplicando el enfoque de la neurociencia, la clave pasa por desarrollar nuevos procesos mentales que sustituyan las viejas programaciones enraizadas en el cerebro de estos individuos. Desarrollar nuevos procesos no es una tarea difícil, pero requiere constancia y mucha fuerza de voluntad. No hay que olvidar que un hábito no es más que un comportamiento aprendido a través de la repetición constante. Dicho esto, para crear nuevas conexiones neuronales y una reconexión emocional con nuestras habilidades y capacidades, conviene entonces realizar algunos ejercicios con mucha frecuencia y compromiso.

Por ejemplo, la gratitud. Se ha demostrado que, conforme nos mostremos agradecidos por todas las cosas buenas que ocurren a nuestro alrededor, consolidamos una conexión con nuestra esencia primaria. Diversos estudios en relación al tema confirman que quien practica la gratitud como un hábito diario muestra mejoras en los siguientes aspectos:

- Nos ayuda en el relacionamiento con los demás.
- Autopercepción positiva.
- Nos ayuda a reconectar mente y actitud en un mismo sentido.
- Nos permite hacernos conscientes de lo que ocurre a nuestro alrededor.

En líneas generales, una posible respuesta para liberarnos de los condicionamientos propios de nuestra niñez o adolescencia se encuentra en la práctica de conductas adecuadas, concebidas desde la tranquilidad y el encuentro con nosotros mismos. El punto focal para romper con esas ataduras pasa por tratarnos amablemente. Esto quiere decir que, quien quiera librarse de la manipulación mental a la que está siendo sometido, deberá eliminar todos los pensamientos limitantes que nos llevan a tratarnos mal. Por ejemplo, ¿qué sentido tiene decir "no puedo", incluso cuando no puedes? Ninguno. Te propongo que sustituyas este sistema de creencias, que no aporta nada, por uno en que tú seas el protagonista, uno en que tus habilidades sean una fortaleza digna de reseñarse. Y si no puedes, ¿qué pasa si no puedes? Entonces serás el guerrero que logró reponerse de las peores adversidades para así llegar a su meta. En todo caso, ¡nunca te rendiste!

Dicho de otra manera, solo te quitarás de encima el peso de los otros cuando te sientas bien contigo mismo. Sí, sé que esto puede resultar un desafío monstruoso, pero no es tan difícil como crees. Si hoy estás aquí, atento a lo que lees, es porque quieres dejar de ser manipulado por los demás y aprender a influir de manera positiva. La buena noticia es que has dado un gran paso al interesarte por ti y por mejorar tu situación, de manera que vas encaminado a ese punto en el que serás el único dueño de tu vida y de tu destino. ¡No te rindas! Mi última recomendación de este capítulo es: no cometas el error de creer que eres demasiado inteligente como para convertirte en una víctima de algún tipo de manipulación mental. Todas las personas, en determinadas circunstancias, podemos abandonar nuestro razonamiento crítico para adoptar el de alguien más. Evita, a toda costa, los aires de grandeza.

Capítulo 3
Tipos de manipulación

Es necesario ahondar en nuestro conocimiento de la manipulación. No somos capaces de enfrentar o superar cualquier circunstancia, sea esta sencilla o compleja, si no entendemos bien cuáles son sus tipos. En el caso que aquí nos compete, ¿cuáles son los tipos de manipulación que existen en la realidad? ¿Todas son responsabilidad de nosotros mismos o debe reconocerse el mérito en la otra parte, es decir, en el manipulador? Si bien es cierto que no considero que existan realidades absolutas, principalmente porque la mente humana es el órgano más complejo e indescifrable del mundo, es posible establecer patrones que nos faciliten la comprensión de esta.

Los estudios relacionados a este tema nos han ofrecido, al menos, una decena de tipos bastante frecuentes en la dinámica del día a día. Tal como te he mencionado anteriormente, desde padres hasta maravillosos oradores, la clasificación de manipuladores puede sorprenderte. La información ofrecida en este capítulo te ayudará a identificar y clasificar cada uno de estos tipos.

Si de algo estoy seguro es de que, si miras de soslayo, te toparás con varios de estos tipos de manipuladores en tu vida. Son como un virus, están por todas partes y parece imposible que nos libremos de ellos. No obstante, recuerda que no hay mejor sistema inmunológico que el conocimiento. Solo tienes que robustecer tu discernimiento y, poco a poco, desarrollarás los anticuerpos necesarios para que estos virulentos personajes no amenacen tu felicidad.

Cuando te manipulan para un fin negativo, el manipulado está siendo testigo pasivo de cómo se destruye su criterio para incorporar un razonamiento ajeno, el del manipulador. Desde luego, ¡todas las tácticas son válidas para evitar tremenda catástrofe! Pero, de entre todas, el conocimiento es la mejor de las virtudes posibles.

Tipos de manipulación

¿Qué tal si doblamos la apuesta? Es bien sabido que la manipulación es un arma utilizada en casi todos los aspectos de la vida. Pero, ¿tienes alguna idea de cómo clasificar este tipo de actitudes? Evidentemente, no existe una fórmula perfecta para saber cuál es el más importante porque, en efecto, la importancia es solo relativa a la persona manipulada. Por ejemplo, si sientes que en la oficina eres constantemente manipulado por tu supervisor a través de distintas tácticas, para ti no será tan relevante el hecho de que existe un tipo de manipulación que crece como una planta en una pareja romántica. De manera que, la clasificación que leerás a continuación fue establecida por asiduidad y presencia entre las personas más que por su valor de relevancia.

Estas son los 7 tipos de manipulación más comunes:

1. *Manipulación paternal.*

Uno de los tipos más corrosivos es la manipulación paternal. Para nadie es un secreto que los niños, por encontrarse en una etapa de crecimiento y constante desarrollo, son más propensos a ser manipulables que cualquier adulto. Esto se debe, en primer lugar, a que ellos todavía están construyendo un razonamiento crítico de las cosas, un criterio propio. De manera que cualquier intromisión paternal que busque adentrarse en este proceso de construcción para "agregar un mapa externo", no solo es una invasión reprochable, sino que constituye un tipo de manipulación reconocido como "manipulación paternal".

Esto sucede con mayor frecuencia en los casos de padres que atraviesan un proceso de divorcio. Cuando esto ocurre, por desgracia, se suele ver a padres manipulando a sus hijos con diversas estrategias (amenazas, promesas, regalos) para ganar así su lealtad y poder enfrentar un juzgado con un arma a su favor. Sin embargo, este no es el único escenario donde es muy visible la manipulación paternal. He leído sobre casos en que ambos padres han inducido a sus hijos a brindar falsos testimonios por distintas razones: mayormente para conseguir alguna ventaja económica o jurídica.

Miremos el ejemplo de una niña que tuve en terapia, después que regreso nuevamente a vivir con su amada mama;

"Dijo que mi madre es una mentirosa, que todo lo que ha pasado es culpa suya, que no nos quiere, que ha sido una abusona con nosotros", cuenta en el programa Maria.

La experiencia de Maria es un ejemplo de la llamada manipulación parental, es decir, la manipulación deliberada de un niño por parte de uno de los progenitores contra el otro durante el divorcio o la separación.

Dos años después de la separación de sus padres, Maria y sus hermanos se fueron a vivir con su padre.

Dice que él les impedía deliberadamente ver a su madre, inventándose cosas como: "había salido a beber en la noche anterior y tenía mareo, así que ya no podía molestarse en venir a visitarlos".

"Nos mintió", dice Maria. "Como yo solo tenía nueve años, hasta los 12, no sabía nada y no entendía".

El punto de inflexión para Maria llegó en el 2013 cuando tenía 14 años, recibió un mensaje de texto de su madre diciendo que todavía la quería y la amaba mucho.

Maria dice que intuyó que su padre podía estar ocultando la verdad, y pidió ver a su madre.

"Me respondió: 'No, si sigues con este comportamiento, te pondrán en un orfanato y ahí, no podremos cuidarte más'", recuerda.

Maria decidió escaparse dos veces, y en la segunda ocasión, consiguió llegar a casa de una tía, donde habló por teléfono con su madre por primera vez después de tantos años.

Ahora vive con su madre y ha cortado todos los lazos con su padre.

"Cómo puede este hombre ser un padre, cómo puede cuidar a un niño pequeño si ha hecho esto", dice ella.

Este tipo de manipulación no tiene efectos inmediatos en los niños, pero condiciona su visión de la realidad una vez llegada la adolescencia, momento en que el joven preferirá esperar que nuevos agentes externos le digan qué hacer en lugar de tomar sus propias decisiones.

2. El que sabe jugar con las palabras.

Una de las características más comunes en los manipuladores es que poseen una capacidad casi infinita para torcer las palabras dichas de manera tal que estas, en la interpretación posterior, les favorezcan. Por ejemplo: le dices a tu pareja "pensé que iríamos al cine" a lo que él responde "Yo solo dije que no tenía problema con divertirme." El hecho de que los primeros comentarios relacionados a la salida al cine dejaran un espacio a la interpretación, facilitó el camino para que el manipulador jugara con las palabras de manera que estas no pudieran responsabilizarle de nada.

Parece un poco enrevesado, pero estas personas han perfeccionado esta habilidad con el pasar de los años, por lo que parecen casi invencibles. Un buen método para vencer esta estrategia es ser muy enfático con las palabras: en lugar de "pensé que iríamos al cine", mejor un "te he dicho que ya compré dos boletos para ir al cine". Así, cierras todos los caminos para que el manipulador escape con sus triquiñuelas. Está en tus manos retomar el control de la situación; para ello, entra en su juego, impídele las salidas semánticas, ¡toma las riendas! Estoy seguro de que existe algún manipulador de estos en tu vida.

3. Promesas imposibles.

¿Cuándo fue la última vez que prometiste algo prácticamente imposible de cumplir solo porque estabas siendo presionado? Los manipuladores son expertos en ponernos en este tipo de situaciones. Ejercen sobre nosotros una presión incalculable, nos acercan a la orilla, obligándonos a prometer cosas que no podremos cumplir. Toda esta pantomima tiene un fin muy claro y conciso: culparte. Si cedes a la presión y prometes algo, deberás cumplirlo sí o sí; de lo contrario, te caerá encima un aguacero de reproches y culpas. Este tipo de manipulación es muy común entre amigos; te recomiendo que tengas mucho cuidado y evites caer en esto.

Claro está, muchas veces la dinámica se da de una forma tan agresiva... tenemos tanto estrés encima, entonces apelamos a lo que los psicólogos sociales llaman la gratificación instantánea: creemos que, si prometemos algo, dejaremos de sentir esa presión sobre nuestros hombros. Si por alguna razón caíste en este juego, y prometiste algo, procura cumplirlo. Pero, si puedes, lo ideal es que evites a toda costa poner tu palabra en juego cuando te encuentres en una situación de estrés. Esto solo representa una cosa: cedes tu control y tu poder a alguien más.

¿Te parece bien un ejemplo?

Si un amigo te dice: me prometiste que me ayudarías, nos vemos en una hora.

Puedes responder: lo recuerdo, estaré libre en un par de días.

Así, no cedes a la presión al tiempo que reconoces que tu palabra está sobre la mesa y que cumplirás tu promesa.

4. *Manipulación romántica.*

Se ha dicho mucho acerca de la manipulación romántica. Es la punta del iceberg en cuanto a control y dominio mental se trata. Si bien es cierto que, estadística y culturalmente, el rol de poder y manipulación recae en el elemento masculino, es importante evitar generalizaciones de este tipo. Ahora bien, ¿en qué consiste la manipulación romántica? Para nadie es un secreto que el proceso de conocimiento de una pareja es uno de los más complejos de cualquier ámbito social. No solo nos enfrentamos a un individuo diametralmente opuesto a nosotros (en algunos casos), con sus propias subjetividades y complejos, sino que nos exponemos a ser manipulados de distintos modos posibles.

La base de la manipulación romántica está construida sobre una base indivisible: miedo. Por ejemplo, hay quienes manipulan con regalos o halagos. Pero también existen quienes imponen su visión a través del miedo, de la violencia física, psíquica o verbal; son estos quienes más daño pueden ocasionar, aunque toda manipulación genera una grieta invisible en nosotros.

Esta joven, por ejemplo, nos cuenta su testigo;

Adele pasó años viviendo con un hombre encantador, pero siempre parecía estar haciendo algo mal. Con el tiempo, empezó a darse cuenta de que el problema no era ella, sino él, y cuando conoció a una de sus anteriores novias, Camelia, todo cogió sentido. Aquí Adele cuenta su historia, seguida por Camelia.

Otras personas parecen arreglárselas, compartiendo una vida con alguien, contentos y tranquilos en compañía del otro. Pero la idea de una relación todavía me aterra. Muchos años después, sigo sintiendo pánico al mencionar el nombre de mi ex, ese hombre encantador al que temía y adoraba a partes iguales.

Un hombre encantador, hermoso y exitoso que me había hecho suya. Era todo lo que podía soñar. Era un hombre de altos vuelos, su carisma era magnético y yo estaba embelesada. Cuando estaba con ese hombre encantador, se nos abrían las puertas y las mejores mesas quedaban disponibles de repente. Viajamos por todo el mundo por su trabajo, alojándonos en los mejores hoteles y comiendo en los mejores restaurantes. Parecía ser capaz de encandilar la vida en cualquier idioma.

Pero yo le fallé.

Lo arruinaba todo: las cenas, las conversaciones, las salidas nocturnas, las vacaciones, al mencionar el nombre de un ex, al sacar mi bolso delante de sus amigos o al querer llevar mi propio pasaporte y dinero cuando estábamos en el extranjero.

Podía estar furioso durante días. Mi comportamiento inapropiado le había dejado en evidencia, no sabía si podía seguir estando con alguien como yo, podía hacerlo mucho mejor.

También arruiné los cumpleaños y las Navidades, simplemente por ser "demasiado estúpida y cruel" para entender lo que era mejor para él.

Quería que le comprara regalos caros: "Son sólo 4.000 Euros, usa tus ahorros", decía. "Pero son los ahorros de toda la vida", le respondía. "No puedo tocarlos, es imposible. Quiero hacerte feliz pero no puedo permitírmelo".

El encantador hombre lloró: le había defraudado y nada de lo que hiciera podría compensarlo.

Él no dormía mucho, así que yo tampoco. No se me permitía "arruinar su noche" yéndome a dormir antes que él. Si lo hacía, me despertaba de madrugada, queriendo hablar de nuestra relación y de lo que estaba haciendo mal. Estaba agotada. Tenía la sensación de ir por la vida a trompicones, cogiendo el sueño cuando y donde podía. El baño para discapacitados del trabajo se convirtió en un refugio para una siesta a la hora del almuerzo.

¿Por qué no me fui antes? Bueno, era encantador y mi familia lo quería. Y yo estaba en una edad en la que la vida era un torbellino de compromisos y bodas. Parientes bienintencionados me decían que yo era la siguiente. El tic-tac de mi reloj biológico se hacía más fuerte a medida que las bodas dejaban paso a los bautizos.

Además, le adoraba y este increíble hombre me había elegido. Tenía problemas y yo tenía que ayudarle. Sabía que le había hecho daño y quería mejorarlo.

Si salía con mis amigos se encerraba en su estudio. Sus gritos resonaban mientras se acurrucaba bajo su enorme escritorio de cuero, así que casi nunca salía sin él.

Me decía que era fácilmente reemplazable y me enseñaba fotos y cartas de las otras mujeres que lo querían, así que yo lloraba y trataba de ser una novia mejor.

Cada vez que era demasiado y trataba de salir, él se acurrucaba en posición fetal frente a la puerta llorando y gritándome que no lo dejara, así que no lo hacía. Me sentaba en el suelo y le abrazaba, prometiéndole que me esforzaría por mejorarlo.

Era agotador, pero las relaciones son un trabajo duro y nadie es perfecto.

"Nunca lo harás mejor que él, es perfecto, ¿no quieres tener hijos?", decía la gente.

Pero llegó un momento en que supe que no podía quedarme.

Sentía como si mi cuerpo y mi cerebro se estuvieran rompiendo por el puro agotamiento de tener que gestionar la vida con este hombre. Engordé, pero no podía hacer ejercicio porque no le gustaba que estuviera lejos de él. La comida se convirtió en mi mayor consuelo.

Temía la idea de irme, pero me aterraba la idea de pasar el resto de mi vida con él.

Al final llegó la oportunidad de escapar y pude empaquetar mis pertenencias sin que él sospechara mis verdaderas razones. Con el apoyo de mi hermana, pude alejarme en coche y caer exhausta en el suelo de su cocina.

Tuve que hacer terapia para entender que no era normal que tu pareja sacara la puerta del baño de las bisagras porque lo habías "dejado" para ir al baño o al retrete.

Solía atesorar mis momentos de soledad sentada en el baño con un libro. Cuando estaba con él, miraba el reloj, pensando en cuándo podría volver a escaparme para tener unos minutos de paz tras esa puerta cerrada. Pronto se dio cuenta de esto y mi corazón se hundía cada vez que oía el destornillador en las bisagras, con él llorando que sólo quería estar conmigo.

Cuando decía estas cosas en voz alta, podía empezar a reconocer que era una locura, pero en ese momento era sólo mi realidad.

La terapia me abrió todo un mundo nuevo de comprensión y terminología: palabras como "narcisista" y "gaslighting" eran nuevas para mí. No tenía ni idea de que el maltrato pudiera tener ese aspecto.

Gracias a la terapia con el Dr. Fabían, comprendí que había sido "gaslighting" y que mi percepción del mundo había cambiado durante esos años en los que intentaba hacer lo imposible: satisfacer a un narcisista.

¿Has pensado por qué una persona permite que se le manipule a través del miedo? La mayoría de las veces no se trata de una decisión consciente. Quizás esta persona ha interiorizado que no podrá conseguir otra pareja o que no es lo suficientemente importante como para ser valorado por alguien más. Sea cual fuere el caso, este tipo de manipulación puede devenir en consecuencias trágicas.

Desde micromachismos hasta la manipulación desde el sexo o desde la opinión, todo tipo de "imposición" debe ser erradicada para el bien común de la pareja. De lo contrario, será un largo camino de reproches e infelicidad.

5. *No soy culpable*.
Desafortunadamente, hay personas que tienen como una regla general en relación a su comportamiento: no soy el culpable. Esto es el resultado de una indiferencia absoluta (consciente o inconsciente) de las palabras, actitudes y reacciones de los demás. Ignorar por completo lo que las personas de nuestro entorno dicen o hacen es su escudo ante eventuales reproches. La actitud de

este tipo de manipuladores no termina allí. No conforme con defender hasta lo indefendible que no es culpable, muchas veces termina culpando a los demás por sus propios errores. Ellos intentan transferir el peso a quien esté al alcance. Buscan que te sientas culpable, que te reproches, que te cuestiones tus comportamientos y te responsabilices de sus fracasos. Son, en definitiva, una de las joyas imperdibles de la lista.

Uno de los ejemplos que mejor ilustran este tipo de *actitud* es cuando el manipulador pierde el control de sus acciones por un momento de rabia. Entonces suelen decir algo como: mira lo que he hecho, ¡ha sido tu culpa! Rebatir este tipo de argumento es bastante sencillo, solo que nos dejamos dominar por la situación y callamos. Si se te llegase a presentar una situación así, solo di: no puedes perder el control cuando estés molesto. Son palabras sencillas, sí, pero asesinarán cualquier iniciativa por parte del manipulador.

6. *El niño-adulto.*

Aunque se trate de uno de los tipos más raros de la lista, no deja de ser muy cierto y preocupante a la vez. El manipulador niño-adulto es, usualmente, una persona adulta que es incapaz de tomar responsabilidades y acciones cónsonas con su edad. Estos individuos se aprovechan de padres naturalmente sumisos, que pueden pagar sus cuentas o alimentarle como si se tratase de un niño recién nacido. Los padres, en este caso, se sacrifican, se pluriemplean y hacen hasta lo imposible para que el niño-adulto no tenga que enfrentarse a la dura realidad de la vida.

Esta dinámica supone que los padres acepten que están siendo manipulados solo para mantener a su hijo cerca. Aunque, claro, también puede darse el caso de que no tengan idea de que realmente están siendo manipulados exageradamente por un adulto que se niega a madurar, a enfrentar la realidad y a tomar responsabilidades adecuadas con su edad. Esta es una situación perjudicial en ambos sentidos.

- Para los padres: que no verán mejorada su situación económica o social al no querer desprenderse de su hijo.
- Para el hijo: que no terminará de madurar conforme se mantenga esta manipulación. Hay que agregar el hecho de que los padres, desafortunadamente, no duran para siempre. ¿Qué hará nuestro niño-adulto cuando los padres ya no estén?

7. *Manipulación laboral*

Me atrevo a afirmar que todos hemos enfrentado una situación en la que nuestro supervisor o algún colega del trabajo nos manipula abiertamente. Esto sucede por muchas razones posibles: un liderazgo de naturaleza tóxica por parte del líder; una sumisión demasiado marcada por parte de la persona manipulada o un excesivo interés por resultar agradable para todos. No obstante, la manipulación mental más frecuente es la que protagoniza el jefe o supervisor. Existen muchas pequeñas actitudes para identificar al manipulador. Por ejemplo, si en lugar de darte una instrucción, pone sobre el tapete la posibilidad de que te ganes un ascenso próximamente, estás siendo manipulado.

También existe la manipulación más "corrosiva". Es aquella en la que el jefe, en lugar de darte retroalimentación para que mejores tu desempeño (si cabe mejorarlo), esboza cada tanto el argumento del despido. Esta táctica busca intimidar a la persona manipulada desde el miedo. Nadie quiere quedarse sin empleo. Y, lo que es peor, nadie quiere ser despedido.

Capítulo 4
Conocimiento de la conducta humana

El comportamiento humano es absolutamente fascinante. Pero, ¿de qué otra forma podía ser? Estamos hablando, por no decir cualquier cosa, de la computadora más compleja y portentosa de la historia que la humanidad haya conocido. La mente humana, que ha sido capaz de crear las siete maravillas del mundo, ha conseguido clonar animales, hacer descubrimientos tan asombrosos como el bosón de Higgs, la relatividad o la física cuántica. Ese mismo órgano que nos dio a los artistas más virtuosos nunca antes vistos (músicos de la talla de Beethoven, escritores como William Shakespeare o pintores como Salvador Dalí). En resumidas cuentas, cuando hablamos de la mente humana, hablamos de un universo entero por descubrir.

Ahora, ¿imaginas la ventaja que podemos extraer del hecho de tener una noción bastante sólida acerca de la conducta humana? Esto nos posicionará varios escalones por encima del resto de personas, tanto en términos profesionales, académicos, sociales o políticos. Independientemente de tu búsqueda personal, conocer la conducta humana es una necesidad cada vez más grande en estos tiempos en que cada paso requiere un cálculo milimétrico y preciso para no caer en trampas de ningún tipo.

Es indispensable entender la importancia de conocer la conducta humana desde un punto de vista del crecimiento y del desarrollo integral como individuo. Pongo un dólar sobre la mesa si, al momento de llegar al punto final de este segmento, no has adquirido una serie de conocimientos más que relevantes para tu desarrollo personal. En lo personal, tengo la seguridad de que así será.

¿Por qué es importante comprender la conducta humana?

Observar a las personas e intentar predecir lo que harán puede proporcionarnos una herramienta de aprendizaje superlativa. Muchas de las personas que hoy son consideradas exitosas saben interpretar el comportamiento humano y, en consecuencia, obtener beneficios para sí mismos. La importancia de comprender la conducta humana pasa por adelantarnos a estas, sacando todo el provecho que sea posible. Esta es una idea que ha atravesado siglos enteros de investigaciones por parte de los especialistas en psicología, psiquiatría y otros estudiosos de la mente humana. Ahora bien, si la mente humana es un mecanismo tan complejo, ¿es realmente posible entender con precisión el comportamiento de las personas?

La respuesta es relativa. Si bien es cierto que no existe una fórmula matemática que nos garantice cuáles serán los movimientos de los demás, sí es posible entender los patrones de conductas para generar una idea mucho más clara y posible de estas. Los líderes del mundo han aprendido a entender esto a la perfección. Por ejemplo, un inversionista que mueve ingentes cantidades de dinero en las bolsas de valores, más allá de sus conocimientos técnicos acerca del mercado, deberá tener un conocimiento mucho más que básico acerca del comportamiento de las personas, para así preparar estrategias y acciones adecuadas que le ayuden a mitigar los riesgos.

Los líderes políticos, o estadísticas, aunque en un espectro totalmente distinto, apelan muchas veces a sus conocimientos para adelantarse a la reacción de la sociedad en relación a determinadas medidas económicas, políticas o sociales. Si no son capaces de hacer esto, es probable que el descontento de las masas se escape de sus manos y, como es de esperarse, las consecuencias sean terriblemente trágicas. Como habrás visto, entender la conducta humana es un factor necesario en términos de reacción, precaución y corrección. De otra manera, sería como nadar en un océano que por naturaleza es impredecible y hostil. La buena noticia es que la mente humana, aunque compleja, tiene patrones de conducta fácilmente reconocibles. Solo debes estar atento a cualquier manifestación que facilite esta lectura.

En este sentido, el científico y escritor B. F. Skinner nos dice, a través de su libro *Ciencia y Conducta Humana*, que:

> La conducta no es una de estas materias a las que es posible acceder solamente con la invención de un instrumento como el telescopio o el microscopio. Todos conocemos miles de hechos acerca de la conducta. Realmente no existe ningún tema con el que estemos más familiarizados, puesto que siempre estamos en presencia de, al menos, un organismo actuante (...) La conducta es un tema difícil, no porque sea inaccesible sino porque es extremadamente complejo. Puesto que se trata de un proceso más que de una cosa, no puede ser retenida fácilmente para observarla. Es cambiante, fluida, se disipa, y por esta razón, exige del científico grandes dosis de inventiva y energía. Pero no hay nada esencialmente insoluble en los problemas que se derivan de este hecho. Se hacen corrientemente varios tipos de afirmaciones acerca de la conducta.

Enfoques para comprender la conducta humana

Es importante, antes de darle continuidad a este capítulo, que entendamos una verdad incuestionable: es imposible entender el comportamiento humano desde procesos mecanicistas. Esto se debe a que nosotros mismos, por poseer una mente, estamos atados a determinados condicionamientos y patrones mentales. Por lo que cualquier intento por entender *con exactitud* la conducta de otra persona, viene aderezada por nuestros programas mentales propios. El escritor Anastasio Ovejero plantea este tema en los siguientes términos:

> Nuestras creencias y expectativas afectan poderosamente la manera en la que percibimos e interpretamos los

acontecimientos. Somos prisioneros de nuestros propios patrones de pensamiento. Y todo ello ocurre porque, y esto me parece una de las principales claves explicativas de la conducta humana, nuestras preconcepciones controlan nuestras percepciones, nuestras interpretaciones y hasta nuestros recuerdos.

Sin embargo, es posible entender la conducta humana desde nuestros propios programas mentales. Así, obtener ventaja por medio de la prevención es una opción bastante viable. En la actualidad, existen muchos enfoques que buscan este mismo objetivo. Los más importantes, en términos de efectividad y resonancia, son:

- Enfoque humanista.
- Enfoque cognitivo.
- Enfoque evolucionista.
- Enfoque sociocultural.
- Enfoque biológico.
- Enfoque psicodinámico.

Capítulo 5
Diferencia entre manipulación y persuasión

Independientemente de cuáles son las razones que hacen de nosotros personas vulnerables a ser manipuladas, es importante establecer parámetros para evitar confusiones, en cierto modo razonables, en todo lo relacionado con este tema tan amplio como importante. La verdad es que existen diferencias conceptuales significativas. Sobra decir que el ser humano goza de integridad, de un conjunto de habilidades y destrezas, de un propósito de vida. En este sentido, es imprescindible que aprendamos a identificar factores diferenciadores entre los conceptos aquí evaluados.

En la medida en que sepamos diferenciar entre persuasión y manipulación, seremos más fuertes y más capaces de enfrentarnos a los manipuladores de oficio que se acercan diariamente a nosotros para robarnos nuestra visión y obligarnos a adoptar las suyas. La posibilidad de analizar cada cosa o aspecto con un raciocinio crítico e individual es lo que nos diferencia del resto de mamíferos que pueblan el planeta. Cuando carecemos de este sentido crítico, carecemos de las herramientas para defendernos de un mundo cada vez más fluctuante e imprevisible.

Los mecanismos de afrontamiento, prácticamente no existen para quien está habituado a ser el manipulado en una dinámica de manipulación. Esto supone, a su vez, una escasa preparación para enfrentarnos a las distintas realidades inherentes a la vida. En otras palabras, quien no logra zafarse de la manipulación mental de otras personas, difícilmente consigue buenos resultados en sus búsquedas individuales. Lo cierto es que, cuando somos vulnerables a la manipulación, estaremos atados al deseo de otras personas en lugar de perseguir nuestras metas personales. De allí la importancia de saber reconocer todo cuanto sea posible en lo concerniente a la manipulación mental.

Pero, yendo mucho más allá, no me limitaré a darte conceptos básicos, muchos de los cuales ya te resultan familiares. En este sentido pretendo que aprendas a reconocer las diferencias entre persuasión y manipulación en términos de control mental. De esta manera, podrás fortalecer tu autopercepción y, en consecuencia, dejar de ser presa fácil de todos esos profesionales en el hábito de la manipulación. La esencia, del libro y de este capítulo, es que retomes las riendas de tus decisiones y conductas. Tus objetivos son más importantes que los del resto.

Del libro *El Acoso Moral*, de Marie France Hirigoyen:

> Ejercer una influencia sobre alguien supone conducirlo, sin argumentar, a que decida o se comporte de modo diferente a como lo haría de una forma espontánea. La persona que es el blanco de la influencia no puede consentir libremente a priori. El proceso de influencia se elabora en función de su sensibilidad y de su vulnerabilidad. Y, esencialmente, se lleva a cabo mediante la seducción y la manipulación. Como

en cualquier otra manipulación, la primera etapa consiste en hacer creer al interlocutor que es libre, aun cuando se trate de una acción insidiosa que priva de libertad al que se somete a ella.

¿Qué es la persuasión?

Conceptos como persuasión, coerción, manipulación o influencia son, en definitiva, elementos vinculados de todo un universo relacionado con el actuar y el pensar de otras personas. Ahora, ¿tienes una idea clara de lo que significa la palabra persuasión? Se trata, en esencia, de la habilidad de una persona para transmitir una idea y llevar al receptor de acuerdo al mensaje transmitido. Si necesitáramos palabras más sencillas para definir esta herramienta, sería de la siguiente forma: la habilidad de convencer a otros. Parece un buen elemento para incluir dentro de nuestras destrezas comunes, pero, ¿qué tan efectiva es? ¿De qué va esto de la persuasión? ¿Existen reglas para persuadir?

Muchos especialistas consideran la persuasión como una habilidad interpersonal que ayuda en la conexión con los demás. Usualmente, las personas persuasivas son también influyentes, respetadas y apreciadas en ambientes comunes. Por ejemplo, es poco probable que un empresario exitoso no tenga, dentro de su larga lista de caracteres, el de la persuasión. ¿De qué otra manera, si no fue a través de ella, consiguió hacerse nombre y espacio durante los primeros años de su historia como empresario? De manera que la persuasión es necesaria en términos de crecimiento y de relacionamiento social.

Sin embargo, desarrollar esta habilidad requiere de mucha constancia, enfoque y voluntad. Nadie puede convertirse en una persona persuasiva de la noche a la mañana. Esto es, a todas luces, imposible. En cuanto a las reglas, persuadir es como tener una conversación. Así de sencillo es cuando ya se ha desarrollado la destreza. No puedo decirte que existe un decálogo sobre cómo ejercitar la persuasión, pero sí existen las reglas del sentido común. ¿Sentido común?, te preguntarás. Sí. Lo que es poco ético o moralmente cuestionable en la vida, lo será también en la persuasión. Es una línea muy delgada la que separa la manipulación mental de la persuasión, y esa delgada franja está compuesta de ética y respeto por el criterio propio de los demás.

Si tu intención es perfeccionar tu capacidad persuasiva, estos son algunos de los pasos y hábitos que deberás incluir en tu día a día. De esta manera, serás capaz de interrelacionarte con los demás mucho más fluidamente:

- Escucha primero: la persuasión exitosa ocurre cuando puedes ofrecer una solución real a las necesidades de las personas. Sin embargo, no existe forma de captar la necesidad de tu interlocutor si no prestas la debida atención a lo que te dice. Presta mucha atención a lo que te dicen; esta es la clave para procesar la información y ofrecer una respuesta adecuada, cónsona y funcional.
- Confía en ti mismo: del mismo modo en el que un vendedor requiere altas dosis de autoconfianza, el persuasor tiene la necesidad de

sentirse bien consigo mismo porque, en caso contrario, no transmitirá su idea de la mejor manera posible. En este aspecto tiene mucho que ver el lenguaje no verbal de las personas, que puede delatarnos en cuestión de segundos. Esto, sobre todo, porque no hace falta ser un especialista en lenguaje corporal para sentir cuándo nos están mintiendo o cuándo intentan coaccionar nuestras decisiones.

- Conoce a tu audiencia, a quien te diriges: es el único camino posible para establecer una conexión sólida con tus interlocutores. Te propongo que pienses ahora en el último simposio al que asististe. ¿Recuerdas al orador? Apuesto a que su dominio del escenario y del tema eran únicos. Esta es la consecuencia de años de práctica. La experiencia en estas lides supone, a su vez, una ventaja importante: conocer la audiencia. Si estás interesado en persuadir a alguien para que tome determinado camino, tendrás que esforzarte mucho en conocer sus motivaciones, sus debilidades y sus temores. No olvides que la información es dinero.
- Respeta al otro: no importa cuánto necesites que la otra persona capte tu mensaje y modifique su forma de pensar sobre determinado tema, si tras varios minutos la respuesta sigue siendo un *no* rotundo, no insistas. Una de las diferencias entre persuasión y manipulación es que esta última es maliciosa, mientras que la persuasión busca cambios sin colonizar la cosmovisión de los demás.

Ventajas de la persuasión

Para que tengas un mapa mucho más completo del tema, creo pertinente mencionarte algunas de las principales ventajas de la persuasión como herramienta diaria. Es importante destacar que la persuasión es, por naturaleza, muy efectiva en términos de transmisión de un mensaje e ideas de diversos tipos. Sin embargo, tal como se mencionó en el segmento anterior, no debe llevarse a cabo en circunstancias que puedan suponer una forma de coacción para el interlocutor. Por ejemplo, no tiene ningún sentido aplicar técnicas de persuasión para alguien que se encuentra en una situación de estrés superlativa, pues esta persona terminará aceptando cualquier condición solo para sentir algo de alivio inmediato.

Estas son las principales ventajas de la persuasión:

- Puedes influir de forma significativa en la cultura de otras personas.
- Puedes representar tus ideas en un marco publicitario.
- Puedes alcanzar a un mayor número de personas en eventos públicos o privados, sin la necesidad de ser buscado por cada uno.
- No irrumpes violentamente en la visión de los demás.
- Es una gran herramienta en carreras como las ventas, el mercadeo, las comunicaciones, la política, entre otras.

¿Manipulación o persuasión?

En vista de lo ya mencionado, cabe la pregunta: ¿manipulación o persuasión?

Está claro que ambos enfoques tienen un fin común, pero existen diferencias significativas en torno a la praxis. Por un lado, la persuasión busca convencerte de que la idea del emisor es la mejor, instándote a actuar de acuerdo a esa nueva premisa. Por otro lado, la manipulación busca adentrarse en tu cosmovisión, destruyéndola y, en última instancia, sustituyéndola con la del emisor.

Como puedes darte cuenta, uno de ellos tiene una naturaleza colonizadora mientras que el otro enfoque es, de hecho, conciliador. Las diferencias entre un enfoque y otro son estructurales. Alguien que atropella con su visión personal no puede ser considerado un simple persuasor; en caso contrario, quien busca que cambies tu opinión sobre cierto tema sin pretender una colonización mental, no puede ser llamado manipulador. En todo caso, la diferencia principal y medular radica en la ética. Mientras que uno se abstiene de cruzar esa línea entre lo ético y lo moralmente cuestionable, el otro se aferra a una relación de poder para tomar control de los demás.

Aunque ambos tipos de comunicación buscan un objetivo en común, lo que aquí varía es la forma, el método. El escritor Alejandro Mendoza, en su maravilloso libro *Manipulación y Psicología Oscura*, se refiere a este tema de la siguiente manera:

> Puedes preguntarte; ¿Qué están tratando de hacer los manipuladores? ¿Por qué se esfuerzan tanto en manipular a otros, en lugar de centrarse en mejorar ellos mismos? El hecho es que los manipuladores tienen una profunda necesidad psicológica de controlar a los demás, por lo que buscan "debilitar" a sus víctimas para ganar dominio sobre ellas. Cuando manipulan a otros, intentan cancelar su fuerza de voluntad, destruir su autoestima, buscar venganza pasivo-agresiva contra ellos o confundir su realidad para que se vuelvan más maleables. Veamos cómo y por qué los manipuladores hacen esas cuatro cosas.

De allí la importancia de reconocer cuándo una persona está siendo persuasiva y cuándo trata de manipularte mentalmente. En la medida en que te sientas mucho más cómodo identificando estos patrones, dejarás de ser una presa fácil para quienes pretendan controlar tus decisiones y acciones para beneficio propio.

Como te comenté al principio; este capítulo surge de la necesidad de esclarecer todas las dudas posibles en relación a un tema que se presta a muchas confusiones. A lo largo de mi trayectoria me he topado con personas que, por desconocer las diferencias conceptuales entre un enfoque y el otro, caen en una dinámica de violencia dialéctica y manipulación mental con amigos, colegas y seres queridos. Claro está, una vez interiorizadas las diferencias, y comparadas con sus actitudes, notaron la marcada diferencia entre persuasión y manipulación mental.

Capítulo 6
Manipuladores de la historia

La historia de la humanidad nos ha provisto de una cantidad ingente de personas cuya principal arma ha sido la capacidad de manipular. Desde empresarios, políticos, propagadores de opinión o líderes religiosos. Este tipo de individuos, caracterizados por una mística incuestionable, han contribuido a distorsionar la tranquilidad de las masas desde que el mundo es mundo. Si algo nos ha demostrado la experiencia es que estos individuos, desde sus fortalezas, han conseguido apropiarse de grandes cantidades de personas para sus fines particulares. Si entendemos que la manipulación mental pasa por suprimir el pensamiento crítico de alguien para imponer el nuestro, adquiere especial importancia la participación de personalidades históricas como el líder del movimiento nacionalsocialista, Adolf Hitler como los fundadores de importantes cultos religiosos como la cienciología.

En muchos casos, esta experiencia ha supuesto una verdadera tragedia en la vida de quienes han caído en la manipulación mental de las personas de las que hablare más adelante. El poder colonizador como estrategia de control de las masas, este es el dilema. ¿Te has preguntado por qué cada cierto tiempo la sociedad se deja seducir por un nuevo líder que traslada su visión política o espiritual a niveles insospechados?

Si bien es cierto que cada caso tiene sus razones específicas, el denominador común es siempre el miedo. Por ejemplo, ¿qué motiva el ascenso de Adolf Hitler al poder? Los historiadores han llegado al consenso de que la razón nace del miedo de los alemanes a sentirse una nación débil. Después de todo, aún se encontraban asimilando las terribles consecuencias de haber perdido la primera guerra mundial, por lo que ese discurso con un enfoque nacionalista y esperanzador fue para ellos el bálsamo necesitado.

Lo mismo ocurrió, por ejemplo, en aquellas sociedades que vieron el nacimiento y establecimiento de dogmas religiosos o espirituales. Sobre este tipo de cultos hay mucho por decir; pero, para no entrar en detalles demasiado escabrosos, basta con decir que el surgimiento de estos se debió al miedo a la realidad, a la desesperanza o a la necesidad de las personas por sentirse parte de algo concreto. Independientemente de las circunstancias, el punto focal siempre ha sido el miedo. Si a esto se agrega la mística que desprenden ciertas personas para *hechizar* a las masas, entonces obtenemos un cóctel tan peligroso como impredecible. Conozcamos algunos de los grandes manipuladores de la historia de la humanidad. ¿De qué manera consiguen imponer su visión a los demás?

Joseph Goebbels, el emperador de la propaganda nazi.

Una de las épocas más oscuras en la historia política y social de la humanidad se dio con el ascenso del nacionalsocialismo al poder. Aunque el contexto no permitía adelantarse a un evento de tamaña magnitud, con el paso del tiempo se ha podido comprender en cierto modo la facilidad con la que se dieron tales acontecimientos. Fijémonos en el contexto histórico: una Alemania sacudida, totalmente sumida en una crisis económica, que seguía pagando las consecuencias de haber perdido la primera guerra mundial. En otras palabras: todas las condiciones estaban dadas para que resurgiera una figura mesiánica que prometiera a los alemanes el retorno a la plenitud.

El protagonista de este movimiento fue, sin dudas, Adolf Hitler. Los primeros pasos hacia la conquista política de Alemania fueron dados por Hitler desde una oratoria reaccionaria, provista de todos los elementos requeridos por la situación histórica de su nación, y una mística incuestionable que consiguió adeptos en cada rincón de dicho país. No obstante, cuando se habla de manipulación y control mental, no es Hitler quien sale a relucir, sino Joseph Goebbels. Pero, ¿qué papel desempeñó Goebbels en la estructura política del movimiento nazi? Básicamente fue el padre y emperador de la propaganda nazi, además de desempeñarse como jefe del ministerio de educación popular y propaganda.

Fue a través de su gestión que el partido nacionalsocialista tomó el poder absoluto de las masas. Sus escritos y diarios siguen produciéndose y comercializándose en grandes lotes, pese a representar manifiestos deleznables y de una moralidad a todas luces incuestionable. Algunos de sus principios de propaganda dan cuenta de una capacidad de manipulación superlativa, razón por la que fue considerado uno de los representantes más importantes del movimiento hasta el final de sus días. Estos son algunos de los principios de propaganda que Goebbels promulgó durante su portentosa gestión en el nazismo:

- Principio de la orquestación: "La propaganda debe limitarse a un número pequeño de ideas y repetirlas incansablemente, presentadas una y otra vez desde diferentes perspectivas, pero siempre convergiendo sobre el mismo concepto. Sin fisuras ni dudas". De aquí viene también la famosa frase: "Si una mentira se repite suficientemente, acaba por convertirse en verdad".

- Principio de la transfusión: "Por regla general la propaganda opera siempre a partir de un sustrato preexistente, ya sea una mitología nacional o un complejo de odios y prejuicios tradicionales; se trata de difundir argumentos que puedan arraigar en actitudes primitivas".

- Principio de la unanimidad: "Llegar a convencer a mucha gente que se piensa "como todo el mundo", creando impresión de unanimidad".

- Principio de la simplificación y del enemigo único: "Adoptar una única idea, un único símbolo; individualizar al adversario en un único enemigo".

- Principio de la vulgarización: "Toda propaganda debe ser popular, adaptando su nivel al menos inteligente de los individuos a los que va dirigida. Cuanto más grande sea la masa a convencer, más pequeño ha de ser el esfuerzo mental a realizar. La capacidad receptiva de las masas es limitada y su comprensión escasa; además, tienen gran facilidad para olvidar".

Los métodos propagandísticos de Goebbels no solo han sido ampliamente difundidos; en muchos casos se ha aseverado que algunos líderes políticos, en su necesidad de calar en las masas, han optado por ejercer algunos de sus principios de manipulación mental. En todo caso, se trata de uno de los casos más representativos de cómo alguien puede orientar todos sus conocimientos para destruir el criterio propio de las personas y sustituirlos con una cosmovisión ajena. Goebbels basó la transmisión de sus ideas en un elemento clave: su oratoria. Brunhilde Pomsel, quien fuera su secretaria, hace referencia a esta habilidad tras presenciar su discurso "Guerra Total". El siguiente fragmento ha sido extraído de su biografía, que lleva por título *Mi Vida con Goebbels*:

> Nada más sentarnos empezó la función. Detrás teníamos a la señora Goebbels con dos de sus hijos y, a ambos lados, a varios hombres de las SS. Podría decirse que era la tribuna de la élite. Primero sonó algo de música, una marcha militar al uso, con coro y toda la parafernalia. Y luego salió Goebbels y soltó su discurso. Era un orador buenísimo, muy convincente, pero aquel discurso fue un verdadero arrebato, un arrebato de locura. Como si dijera: por mí podéis hacer lo que os dé la gana. Y entonces, como si una avispa hubiera picado a cada uno de los oyentes, el público se volvió loco y empezó a gritar y patalear. Se hubieran arrancado los brazos encantados. El estruendo fue insoportable.

Jim Jones, líder espiritual.

El reverendo Jim Jones fue un carismático líder profundamente preocupado por la búsqueda de una justicia social. Esta es, digamos, la versión resumida de uno de los hombres más manipuladores jamás conocidos en la historia. Cuando se busca entender la resonancia de su culto encontramos muchas posibles razones. Sin embargo, la más lógica se debe a la extravagante naturaleza de su ideario, que se caracterizó por ser un híbrido entre la filosofía cristiana y los principios socialistas. Hoy en día pueden hacerse muchas conjeturas sobre este reverendo oriundo de Indiana, no obstante, todas las posibles interpretaciones que llegaron con su trágico desenlace no aclaran nada. Todo lo contrario, contribuyen a robustecer la mística en torno a su existencia.

Pues bien, ¿qué otro detalle se sabe sobre este líder religioso? Existen muchos libros, reportajes y crónicas que buscan arrojar luces sobre su endiosada imagen. De hecho, hay tanto material y evidencia documentada sobre su estilo de vida como de cualquier otra estrella de la cultura popular. Se dice, por ejemplo, que Jim Jones era un hombre muy vanidoso, que tenía ayudantes que arreglaban su cabello y guardaespaldas que le acompañaban a todos lados con maletines repletos de instrumentos estéticos como secadores de pelo y equipos de maquillaje.

¿Qué se ha descubierto sobre los inicios de este carismático líder religioso? En primer lugar, que fue el único hijo de una familia que luchaba con la pobreza en un pequeño pueblo de Indiana. Se trató, desde luego, de una familia signada por la soledad. Su padre, que participó en la primera guerra mundial, regresó de esta con una marcada discapacidad pulmonar. Además, durante los años siguientes fue simpatizante del Ku Klux Klan. Esto nos permite ir formando una idea del ambiente familiar que acompañó a Jim Jones durante los primeros años de su formación. Desde muy pequeño, sintió afinidad por la iglesia. Sin embargo, también era capaz de mostrar un humor tan fuerte como el de su padre.

Uno de los vecinos de la familia durante aquellos años, diría tiempo después lo siguiente:

> Era capaz de predicar un buen sermón. Recuerdo estar trabajando a unos cincuenta metros de la casa de Jones. Él tenía allí a unos diez niños a quienes hacía poner en fila y marcar el paso. Él los golpeaba con un bastón y ellos gritaban y lloraban (...) Solía preguntarme: ¿qué sucede con estos niños que le soportan todos sus caprichos? Pero ellos, al día siguiente, volvían a jugar con él. Él tenía una especie de magnetismo (...) Yo le decía a mi esposa que él iba a hacer mucho bien, o terminaría convertido en un Hitler.

Los recovecos de su formación idealista son tan enrevesados que apenas se ha podido establecer una línea medianamente lógica sobre estos saltos. Se sabe, gracias a su esposa, que para el año 1949 Jim Jones era un comunista confeso que se declaraba maoísta, aunque también simpatizaba con la retórica de Stalin. Hablaba de su idea como "socialismo religioso". Estos virajes en sus ideales, a priori, pueden ser considerados como una bomba de tiempo. Sin embargo, en aquel tiempo, se trataba de un joven evangelista que coqueteaba con la iglesia metodista y otras derivadas. Finalmente, no era más que el fundador de una pequeña iglesia de carácter evangélica, llamada El templo del pueblo.

Su carisma y sus energéticas arengas terminaron por suponerle una potencia mediática incomparable. Su iglesia crecía a pasos agigantados; el pobre Jim Jones ahora ostentaba lujosos, impecables trajes y vehículos de último modelo. Lo curioso es que, nadie encontró irónicos estos cambios tan drásticos. Estaban, por decirlo de alguna manera, enceguecidos por la verborrea de un líder que se adjudicaba milagros, poderes premonitorios y una idea única como la del socialismo religioso.

Seguramente te estarás preguntando por qué es que un reverendo, criado en la pobreza, es considerado como uno de los grandes manipuladores en la historia de la humanidad. Bien, la respuesta puede ser dicha de muchas formas, pero me limitaré a darte un número. Un simple número que te ayudará a formarte una idea sobre lo que te digo: 914. Este fue el número de personas que fallecieron en lo que hoy se sigue considerando el suicidio masivo más importante de la historia.

Cuando el reverendo Jones era la estrella del rock de los líderes religiosos, también se vio acosado. Los críticos se hacían masa, cuestionaban, reprochaban sus excentricidades. Le pusieron entre la espada y la pared. El 9 de diciembre de 1973, la primera comisión de La iglesia del templo llegó a Guyana, un pequeño pueblo en América del sur, atraídos por las facilidades ofrecidas por el gobierno del país y por la posibilidad de empezar de cero en nuevas latitudes. Con el tiempo, y tras una ardua labor por parte de Jones y sus emisarios, nació Jonestown: el principio del fin. Hubo procesos judiciales, escépticos e investigaciones de todo tipo. Y aunque la sede administrativa de la iglesia continuaba en San Francisco, el número de adeptos en Guyana adquiría proporciones bíblicas.

Los acólitos pronto sintieron las durezas del clima, además de las prolongadas y exhaustivas jornadas laborales a las que se veían obligados para darle continuidad al magno proyecto ideado por el reverendo. Adicionalmente, salieron a la luz testimonios sobre abusos sexuales y castigos físicos. Mientras tanto, los familiares de los adeptos que habían partido iniciaron una serie de protestas donde le exigían al gobierno norteamericano prestar ayuda a sus connacionales en tierras extranjeras. El imperio de Jones, en su nacimiento, empezaba a dar muestras de desesperación.

Tras varias semanas de protestas, una expedición norteamericana llegó a la ciudad del líder. Esta expedición sería liderada por un senador, asistentes y algunos periodistas de la cadena NBC. El encuentro transcurrió con sorpresiva naturalidad. Cuando algunos de los adeptos se dispusieron al entrar al avión para regresar a casa, el senador y sus acompañantes fueron ametrallados. Algunos murieron. Este fue el catalizador para que Jones diera inicio a su plan apocalíptico. Reunió a sus seguidores, convenciéndoles de que los norteamericanos pronto regresarían para matarlos a todos.

La solución propuesta por el magnánimo Jim Jones fue, como era de esperarse, el suicidio colectivo. El arma a utilizar: una mezcla entre arsénico, tranquilizante y una bebida azucarada. El cóctel mortal fue dado primero a los niños y luego a los adultos. Fue así como un manipulador de masas, de carácter religioso, dio a la humanidad el peor suicidio masivo de su historia, con un total de 914 fallecidos.

Charlie Manson, una mente maestra de la manipulación.

Cuando se habla de manipulación mental, difícilmente podemos excluir uno de los casos más emblemáticos y aterradores de la historia contemporánea reciente. Se trata de Charles Manson, quien para muchos sigue siendo, hoy en día, un ejemplo bastante ilustrativo de cuán peligroso puede ser alguien cuando sabe cómo meterse en la mente de las personas y tomar el control de sus acciones. Este individuo, oriundo de un pequeño pueblo en Cincinnati (Estados Unidos), entró en los canales de la historia como uno de los asesinos seriales más temerarios de todos los tiempos. Sin embargo, en términos cuantitativos, su monstruosa lista de crímenes queda pequeña en comparación con criminales de la talla de Ted Bundy (36 víctimas), John Wayne Gacy, "Pogo el payaso" (33) o Vasili Komaroff (33). Dicho esto, ¿qué ha provocado que la fama de Manson haya trascendido hasta apoderarse de casi la totalidad de la cultura popular? Según algunos, su encanto.

Criado en un ambiente familiar hostil, plagado de violencia y abusos, Charles Manson es un claro ejemplo de cómo alguien asimila las duras condiciones de sus primeros años en el desarrollo de una personalidad sociópata y criminal. Todos los testimonios que buscan crear un perfil del pequeño Charles hacen referencia a características habitualmente presentes en manipuladores de alto nivel: encantador, tiránico, mentiroso compulsivo y violento. Con tan solo 12 años se inauguró en el mundo del crimen tras robar dinero en una tienda de comestibles. A partir de este momento, la curva no paró de ascender.

Su capacidad de engaño y manipulación ha resistido la prueba del tiempo. La conformación de esa secta llamada "La familia" marcó un antes y un después en el mundo del espectáculo, principalmente luego de ejecutada una de las masacres más terribles en la historia del cine: el asesinato de la actriz en ascenso Sharon Tate, su bebé nonato y otras cuatro personas que se encontraban de visita. Si bien es cierto que Charles Manson no fue el responsable material de la masacre, ha quedado claro que los asesinos actuaron desde la manipulación a la que fueron sometidos por su líder.

A medida que salen a la luz nuevos detalles sobre la vida de Manson hasta ese cruento 9 de agosto, comprendemos que este manipulador se vio golpeado por una serie de acontecimientos que terminaron por forjar en él una total desidia por la vida de los demás. Su frustrado intento por iniciarse en la industria musical, por ejemplo, es una de las razones más citadas por quienes buscan justificar las acciones de este individuo. Lo que sí no está sujeto a interpretación alguna es su capacidad para manipular las mentes de las personas, a quienes termina convirtiendo en acólitos de su culto personal.

Su indiscutible fuerza manipuladora es retratada con gran precisión en la obra *Manson, retrato de una familia*, de los autores Vincent Bugliosi y Curt Gentry:

> Este hombre sacó a la superficie sus odios latentes, su tendencia innata a la violencia sádica, centrándola en un común enemigo: la sociedad establecida. Despersonalizó a las víctimas, convirtiéndolas en símbolos. Y es más fácil clavarle un puñal a un símbolo que a una persona. Enseñó a sus discípulos una filosofía completamente amoral, que les daba total justificación a sus actos. Si todo está bien, entonces nada puede ser malo. Si nada es real y toda la vida es un juego, entonces nadie debe arrepentirse de nada.

Su poder de manipulación ha sido tal que incluso después de aprehendido, con una de las sentencias más duras del sistema penitenciario norteamericano, sigue acumulando adeptos que le ven como una especie de guía espiritual sobre la cual volcar todas sus discrepancias con la forma en que ha sido construido el mundo y su sociedad. Mucho tiene que ver, desde luego, la fragilidad de estas personas. Está claro que quien haya sido formado con el criterio propio como prioridad, difícilmente caiga en las garras de estos manipuladores expertos. Sin embargo, siempre existe la posibilidad (sobre todo cuando se alinean circunstancias puntuales) de que una persona termine sustituyendo inconscientemente su visión del mundo para adoptar la de estos expertos en el control mental.

Capítulo 7
Ejemplos de casos de manipulación.

La manipulación mental puede traer consecuencias trágicas para quien la sufre y, en menor probabilidad, para quien la ejerce. Está claro que todas las personas sobre la faz de la tierra somos propensos a ser manipulados mentalmente por alguien más. Siempre he creído que los ejemplos tienen una potencialidad didáctica increíble. Muchas de los aprendizajes más importantes que he obtenido en mi vida han surgido a través de ejemplos prácticos. Después de todo, seguro recuerdas eso de que la práctica hace al maestro.

La familia Manson es, en efecto, uno de los ejemplos más representativos de cuán corrosiva puede ser la presencia de un manipulador en la vida (principalmente) de individuos con una tendencia casi patológica a dejarse manipular, a ceder el control de sus vidas en aras de un líder supremo que oriente todos y cada uno de sus pasos. Sin embargo, con cada minuto que transcurre la vida de alguien se ve socavada por un maestro de la manipulación. No todas estas vidas llegan a la gran pantalla, como el caso del asesino en serie norteamericano, pero no por ello carecen de importancia en términos de aprendizaje y conocimiento.

También se dice que nadie aprende en cabeza ajena; en otras palabras, necesitamos vivir la experiencia para sacar un aprendizaje que se sostenga en el tiempo. Me permito discrepar sobre este asunto. Si tienes la posibilidad de cuidar tu salud, de dejar de fumar (por citar un ejemplo universal), estás obteniendo una victoria a priori. No necesitarás de varias sesiones de radioterapia o quimioterapia para entender que el cigarrillo es nocivo para tu salud. Debemos entender la importancia de cuidar nuestros patrones mentales y, finalmente, exponer algunos casos singulares de cómo una vida se puede destruir por medio de un extenuante proceso de manipulación mental.

La importancia de los patrones mentales

No te diré que si descuidas tus patrones mentales terminarás como uno de los tantos acólitos de Charles Manson o del reverendo Jim Jones, porque cada cabeza es un mundo; sin embargo, sí considero relevante que aceptes, asimiles y gestiones tus patrones mentales como si estos se tratasen de pequeñas perlas preciosas que requieren tu constante cuidado. No olvides que estos patrones mentales, muchas veces, son obstáculos que nos impiden crecer. De manera que, ¿qué sentido tiene alimentar pensamientos limitantes o ideas improductivas?

Un alto porcentaje de lo que alcanzamos en la vida es el reflejo del orden en que tenemos nuestra mente. Si tienes una relación distorsionada con el dinero, difícilmente consigas atraer abundancia a tu vida o generar riquezas por encima de lo esperado. Este es solo un ejemplo de cómo tu estructura de pensamientos tiene implicaciones palpables en lo que somos y lo que logramos como individuos.

154

¿Quieres alcanzar la cima? ¿Quieres ser reconocido por tus ideas innovadoras y rompedoras? ¿Quieres ser el primer hombre en visitar, no Marte sino Júpiter? Sea cual fuere tu propósito de vida, necesitarás todos los aliados que puedas. De entre todas las posibles alianzas que tendrás, la más importante radica en tu cerebro, en tu mente y en tus programaciones mentales. Los hábitos, en este sentido, son el resultado de dichos programas.

Alguien que está habituado con despertar tarde o con posponer actividades, no llegará a ningún buen lugar como destino. Pero, si ese alguien cuida constantemente lo que sucede en sus conexiones neuronales, sabrá sustituir estas prácticas negativas por otras que representen una mayor productividad y opciones de éxito. En resumidas cuentas, eres el protagonista de tu historia de éxito. Solo debes lustrar tus armas y darles el sentido adecuado a tus pensamientos. Es posible, créeme.

3 casos de manipulación

Al margen de los rimbombantes casos expuestos en el capítulo anterior, donde tomé como base eventos desafortunados que marcaron la vida de muchas personas, en esta oportunidad te traigo tres casos de manipulación que se encuentran en el día a día. El hecho de que estos ejemplos no tengan la repercusión mediática que puede tener, por ejemplo, el líder de la propaganda nazi, no significa que carezcan de un valor a todas luces, trascendental.

El síndrome de Estocolmo.

El síndrome de Estocolmo se ha vuelto un cliché en los programas televisivos que giran en torno a investigaciones criminales. En el caso de que desconozcas de qué va esta patología, se trata de la conexión psicológico-emocional que desarrolla una víctima de secuestro para con su secuestrador. La víctima desarrolla esta conexión por razones varias, pero en la mayoría de los casos es la consecuencia directa de una suma de factores como el miedo, la dependencia vital y emocional de su secuestrador y el efecto de la experiencia traumática. Es comprensible que una vivencia de estas características genere cambios emocionales importantes en nosotros, de manera que la víctima del síndrome de Estocolmo termina, dado el caso, sintiendo una fuerte conexión con su secuestrador.

El idealismo radical.

Durante los años previos y posteriores a la segunda guerra mundial, el globo entero se vio polarizado por una dicotomía que persistiría varias décadas después: capitalismo o comunismo. Esas eran, al parecer, las únicas dos opciones posibles en un mundo que se debatía en los monstruosos pantanos de una gran guerra que amenazaba con destruir el planeta entero. Hoy en día, el idealismo radical sigue siendo un desafío en términos de riesgo civil y comprensión de la conducta humana. Este problema, que parecía menguado, revivió con la llegada de ISIS y sus propagandas islamistas. Sobra decir que el extremismo radical propagado por el Estado Islámico no se corresponde con los valores de esa cultura, sin embargo, ha servido como arma para diseminar el caos y el dolor por el Oriente medio.

Dependencia emocional.

Desafortunadamente, todos conocemos a alguien que ha sufrido un doloroso proceso de divorcio. La separación romántica de una pareja es el caldo de cultivo ideal para que afloren todas las características propias de una dependencia emocional. Quien se ha apegado demasiado a su otra parte, por decirlo de alguna manera, termina por creer que es incapaz de conseguir a alguien más o de ser amado como lo fue hasta entonces. Las inseguridades están a flor de piel y todas las asociaciones impiden ver el panorama desde una perspectiva más realista. La dependencia emocional es uno de los ejemplos clásicos de manipulación mental más frecuentes en la historia.

Capítulo 8
Manipulación emocional

Como se explicó algunos segmentos atrás, la manipulación emocional es el tipo de manipulación más común en la actualidad. Y, como elemento preocupante, se trata de un tipo de control mental política y socialmente "mejor aceptado" que las otras opciones. Es increíble con qué facilidad podemos perdernos en esas dinámicas de violencia y colonización mental. Por ello encuentro indispensable abordar el tema, explicando algunos aspectos que considero neurálgicos en el tema de la manipulación emocional y cómo esta puede afectar significativamente nuestra noción de la realidad, nuestras capacidades objetivas e incluso nuestras expectativas como individuos.

Mucho se dice que lo que sucede en una pareja solo es asunto de los involucrados, y de cierta manera es así, por ello me he propuesto enseñarte todo lo que necesites para desarrollar una autoconfianza y un criterio propio lo suficientemente sólidos, que sirvan como una gran muralla frente a los maltratos y daños que supone una manipulación emocional. Es importante entender que, en la medida en que nos desprendamos de nuestra racionalidad crítica para darle paso a la visión de alguien más, perdemos todas las posibilidades de alcanzar nuestros sueños, de ser personas totalmente plenas y felices. Dicho esto, ¿tiene sentido prestarse a un juego en el que no ganas nada y, por el contrario, puedes perderlo todo?

Ofrecer herramientas y recomendaciones precisas es una necesidad para quienes se encuentren atrapados en esta situación. Es por ello que he decidido estructurar el contenido en estos tres puntos son:

- ¿Qué es la manipulación mental?
- Señales para advertir que estás siendo manipulado.
- Técnicas para romper con la manipulación emocional.

Estos tres puntos focales representan, en mi opinión, la base más sólida para entender, identificar y, sobre todo, liberarte de cualquier caso de manipulación emocional en tu vida. Sin embargo, mucho tiene que ver la autopercepción. Sin ella, sin una autoconfianza sólida y desarrollada en los mejores términos, abandonar esta jaula de miedos resultará una tarea verdaderamente desafiante. No hay que olvidar la razón principal (no la única, desde luego) por la que terminamos cayendo en dinámicas de manipulación en el marco de una relación sentimental, siendo esta romántica o general: el miedo o la inseguridad. En la medida en que nos sintamos mejor con nosotros mismos, aceptando lo que somos con humildad y transparencia, seremos presas más difíciles de encerrar en esa celda sin barrotes que muchos llaman manipulación emocional.

¿En qué consiste la manipulación emocional?

Para empezar, es importante entender todo lo concerniente a la expresión "manipulación emocional". Aunque en líneas generales, no se diferencia de los otros tipos de manipulación (donde alguien busca obtener control o poder sobre ti mediante el uso de tácticas engañosas), este derivado del control mental se presenta en un contexto que involucra una fuerte carga sentimental. Es muy común encontrar este tipo de manipulaciones en las parejas románticas donde uno de los partícipes entiende la misma desde una estructura de inequidad en cuanto al poder. Sí, casi todas las discrepancias que conseguimos en el día a día surgen de una relación de poder poco equilibrada.

Por ejemplo, si un hombre (esposo, novio o pareja romántica) apela constantemente a la minimización de su pareja, bien sea en términos intelectuales, económicos o sociales, se va fortaleciendo un mapa común en el que la persona "atacada" no se siente capaz de enfrentar la realidad del mundo desde su criterio propio. Esto tiene mucho sentido si se tiene en cuenta que frecuentemente sus criterios personales se ven cuestionados por su acompañante. Si ese alguien ha establecido una especie de mantra entre ambos, condiciona el accionar de su contraparte. En otras palabras: los manipuladores minimizan la capacidad de los demás porque, de esta manera, pavimentan el camino para que sus opiniones y acciones sean las más "importantes" o "prudentes" al momento de tomar decisiones comunes. Existen otros tipos de manipulación, como la evasión, la intimidación encubierta, la difamación, entre muchas otras.

La manipulación emocional es una realidad mucho más común de lo que pensamos. Implica, entre otras cosas, una dinámica no violenta (en términos físicos y superficiales) de "posesión" o "colonización" del otro. Algunos de los manipuladores más expertos optan por crear un marco emocional adecuado en el que te sientas bien. Ganarán tu confianza, te harán sentir protegido, en paz, tranquilo, pero esto es solo una estratagema para ir ganando terreno y poder sobre ti. Sí, sé lo que estás pensando, es un estilo muy sutil y difícil de identificar, pero también te lastima y bloquea tus posibilidades de ser una persona plena y feliz.

Cuando conoces a alguien que siempre fue jovial y esta persona cambia de la noche a la mañana tras meterse en una relación sentimental con alguien más, es posible que se encuentre atrapada en una especie de manipulación emocional. Contrario a otros tipos de manipulación más hostiles, esta se caracteriza por funcionar progresivamente, como un golpe suave. De allí que nos cueste tanto identificarla cuando se presenta en nuestras vidas. Lo importante, en estos casos, es constituir un núcleo fuerte de autoconfianza y autovalidación para que los manipuladores emocionales encuentren una coraza impenetrable que no se debilita con condicionamiento alguno.

Señales para advertir que estás siendo manipulado

La parte más difícil de ser manipulado emocionalmente es que a menudo no nos damos cuenta de que esto está pasando. Pasa tan gradualmente que muchas veces no somos capaces de advertir que algo malo sucede con nosotros. Piensa, por ejemplo, en que te encuentras saliendo con una persona que es diametralmente opuesta a ti en términos de personalidad y expectativas a futuro. Al principio no te molestará hacer pequeños cambios en ti para agradarle. Realmente te gusta mucho esta persona y temes perderla por no hacer un pequeño e insustancial sacrificio. Pero la verdad, es que todos los cambios que incluyamos en nosotros deben tener una razón de ser genuina y no forzada. Esta es la principal diferencia entre cambiar por ti mismo y cambiar por no perder el cariño de alguien más.

La buena noticia es que existen una serie de señales que te ayudarán a entender que estás siendo manipulado emocionalmente. Uno de los errores que se repiten con mayor frecuencia es creer que todas las manipulaciones pasan por procesos agresivos e identificables. Pero la verdad es que, cuando se trata de manipulación emocional, difícilmente logramos discernir lo que ocurre si no tenemos una idea bien establecida de qué significa ser manipulado. Recuerda que los manipuladores son expertos al momento de torcer criterios y pensamientos a su favor. De manera que todas las herramientas que puedas aplicar para no caer en estas dinámicas son totalmente válidas. A continuación, algunas señales inequívocas que te facilitarán este diagnóstico.

Te sientes culpable.

La manipulación tiene su comienzo en la culpa. Es una característica inherente a la pérdida del importantísimo criterio propio. Los manipuladores son capaces de torcer tus emociones de tal manera que, antes de que te des cuenta, te sentirás culpable por algo en lo que probablemente no tengas responsabilidad alguna. Existen muchas torsiones del lenguaje, en esto son expertos los que manipulan desde la emocionalidad. Por ejemplo: "sí, la cena estuvo bien. Habría preferido que prepararas pizza, o algo diferente. Supongo que lo importante es que seas feliz y satisfecha y puedo sacrificarme si así consigo que estés bien". Claramente, aquí el manipulador le ha dado un giro de tuerca a un comentario inocuo para inocular una fuerte dosis de manipulación emocional. Debes ser muy cuidadoso con el lenguaje de los demás.

Le das prioridad a sus inseguridades.

Si algo sabe hacer un manipulador es proyectar sus propias inseguridades en nosotros. De esta manera consiguen medir nuestra reacción cuando escuchamos sobre estas inseguridades ajenas, al tiempo que evalúan si somos capaces de anteponer estas inseguridades a las propias. A partir de este momento, no solo cargamos con el peso de nuestras taras emocionales sino con el de las de ellos. Por ejemplo: "he sufrido mucho en el pasado. Me han engañado muchas veces y eso ha sido muy difícil de superar para mí, por eso preferiría que no tengas amigos del sexo opuesto". Está claro que se trata de un ejemplo basado en una pareja romántica heterosexual, pero aplica en todos los casos posibles.

Dudas de ti mismo.

Para el manipulador es fácil hacerlo porque se mueve dentro de su propia esencia. Para llegar a este punto, te lavan el cerebro de tal manera que empiezas a dudar de ti mismo. Cuestionas tus capacidades, tu empatía, tu forma de querer y tu emocionalidad. Una vez que empiezas a reprocharte tus acciones (porque con ellas "lastimas" al otro), entonces ya estás atrapada en la cárcel de la manipulación emocional. Es importante entender que, si te encuentres en un punto de tu vida en que cuestionas cada acción o decisión, debes romper inmediatamente con estas dinámicas de manipulación. Conforme dudas de ti mismo, el manipulador tomará tus inseguridades y las usará contra ti para sacar todo el provecho que le sea posible.

Cambias tus planes de vida

No existe señal más definitoria de que alguien está siendo manipulado emocionalmente que un cambio drástico en los planes de vida de esta persona. Seguramente estás pensando en ese viejo amigo que cambió radicalmente sus expectativas y planes desde el momento en que inició una relación amorosa. Esto sucede tan comúnmente que propicia toda clase de autoengaños. Si antes querías vivir un tiempo, por ejemplo, en Montevideo, pero ahora has alineado esta visión con la de un nuevo amigo o pareja, entonces has sido manipulado. Autoengaños como "es que, haciendo cálculos, creo que es más conveniente irnos a vivir a Ciudad de México" no te servirán de nada. Todo lo contrario: refuerzas una estructura de pensamiento que es forzada por la posibilidad de perder a esa persona.

Tácticas para protegerte de los manipuladores

Si tras leer las señales mencionadas anteriormente, has llegado a la conclusión de que te están manipulando, no te preocupes y ocúpate de tu bienestar. La buena noticia es que puedes protegerte de los manipuladores. Independientemente de cuán arraigadas se encuentren ciertas señales de manipulación emocional, existe la posibilidad de retomar el control de tu vida, robustecer tu criterio propio y detener a quien te ha cercado tras los gruesos muros de la manipulación.

Un estudiante cercano de casa me contaba:

"Yo participaba activamente en clase. Al ser la presidenta de nuestra sección, me asignaron la tarea de cuidar a una estudiante que empezó sus estudios con un mes de retraso por motivos personales. Le enseñé el nuevo horario de clases, los nombres de nuestros profesores, le presté mis apuntes y folletos. Sin que me diera cuenta, se encariñó demasiado, o más bien se volvió posesiva.

Se ponía celosa cada vez que hablaba con mis otros compañeros de clase con alegría. Encontrando defectos en sus caracteres, me convencía de que no era bueno unirse a esos círculos.

Me decía que no fuera "demasiado bueno" en la participación en clase. Decía que nunca tenía la oportunidad de responder a las preguntas de nuestros profesores porque levantaba la mano para contestar 'demasiado rápido' y había veces que le 'robaba' la idea.

Intenté distanciarme, pero ella se enfrentaba a mí, llorando, preguntándome qué había cometido para que yo me enojara. Le expliqué que tengo otros amigos y que también tengo que estar con ellos. Ella no se lo creyó, desafiándome a que si soy un buen amigo, tengo que estar con ella en todo momento.

Después de esa conversación, me quedé con ella.

Al estar harto de su posesividad, intenté hablar con ella sobre el tema. Se enfureció: "Lo sabía, no eres mi verdadera amiga". Con calma, le dije que era lo contrario. Ella no me escuchó y no me habló desde entonces.

Pocos días después, me sentí culpable, "tal vez me pasé de la raya". Así que le pedí disculpas y la seguí, de nuevo. Incluso le dejé copiar mi examen, mis pruebas y mis deberes. Y le hice algunos de sus análisis e informes. No puedo creer que haya hecho todo eso por ella.

Menos mal que mis compañeros me abrieron los ojos. Nunca volví a hablar con ella."

Todas las tácticas que conocerás a continuación representan soluciones sencillas y prácticas para afrontar de la mejor manera a tus manipuladores. ¿Estás preparado?

Registra lo conversado

Sí, sé que suena poco ortodoxo eso de escribir en una libreta o en alguna aplicación móvil todo lo que se conversa con nuestra pareja o con ese amigo que creemos, podría estar manipulándonos. La verdad es que no deberías llegar a este punto en ningún momento, pero cuando tenemos la certeza de que nos manipulan, es imprescindible tomar acciones específicas y correctivas al respecto. Ten en cuenta que los manipuladores tienen una habilidad excepcional: tuercen el lenguaje, te hacen dudar de ti mismo, de tu memoria. No importa cuán seguro estés de haber tenido tal o cual conversación, ellos insistirán en que no fue así. Es por esta razón que te recomiendo que escribas lo dicho durante las conversaciones; de esta manera cierras el grifo de sus mentiras, impidiéndole que controle tus emociones desde la inseguridad.

Aléjate

En este caso es imprescindible que pongas toda tu fuerza de voluntad en alejarte. Para algunas personas se vuelve especialmente desafiante mantenerse alejado de aquellos que han construido una celda cuyos barrotes provienen de la manipulación emocional, sin embargo, es una de las soluciones más efectivas en términos de crecimiento y liberación. Si no te sientes del todo cómodo en una relación, bien sea romántica o de amistad, lo más sano es que te alejes significativamente. De esta manera, te permites respirar un oxígeno más optimista. Esta es una táctica que te llevará a reencontrarte contigo mismo, a aceptar tus inseguridades (solo las tuyas) y a reconectar con tus planes de vida, fuera de lo que otros esperen de ti.

Enfréntalo

Una de las cosas que más aprovechan los manipuladores es la capacidad casi nula de sus víctimas de enfrentarles. Si bien es cierto que, en estos casos, tienen la habilidad suficiente para dar un giro radical, el factor sorpresa adquiere especial importancia. Defiéndete, hazle saber que existen ciertas conductas y comportamientos que te hacen sentir incómodo. Te sugiero que no esperes una reacción madura, pues esto significa que se reestablece la relación de poder, y ellos no se lo permitirían. Cuando te enfrentes a tu manipulador, establece planes de acción alternativos, planifica tus respuestas y reacciones. En la medida en que dejes cabos sueltos, las posibilidades de caer nuevamente en su juego se incrementan de forma significativa. En todo momento debes recordar que la finalidad es retomar el poder de tu vida y de tus decisiones. Cualquier otra conclusión puede y debe ser considerada una derrota.

Medita mucho

La meditación es uno de los ejercicios más contundentes en cuanto a la reconexión con nosotros mismos y nuestras emociones. Incluye pequeñas rutinas de meditación en tu vida diaria. Puedes dedicar 5 o 10 minutos durante las primeras horas del día para ubicarte en un ambiente relajante, cerrar los ojos o escuchar tu música favorita. Así, cuando prestas toda la atención posible a tus pensamientos, remarcas el camino de tus emociones. Piensa en lo que quieres alcanzar, en tu propósito de vida, en tus inseguridades, en tus fortalezas y en aquello que puedes mejorar. La idea de este ejercicio es que te hagas consciente de que solo tú eres el centro de tu propia existencia. Así restas poder a las inseguridades de los otros, pues te posicionas como núcleo de cada una de tus acciones y decisiones.

Capítulo 9
Dependencia emocional

Para nadie es un secreto que la dependencia emocional es un factor a tener en clara consideración al momento de analizar nuestra estabilidad y crecimiento en distintos sentidos. De allí la importancia de dedicar un capítulo entero a este estadio de la manipulación que pone en jaque nuestra felicidad y plenitud como individuos. Esta es la palabra clave para entender la relevancia del tema: felicidad. En la medida en que nuestra felicidad depende de agentes externos, nos exponemos de sobremanera a ser manipulados por estos. Si bien es cierto que esto puede ocurrir consciente o inconscientemente, la verdad es que debe evitarse a toda costa el caer en una dinámica de la que no se saca más que sufrimiento y dolor.

Con todo esto, pretendo ayudarte a entender cuán peligroso es depender emocionalmente de otras personas. Así mismo, me permito ofrecerte algunas herramientas y recomendaciones para protegerte a ti mismo cuanto sea posible. Vivimos en un mundo donde las relaciones personales son a menudo complejas y desafiantes, sin embargo, esto no significa que debamos vivir un infierno en aras de "finales felices". Vale decir que, como se dice a lo largo de este proyecto, la solución a los distintos tipos de manipulación o dependencia se encuentra en nosotros mismos. Esta es una buena noticia porque no dependemos de nadie más que de nuestra autopercepción para soltarnos de las amarras que supone ser engañados y controlados por otros.

¿Quién no ha sentido que el mundo se le viene encima cuando las cosas no resultan tal como las esperábamos en el plano romántico, por citar un ejemplo bastante común? Hay que derribar ciertos mitos al respecto. No está mal sentirse bien con alguien, estar cohesionados en una visión romántica y sentimental. De hecho, lo que comúnmente se conoce como amor, parte de compartir una visión del mundo y del futuro desde la perspectiva del "juntos". Ahora, ¿qué sucede cuando dejamos de pensar en nosotros mismos para anteponer la felicidad de otras personas? Esto es lo que pasa cuando nos manipulan. Una de las consecuencias más trágicas de la manipulación es, en efecto, la dependencia emocional.

Otro aspecto a tener en cuenta es que la dependencia emocional no necesariamente es culpa de los otros. Es difícil entender esto porque supone una aceptación implícita de la responsabilidad de los acontecimientos, pero es imprescindible estar abiertos a todas las alternativas posibles para así encontrar un diagnóstico y una solución funcionales. De otra manera, no saldríamos ilesos de ningún tipo de relacionamiento. En otras palabras: curarnos a nosotros mismos es el único camino válido para entender las relaciones sociales y amorosas desde un enfoque propio saneado y ecuánime.

Dependencia emocional: un lastre que te impide ser feliz.

Todos hemos sufrido rupturas amorosas que supusieron un antes y un después en nuestro crecimiento como individuos. No hay que sentir pena o vergüenza cuando se trata de sanar nuestra concepción del mundo y de la relación entre los individuos. Resulta preocupante la facilidad con que nos entregamos, en el ámbito romántico, de tal manera que terminamos perdiendo nuestra capacidad de racionamiento crítico para asimilar y adoptar la visión de la otra persona. En honor a la verdad, conviene decir que, muchas veces, esto ocurre por culpa nuestra y, en otras oportunidades, como consecuencia de un largo y tortuoso proceso de manipulación afectiva. En todo caso, podemos salir de ese estadio si nos lo proponemos y tomamos acciones orientadas a retomar el control de la situación.

El escenario más común para representar un alto nivel de dependencia emocional es, por supuesto, una ruptura amorosa. La dependencia emocional funciona del mismo modo que los vicios, aunque parezca una analogía escatológica. Por ejemplo: un individuo adicto al tabaco, trabaja desde conexiones neuronales profundamente arraigadas en su cerebro. La repetición de esta conducta ha constituido un "camino fácil y automático" que nuestra mente toma para ahorrar energía. De esta manera, querrá encender un cigarrillo al despertarse, después de almorzar, poco antes de irse a dormir, para aligerar estrés o en situaciones sociales específicas. Es como tener un mecanismo invisible en nosotros que se encuentra en *On* en todo momento.

En el caso de los dependientes emocionales, la otra persona representa el papel del cigarrillo. Nos habituamos tan sólidamente a la presencia del *otro*, que no concebimos una rutina sin su existencia. Esto sucede de forma graduada, casi imperceptible. El verdadero golpe viene cuando, por la razón que fuere, la relación termina. Es entonces cuando nos cuestionamos nuestras conductas y comportamientos porque nos resulta imposible desasociarlas de la otra persona. La conexión emocional es tan fuerte que no nos permitimos apreciar el escenario desde una perspectiva externa. Abundan los reproches, las culpas, los condicionamientos. Estos, desde luego, nos impiden crecer. Aprender a sostenernos solos puede resultar una tarea desafiante y compleja, sin embargo, es más que necesario para quien aspira la tranquilidad emocional y la felicidad.

El verdadero desafío es liberarse de este lastre. Imagina lo bien que te sentirás al volver en ti, al poner tus zapatos de nuevo en su lugar, en el suelo, para así avanzar hacia tus metas personales al margen de lo que haya o no sucedido en esa relación. Es imprescindible que aprendamos a soltar todo eso que nos inquieta: los recuerdos, las culpas, los reproches. En caso contrario, estarás anclado a una ausencia sin posibilidades de salir del pozo. Otra de las claves son el autoengaño y la confusión. En esos momentos en que sentimos que todo se viene abajo, es fácil confundir la dependencia emocional con sentimientos de amor o cariño. Por eso, repite después de mí: el amor y la dependencia emocional no pueden ser la misma cosa. ¡Nunca!

¿Cómo superar este lastre?

Es necesario entender que la dependencia emocional no es más que la consecuencia de, al menos, dos elementos:

- Manipulación afectiva por parte del otro.

- Malinterpretación propia de las emociones ajenas.

En el primer escenario, existen consecuencias adicionales. Después de todo, ¿quién regresa de la guerra siendo el mismo individuo? Como es bien sabido, cuando hemos sido controlados afectivamente, desarrollamos problemas de autoestima, de identificación, de autenticidad. Esta es la clave del sufrimiento posterior. ¿Por qué nos cuesta tanto dejar ir a alguien? Está claro que la mente humana, con sus subjetividades, es muy amplia y sería prácticamente imposible reducirla a unas pocas opciones. Sin embargo, a lo largo de mi trayectoria he notado un denominador común bastante reconocible: lo que nos impide cerrar un episodio romántico o emocional pasa por la destrucción casi total de nuestra autoestima. En otras palabras: no nos sentimos capaces de despertar emociones positivas en nadie más porque, en esencia, hemos acaparado para nosotros todas las responsabilidades del hecho.

Sea cual fuere tu caso, carece de importancia la forma en que se dieron las cosas. Aquí lo realmente importante es tu bienestar, tu equilibrio emocional y tu crecimiento como ser humano. Llegado un punto, tendrás que desprenderte de todos los posibles factores que desencadenaron esta situación. Esto implica, a su vez, cuestiones no comprendidas al momento, como la dominación de una de las partes sobre la otra, del manipulador sobre el manipulado. De otra manera, estarías poniendo un límite en tu desarrollo personal. En un fragmento extraído del libro *El abuso de la debilidad y otras manipulaciones*, de Marie France Hirigoyen, se refiere el tema de la dominación de la siguiente manera:

> La dominación no siempre es un fenómeno negativo. Toda la dificultad consiste en detectar el momento en que una relación se vuelve abusiva. En los primeros tiempos de una relación amorosa, por ejemplo, uno puede desear entregarse totalmente al ser amado hasta el punto de disolverse completamente en él y perder su individualidad. En toda relación pasional se instauran lazos de dependencia que, sin embargo, no son patológicos. Pero algunas veces la relación prosigue con una asimetría relacional que hace que una de las partes manifieste una gran dependencia respecto a la otra.

Tipos de dependencia emocional

Siguiendo este orden de ideas, es importante destacar que la dependencia emocional romántica no es la única a tener en cuenta. Existen, en general, tres tipos de dependencia emocional:

- Dependencia emocional en la pareja: es la dependencia más dañina de todas porque parte de la premisa de que el otro nos complementa. Es decir, que esa persona con quien compartimos determinado sentimiento le da sentido total a nuestra vida.

- Dependencia emocional en la familia: es el resultado de una formación familiar basada en el miedo o la ansiedad. Los padres, en primera línea, sufren este tipo de características y las transmiten inconscientemente a sus hijos, que terminan por adaptarlas dentro de sus estructuras de pensamientos y comportamientos.

- Dependencia emocional en el entorno social: caracterizada por la marcada necesidad de ser reconocido por aquellos que nos rodean en nuestro entorno social inmediato. La persona atrapada en este círculo se siente mal, en pánico, cuando sus comentarios o comportamientos no son aprobados en cualquier entorno.

Sin embargo, todas conforman un peligroso rasgo que tiene como característica principal la pérdida de nuestra autenticidad y sentido como individuos únicos. La buena noticia es que somos perfectamente capaces de romper con esta dependencia emocional. ¿Quieres saber cómo?

3 estrategias infalibles para superar la dependencia emocional

Si partimos del hecho de que el cerebro humano funciona como cualquier otra computadora, y que este puede reprogramarse en cualquier circunstancia, entonces todos esos condicionamientos que se conforman en nuestra mente pueden ser sustituidos o suprimidos a través de algunas tácticas específicas. En el caso de la manipulación mental (aquí, de la dependencia emocional), existen algunos ejercicios y enfoques que te permitirán dejar atrás la dependencia y retomar tu crecimiento como individuo. En la medida en que cambies el chip de tu mente, conseguirás salir de esta situación tan incómoda y dañina.

Hazte responsable de tu felicidad.

Uno de los enfoques más necesarios para revertir una situación de dependencia emocional es hacerte responsable de tu propia felicidad. Permítete entender que todo lo que ocurre en tu vida (principalmente las cosas buenas y de valor) son la consecuencia directa de cómo abordas el mundo y sus distintas eventualidades. Evita regalar la responsabilidad de tu felicidad a otras personas. Está claro que, para desarrollar este enfoque, necesitarás hábitos como la auto observación, el autoconocimiento, la priorización de tus objetivos y la aceptación de tus oportunidades de mejora.

Nadie puede hacer más por ti que tú mismo. Aunque esta sea una verdad inobjetable desde cualquier punto de vista, para muchos es difícil cambiar el chip. Lo importante, en todo caso, es que pongas en práctica los hábitos mencionados anteriormente. Quien conoce cada ápice de su ser es un hueso duro de roer en muchos ámbitos.

Cuida de ti mismo con amor y afecto.

Lo complejo de la dependencia emocional es que funciona como una desconstrucción absoluta de lo que somos. Nuestra autoestima se ha visto tan golpeada, que es prácticamente imposible reconocer cosas positivas en nosotros. En este sentido, uno de los enfoques adecuados para volver a sentirte bien con lo que eres, es cuidar de ti mismo con amor y afecto. Hacer esto no es nada complicado. Basta con establecerte pequeñas rutinas diarias de autodescubrimiento. Eres una persona maravillosa, todos los somos, pero a menudo no nos percatamos de ello porque le damos prioridad a las emociones negativas. Utiliza afirmaciones amorosas para hablar contigo mismo. Cúidate. Piensa que todo duelo o dolor es un escalón más que nos ayuda a ser mejores personas en el camino a la felicidad.

Piensa en el desapego como una forma de liberación.

Aquí apelo a la ironía para que veas que no todo se evalúa en colores opacos. Piensa en el desapego como una forma de liberación, pero, para hacerlo necesitarás tener mucha fuerza de voluntad. Un aspecto complejo de la condición humana es que a menudo nos dejamos gobernar por nuestros deseos, sean estos apropiados o no. En este sentido, trabaja conscientemente en vencer a ese tirano interno que te lleva a pensar en lo que has perdido. Entiende, así mismo, que solo a través del desapego con esa dependencia emocional podrás salir adelante y conseguir todos tus sueños.

Carta de una terapista

Para resumir la historia, tengo 21 años y mi novio tiene 23. Llevamos saliendo unos 3 años. Es un gran novio, pero siento que depende demasiado de mí. Estoy en mi último año de universidad y mis padres me ayudan mucho. Mi padre paga el alquiler por mí, así que básicamente el dinero que gano trabajando se destina a gasolina y comida.

Vivo en una casa de estudiantes fuera del campus con otras tres chicas y todos los servicios están incluidos. Mi novio estaba en una situación difícil, así que le ofrecí quedarse conmigo hasta que se recuperara. Hace un año que vive conmigo sin pagar el alquiler. También es incómodo para mí saber que vivo con otras tres chicas y que mi novio siempre está aquí. Igualmente, como cuando los amigos de la Universidad quieren visitarnos, pero es como si nunca pudiéramos ser chicas y pasar el rato porque mi novio siempre está cerca.

No me importaría tanto si al menos se ofreciera a ayudarme con cosas como sacar la basura, limpiar, comprar el jabón, pañuelos o el detergente para la ropa. A veces siento que es mi hijo porque estoy constantemente limpiando detrás de él.

Además, vivimos en el sur y él no tiene coche. Esto nunca fue un problema para mí, no soy vanidosa, pero siento que se aprovecha de mi amabilidad. Al principio no me importaba que manejara mi coche si tenía que hacer sus vueltas, pero ahora ha llegado al punto de que ni siquiera me pregunta si se lo puede llevar, simplemente, lo coge y se va. ¡¡¡¡Nunca se ofreció a cambiarme el aceite y nunca llena el depósito, sólo pone 10 dólares, lo que no sirve para nada!!!!

A veces me gasta toda la gasolina y cuando me subo al coche para ir a clase/trabajo tengo que dar la vuelta y echar más gasolina. Por no hablar de que siempre tengo que llevarlo de ida y vuelta al trabajo, a veces haciéndome llegar tarde a clase o al trabajo. Para empeorar las cosas, le pregunto constantemente si puede limpiar mi coche, lavarlo y nunca lo hace, pero se enoja cuando lo hago yo misma.

Como he dicho antes, este es mi último año en la universidad y me gradúo en mayo. Mi novio tiene un trabajo, pero también es un músico que se esfuerza. Entiendo que la escuela no es para todo el mundo, pero siento que necesita un plan de respaldo en caso de que su música no despegue.

Cuando le comento estos problemas, intenta hacerme sentir mal, describiéndome lo dura que fue su infancia y que su familia no tiene dinero como la mía. "No soy rica, pero mis padres trabajan muy duro". En su casa, su padre lleva años despedido y su madre es la única que lleva la comida. Me asusta que si continúo en esta relación vamos a terminar igual que sus padres. Aparte de todos los aspectos negativos, es un gran novio. Me pregunto si es hora de dejar ir a este gran novio porque todos estos aspectos negativos me están volviendo loca. A veces ni siquiera puedo mirarlo sin que me moleste.

Capítulo 10
Víctimas de manipuladores

Nadie quiere sentir que pierde el control de sus emociones, pensamientos y comportamientos. Ellos, sumadas, constituyen el criterio personal de cada individuo. Partiendo de esta premisa, creo imprescindible que conozcas más acerca del punto focal en el tema de la manipulación mental: las víctimas. Mucho se ha dicho e investigado acerca de las características más predominantes en los manipuladores de gran talla. Esto sugiere la necesidad de plantearnos la siguiente pregunta: ¿cuántos libros, películas, documentales e investigaciones se han llevado a cabo para determinar cuáles han sido las motivaciones o los disparadores que redundaron en la manipulación de los miembros de la secta La Familia, conformada por Charles Manson? Una cifra preocupantemente pequeña. Pero, en cambio, la cantidad de documentación publicada en torno al gran líder de la secta es monstruosa.

El misticismo y el encanto de este líder son de un magnetismo desbordante. Su sola presencia ejerce sobre quienes le rodean una fascinación sin compón. Esta es la única explicación del por qué se estudia tanto al manipulador en detrimento del manipulado. En pocas palabras: nos fascina aquello que no entendemos. Pero, si en caso contrario, consiguiéramos entender con mayor claridad cómo funcionan los distintos mecanismos que componen nuestra mente, entonces le prestaríamos más importancia a las características de quien ha sido abusado. Esto tiene mucho que ver con un tema de cultura o construcción social. De alguna manera nuestra atención tiende hacia lo macabro, lo complejo, lo difícil de entender. Para ser más claros: nos fascina saber más sobre aquello que, *creemos*, no nos pasaría a nosotros.

Me gusta pensar en los manipuladores como tiburones al asecho de una pequeña embarcación.

Seguramente has visto las versiones cinematográficas de *Tiburón*, ese clásico del cine que está basado en la película homónima de Peter Benchley. Pues bien, te diré lo que ocurre en la vida real: el tiburón ataca en el momento en que saborea un poco de sangre. Así funciona su instinto: un poco de sangre y el ataque será mucho más intenso. Lo mismo pasa cuando una persona manifiesta ciertas características frente a un manipulador: el ataque llegará. A partir de ahora, te pido que prestes entera atención al contenido que he dispuesto para ti. De esta manera podrás aplicar todos los correctivos que consideres pertinentes para no ser una presa fácil de todos esos tiburones que se encuentran siempre a la espera de su próxima víctima.

¿Qué características fascinan a los manipuladores?

Ha quedado claro que los manipuladores buscan, en esencia, socavar el poder y autocontrol de las personas. El único objetivo de estos pasa por eliminar el criterio propio de los demás para inocularles los suyos como si se tratara de un veneno indoloro. De esta manera garantizan que sus manipulados antepongan los deseos del manipulador a los propios. Se trata, en definitiva, de un juego de poder. En la medida en que cedemos el nuestro, nos preocupamos más por la felicidad de los demás. Es por ello que resulta tan preocupante que la manipulación mental se haga cada vez más común en la sociedad. A continuación, los rasgos característicos más buscados por quienes disfrutan de ejercer el control y la manipulación mental sobre otros.

La inseguridad.

Los manipuladores prefieren personas que manifiesten problemas relacionados como inseguridad o dependencia emocional. Estos rasgos distintivos son especialmente atractivos para los controladores porque entienden, en cierto modo, el funcionamiento de la mente humana. La mala noticia en casos como este es que este tipo de personas son fáciles de reconocer. Por ejemplo: cuando alguien es inseguro suele estar a la defensa en situaciones de estrés o presión. Una corta conversación es suficiente para un gran manipulador; es lo único que necesita para identificar si eres una persona insegura, lo que le llevará a intensificar cualquier ataque. La ansiedad social es otra característica innata y muy detectable de las personas que sufren de inseguridad emocional.

La sensibilidad.

Para empezar, ¿qué significa ser una persona sensible? Esto implica muchos aspectos genéricos, pero, en esencia, una persona sensible es aquella que entiende e interpreta lo que ocurre a su alrededor con una profundidad emotiva mucho más marcada. Claro está, a estos individuos no les gusta nada que esté mínimamente relacionado con la violencia o la crueldad en ninguna de sus formas. Ahora bien, ¿por qué la sensibilidad es tan bien apreciada por los manipuladores? Porque si eres sensible, eres presa fácil. Te explico la razón: un manipulador, como especialista en la dinámica emocional de la sociedad, apunta a objetivos sensibles porque le resulta fácil simular emociones, construir una falsa empatía. A partir de este momento, clavan sus garras.

El miedo a la soledad.

Muchas personas tienen miedo a la soledad. La sencilla idea de morir solas les afecta en niveles muy profundos. En este sentido, son capaces de torcer sus propios cánones y percepciones para evitar a toda costa este escenario tan temido. Este miedo a la soledad es caldo de cultivo para los manipuladores, que ven en este tipo de individuos, potenciales víctimas. Un factor que le juega en contra a quienes temen a la soledad es que se apegan con mucha facilidad, al punto de parecer "pegajosas". De manera que un especialista lo notará rápidamente y, en definitiva, preparará el camino para manipularle desde su experiencia y agilidad.

El idealismo.

Este es un rasgo distintivo que ha sido capitalizado a lo largo de la historia por distintos tipos de manipuladores. Si nos ubicamos en un contexto político, la sociedad alemana posterior a la primera guerra mundial era especialmente idealista desde un enfoque nacional. Por sentirse derrotados, buscaban cualquier símbolo que les devolviera la "grandeza de otrora". Es aquí donde manipuladores de la talla de Adolf Hitler ejercen toda su habilidad. Los idealistas son especialmente vulnerables porque suelen entregarse ciegamente a símbolos o pequeños profetas que simulen compartir su cosmovisión. Adeptos de alguna secta o de un culto religioso son solo algunos ejemplos para ilustrar este punto.

Los que rehúyen enfrentamientos.

La ausencia de carácter, ¿conoces a alguien así? Son esas personas que, por miedo a enfrentar posibles discusiones, son capaces de hacerse a un lado. Este rasgo de personalidad es muy preocupante. Quien lo sufre no sabe cómo defender sus ideas, opiniones, proyectos o criterios. ¿Qué crees que ocurre con alguien así? En primer lugar, difícilmente consiga tener éxito en la vida, ya que esta nos enfrenta a desafíos cada día. Por otro lado, los manipuladores pueden tomar ventaja psicológica sobre ellos con un poco de presión. Sin embargo, se enfrentan a una reacción imprevisible. Este tipo de individuos terminan reaccionando de formas diversas tras años de represión y silencio acumulados

No seas presa fácil

Sí, yo entiendo que nuestra personalidad es la suma de todas las experiencias y condicionamientos enfrentados a lo largo de la vida. Entiendo que es difícil cambiar algunos rasgos del *cómo somos*. Sin embargo, creo que es imprescindible si buscas evitar ser la presa fácil de la larga lista de manipuladores que están cada día al asecho. La idea es que te hagas consciente de tu propia felicidad, como fue mencionado anteriormente. En este sentido, ¿por qué poner tu plenitud emocional en manos de un controlador que no quiere sino imponerte su criterio y su forma de ver el mundo? No olvides que los manipuladores trabajan para sí mismos. Te utilizan, te marcan, te socavan. Dicho esto, ¿qué sentido tiene ser una víctima accesible?

No te pido que te transformes en un muro de insensibilidad y frivolidad. Todo lo contrario, sigue siendo quién eres, pero hazlo con toda consciencia. Tienes la posibilidad de mejorar aspectos de ti, pequeñas características que no solo te harán mejor persona, sino que te mantendrán alejado de quienes buscan hacerte daño, dominarte y quitarte el control de tu vida. Si habiendo leído el segmento anterior, te reconociste en alguno de los ítems expuestos, ¿qué esperas? ¿Quieres que alguien más domine tus actos como si fueses una marioneta? Estoy seguro de que no quieres tal cosa. Porque… ¡no eres una marioneta!

Eres un ser humano repleto de habilidades, destrezas, oportunidades de mejora y sueños. Sobre todo, sueños. No podrás alcanzar tus objetivos vitales si te dejas manipular por los demás. De manera que se hace menester que elimines de ti todos esos rasgos mencionados anteriormente. De lo contrario, trabajarás toda tu vida para alguien más, no para ti. Verbaliza lo que has sufrido, identifícalo y aplica correctivos. Permítete curarte.

A continuación, un interesante fragmento extraído del libro El acoso moral, de Marie France Hirigoyen:

> El hecho de nombrar la manipulación perversa no conduce a la víctima a repetirse, sino que, por el contrario, le permite liberarse de la negación y de la culpabilidad. Quitarse de encima el peso de la ambigüedad de las palabras y de los asuntos silenciados facilita el acceso a la libertad. Para ello, el terapeuta debe permitir que la víctima vuelva a confiar en sus recursos interiores. Sean cuales fueren las referencias teóricas del psicoterapeuta, debe sentirse lo suficientemente libre en su práctica como para comunicar esa libertad a su paciente y ayudarle así a sustraerse al dominio.

Capítulo 11
Efectos de una persona manipuladora sobre otros

Se habla, quizás demasiado, de los manipuladores, lo que en mi opinión es un error de enfoque absoluto. La prioridad, en cualquier escenario, es la víctima. Pretendo entonces, ayudarte a entender cuáles son esos efectos de una persona manipuladora en los demás. ¿Qué hacer? ¿Cómo blindarte de estos especialistas en el arte del control mental?

Desde la empatía, creo que es fundamental entender cuáles son estos efectos en las personas; de esta manera, dadas determinadas circunstancias, podríamos ofrecer una mano amiga a quien lo necesita. Recuerda que la vida a veces puede tornarse compleja, insostenible o difícil, pero todos los huracanes pasan. O como dicen por allí: es más oscuro cuando está por amanecer. De esta manera, me gustaría mostrarte como una especie de guía. Un pequeño manual para que sepas reconocer estos efectos en las personas de tu entorno y, si lo consideras pertinente, ofrecer tu ayuda. No olvides que un gran poder, con lleva una gran responsabilidad.

Efectos de la manipulación emocional.

Esta es una lista de efectos de la manipulación emocional en las personas. Estos efectos, a largo, plazo te ayudarán a identificar la acción de un manipulador en tu entorno social inmediato.

Aislamiento.

Un efecto muy común de los manipuladores en otras personas es hacer de estos últimos individuos aislados, que prefieren la contemplación antes que la acción. En vista de que la manipulación emocional lleva a las personas a dudar de sí mismas, afectando su autoestima, es lógico que quien lleve mucho tiempo sometida a un tipo de control emocional externo limite su vida a la contemplación. Esto se debe a que el manipulado se siente incapaz, dañado, poco apto para tomar acciones pertinentes en escenarios específicos. Se trata, en definitiva, de una secuela natural de alguien con una autoestima prácticamente nula.

Constante juicio sobre otros.

Las personas que han sido manipuladas emocionalmente por un prolongado periodo de tiempo, como se vio en el ítem anterior, prefieren abstenerse de tomar posiciones protagónicas frente a las circunstancias de la vida. En contraparte, prefieren emitir juicios de distintos tipos. Esta es la forma en la que ellos se sienten en control, luego de pasar mucho tiempo sin control. Las herramientas para superar estos efectos son la compasión, el autoconocimiento y la aceptación. En la medida en que incluyamos estas bondades en nuestros sistemas de creencia, conseguiremos una actitud mucho más activa frente a las distintas eventualidades de la vida.

Necesidad de aprobación.

Otro de los efectos palpables de los manipuladores en la vida de los manipulados es que les obligan (inconscientemente, tras años de abuso) a requerir la aprobación constante por parte de todos. Esto incluye tanto a las personas que conforman su entorno social inmediato como a aquellos que no tienen mayor representación en la vida del individuo. Tiene sentido si lo analizamos: luego de sentir que por mucho tiempo no hemos sido *suficientemente buenos* para alguien, el instinto del individuo manipulado le lleva a esforzarse a niveles insospechados para conseguir cualquier aprobación posible, incluso la de aquellos a quienes no conoce.

Resentimiento.

El resentimiento es una característica adquirida luego de un tortuoso proceso de manipulación emocional. Este se manifiesta en actitudes como: irritabilidad, mal humor constante, impaciencia y sentimientos de culpa. Una vez más, es la consecuencia de años de abuso y de destrucción psíquica. Por ejemplo, si por mucho tiempo alguien ha estado siendo manipulado, eventualmente creerá que es incapaz de llevar a cabo acciones prudentes o sensatas. Recuperar la autoconfianza puede ser, para muchos, un desafío altamente complejo, y a menudo es el resultado de "no haber dado la talla" durante un prolongado período de tiempo. Dicho de otro modo, después de que alguien te trata mal, ver actitudes optimistas en los demás se tornará difícil.

Ansiedad y trastornos depresivos.

Sentirnos ansiosos es un efecto lógico tras haber sido manipulados emocionalmente durante mucho tiempo. Por ejemplo, cuando nos han mentido muchas veces (esto aunado a los sentimientos de culpa que nos transmiten los manipuladores más hábiles), terminamos por adoptar las mentiras como parte de la dinámica social. Además, existe evidencia documentada de que estar atrapados en un patrón de abuso emocional puede situarnos en el complejo escenario de un trastorno depresivo. La buena noticia es que estas son secuelas curables, por lo que basta cambiar el chip, poner distancia y trabajar en nosotros mismos.

Efectos de la manipulación psicológica a corto plazo

También existen, en mayor número, efectos a corto plazo de la exposición a la manipulación psicológica. A continuación, una lista de los efectos más comunes y dañinos en lo relacionado a este tipo de abusos:

Evitar el contacto visual.

El manipulador ejerce un dominio en el manipulado a niveles tan profundos que, pronto, este termina habituándose a la necesidad de esconderse. A menudo, quien se ha expuesto demasiado a la manipulación psicológica, termina por evitar todo tipo de contacto visual. Esto con la ilusión de sentirse protegido. Quien evita el contacto visual piensa que de esta manera evitará ser molestado por su manipulador. En líneas generales, este es un rasgo que aplica en cada uno de sus relacionamientos sociales. Así, la persona manipulada cree estar a salvo. Es como cuando siendo niños tenemos la certeza de que al cerrar los ojos con fuerza el monstruo desaparecerá. Lamentablemente, este es un efecto que se presenta a muy corto plazo.

Exceso de prudencia.

Como si se tratase de un derivado del miedo, otro efecto que contagia el manipulador en su víctima es la necesidad de pensar y repensar cada acción, por pequeña que esta sea. ¿A qué se debe esto? Precisamente al debilitamiento de nuestra autoestima. Conforme el manipulador nos hace sentir menos capaces de tomar acciones adecuadas, nos cohibimos de hacerlo. Pensar excesivamente en cada acción antes de tomarla es una consecuencia directa de las incongruencias en nuestra autoconfianza. Muchas veces, el manipulado justifica esta inhibición como "prudencia" cuando en realidad es temor a molestar o enojar a su victimario.

Inseguridad.

Lo he mencionado anteriormente. La característica principal de un proceso de manipulación psicológica es la destrucción parcial o total de nuestra autoconfianza. No nos sentimos óptimos para tomar buenas decisiones, para actuar adecuadamente. En consecuencia, limitamos nuestra participación en cualquier estadio social solo para evitar que el manipulador se moleste o se irrite. Este efecto, se extiende a casi todos nuestros pensamientos. ¿Has cuestionado alguna vez tus decisiones? Esto es el resultado del reproche constante de quien ha tomado el control de nuestra forma de ver el mundo. Como he dicho, una consecuencia inequívoca de la manipulación psicológica.

Pasividad.

Ser pasivo termina convirtiéndose en una especie de escudo que nos protege de reproches, reclamos o cuestionamientos por parte del manipulador. Este, al adentrarse en nuestra visión a través de la imposición de sus criterios, socava significativamente nuestra capacidad de actuar o de decidir, en distintos ámbitos de la vida. Dicho de otra manera: la pasividad es una respuesta inmediata del manipulado, que solo busca un espacio de neutralidad en el que no se cuestione cada una de sus decisiones. El miedo a ser juzgado es, nuevamente, el punto focal y determinante.

Sentimientos de culpa.

Es posible que te culpes a ti mismo por la presencia de un manipulador que te ha subyugado a placer. Los sentimientos de culpa son frecuentes en aquellas personas que han visto o sentido la acción constante y asfixiante de un manipulador. En este sentido, una relación basada en la manipulación psicológica es una bomba de tiempo que funciona de forma unilateral. Es decir, solo existe una víctima. La verdad es que la sensación de culpabilidad puede tener una razón de ser anterior al acto de manipulación, pero en la mayoría de los casos esta no es más que una consecuencia natural del abuso psicológico al que la persona ha estado expuesta por mucho tiempo.

Capítulo 12
La culpa, la lástima y la intimidación.

Comprender cuáles son los efectos más nocivos que un manipulador ejerce sobre sus víctimas es una necesidad. En un contexto donde el contrato social nos exige cada vez más en relación con nuestros contemporáneos, resulta menester el conocimiento de todas las secuelas que nos puede dejar la exposición prolongada a ciertos tipos de abusos. La dependencia afectiva, la manipulación psicológica y emocional, entre otros. Todos los elementos que nos permitan establecer la dinámica mediante la cual nuestro sistema conductual se ve mermado y socavado como consecuencia del control emocional, son especialmente necesarios al momento de entender la relevancia del tema que aquí nos atañe.

Con todo esto, busco brindarte información certera acerca de cómo la manipulación emocional nos modifica desde adentro hacia afuera en términos de comportamiento y relacionamiento con los demás. Para nadie es un secreto que quien por años ha padecido algún tipo de abuso emocional o psicológico, desarrolla nuevas formas de relacionarse con su entorno. Esto, desde luego, en términos negativos. Ha quedado claro que una de las consecuencias inequívocas de todo proceso de manipulación mental es la deconstrucción casi absoluta de nuestros sistemas de afrontamiento. En otras palabras: conforme nos manipulan, menos capaces somos de reaccionar ante las distintas eventualidades presentes en el día a día.

Siguiendo este orden de ideas, quiero hablarte de la clasificación de 3 de las secuelas más corrosivas en cuanto a la manipulación mental, La culpa, la lástima y la intimidación. De esta manera, pretendo darle continuidad al análisis de las consecuencias que la manipulación mental tiene en nuestras vidas.

Recuerda que, si te has sentido alguna vez manipulado, no eres el culpable. Está claro que estos individuos trabajan con base a una amplia experiencia en el campo del control mental. Ellos se aprovechan de ciertas características para identificar a sus víctimas. De manera que, aunque hoy te acompañen sentimientos de culpa, es fundamental que aceptes esta realidad como uno de los muchos otros resultados en la constante interacción social de la vida. Ahora, si bien es cierto que no eres culpable de haber sido manipulado emocionalmente por alguien más, tienes en tus manos la responsabilidad de cambiar, de blindarte, de perfeccionar tus defensas para evitar que este tipo de trampas se repitan en el futuro. De allí la importancia de los conceptos ofrecidos a continuación. Para ello, te invito a que continúes la lectura y sigas robusteciendo tus conocimientos en torno al funcionamiento de la mente y conducta humana.

Culpa

La culpa no solo se trata de una estrategia del manipulador para apropiarse de tus emociones. Es también un efecto lógico de la interacción con un especialista en el control mental. Como te he mencionado en capítulos anteriores, la culpa es uno de los efectos más comunes y corrosivos para las víctimas de manipulación mental (psicológica o afectiva, activa o pasiva), por lo que el primer paso para superar los sentimientos de culpa que se agolpan en nosotros es, en definitiva, aceptar que hemos sido heridos en nuestra constitución como seres humanos.

El hecho de haber sido violentados emocionalmente no significa que seamos directos responsables de lo sucedido. Recuerda que un manipulador es, por naturaleza, experto en ciertos menesteres. Entre ellos, el de identificar las vulnerabilidades de las personas. Piensa en ellos como en esos depredadores que tantas veces hemos visto en los documentales de la vida animal, porque es precisamente lo que son.

Del mismo modo que un depredador asecha a su presa hasta que encuentra el momento exacto para atacar, lo mismo hace un manipulador en distintos ámbitos de la vida social. Como fue referido en capítulos anteriores, estos tienen la capacidad de identificar a las personas más vulnerables debido a ciertas características específicas. Por ejemplo, si eres una persona que rehúye del conflicto, eres presa fácil para quien ha desarrollado la habilidad de manipular emocionalmente a los otros. Una de las consecuencias directas es el sentimiento de culpa.

La buena noticia es que puedes liberarte de estos sentimientos con algunas tácticas que apuntan a reprogramar tu estructura de pensamientos, a cambiar tu chip. A continuación, 3 recomendaciones prácticas para dejar de tener sentimientos de culpa en tu vida.

- Poner las cosas en perspectiva.

Por naturaleza humana, tenemos la tendencia a darle más importancia a las emociones o circunstancias negativas, que a aquellas que nos resultan agradables. En este sentido, es importante que aprendas a poner las cosas en perspectiva. Observa y evalúa los acontecimientos de tu vida desde distintas posiciones, así encontrarás soluciones prácticas desde perspectivas diametralmente opuestas.

- No interpretes la vida en blancos o negros.

Otro de los enfoques que te ayudarán a soltar esos sentimientos de culpa que te agobian es entender que la vida va mucho más allá de términos absolutistas. El mapa personal de cada individuo se compone por sus subjetividades y condicionamientos. Actuamos de acuerdo a experiencias pasadas que nos resultaron particularmente difíciles. Este es el modo en que nuestro cerebro nos protege de emociones negativas. Sin embargo, cuando nos centramos en *leer* la vida en términos de blancos y negros tomamos decisiones radicales que no necesariamente implican funcionalidad. La vida, por supuesto, está llena de múltiples matices. Deja los blancos y negros para los tableros de ajedrez.

- Acepta que la culpa no te lleva a ningún lado.

¿Por qué alimentar sentimientos de culpa cuando estos no nos llevan a ningún lado? Si nos apegamos a un objetivo de vida, los especialistas y líderes de la literatura de desarrollo personal nos recomiendan que tracemos pasos y tareas solo si esta nos acerca a nuestro propósito. No tiene sentido desperdiciar energías y salud en cuestiones que no aportan valor a cada una de tus búsquedas personales. Es bien sabido que muchas veces la culpa funciona como combustible, como una fuente positiva de motivación. Sin embargo, en la mayoría de los casos esta consume todo cuanto hacemos, ya que se establece como un patrón de pensamientos en nuestra mente, limitando nuestra reacción y nuestros mecanismos de afrontamiento.

Lástima

Para nadie es un secreto que la lástima es una de las estrategias mediante las cuales un manipulador nos mete en su juego mental. Pero, ¿qué pasa cuando la lástima pasa de ser una forma de violencia y se establece como una secuela de la manipulación emocional?

Sentir lástima por ti mismo es una respuesta inmediata y lógica de tu mente luego de ser violentada en términos emocionales y psicológicos. El ser humano alimenta una tendencia ciega a sentir más intensamente las emociones negativas que las positivas, de manera que cualquier daño que hayamos sufrido se instala con mayor facilidad en nuestras programaciones mentales. Este tipo de condicionamientos es altamente perjudicial en nuestro desarrollo personal, ya que nos impide dar pasos sólidos hacia la consecución de nuestros objetivos.

Es fundamental, en principio, que reconozcas que sentir lástima por ti mismo no agrega valor positivo a tu vida. Si bien es cierto que no puedes culparte por haber caído en una dinámica de manipulación mental o psicológica, sí es tu responsabilidad tomar todas las acciones correctivas que consideres pertinentes para retomar el control de tus decisiones y comportamientos. En general, de tu vida.

La aceptación, en este caso, adquiere especial importancia. Acepta que la vida tiene momentos difíciles, que las circunstancias adversas forman parte del camino. Este ejercicio te ayudará a reconectarte con tu esencia, con lo que eres y con aquello que quieres alcanzar. Todos estamos expuestos a ser manipulados emocional o afectivamente. La cuestión está en cómo reaccionamos cuando esto sucede. Podemos cruzarnos de brazos y esperar que pase el huracán o buscar dónde guarecernos mientras esto ocurre.

Independientemente de las eventualidades enfrentadas, el enfoque es determinante porque solo a través de él somos capaces de seguir adelante. Esto es lo que la psicología llama resiliencia, un término relativamente nuevo que representa la capacidad de un individuo para sobreponerse a eventos especialmente trágicos.

La buena noticia es que existen algunas tácticas que funcionan como un interruptor. Estas prácticas, llevadas a cabo con constancia y autoconsciencia, te ayudarán a dejar de sentir lástima contigo mismo. Solo así te liberarás del manipulador, que por un tiempo puso en jaque tu felicidad.

- Sal momentáneamente de ti mismo al practicar la bondad con otras personas.
- Plantéate nuevas metas.
- Permítete ayuda profesional o ingresa en un grupo de apoyo.
- Recuerda todas las cosas buenas que hay en tu vida.
- Piensa (de forma amigable) en tu futuro.

No olvides que tu tranquilidad emocional es el primer objetivo. Una vez que consigas un nivel óptimo de equilibrio afectivo, tendrás mayores probabilidades de encauzar tu vida hacia las metas que has pensado como plan de vida. Como habrás notado, muchas de las tácticas ofrecidas anteriormente pasan por sacarte de ti mismo. Cuando sentimos lástima por nosotros mismos, estamos atrapados. La fórmula es salir. Despréndete por un momento de aquello que crees que no está bien en ti y enfoca tus energías en ayudar a otras personas. Una simple conversación puede ser suficiente para ayudar a alguien más. La buena noticia es que, al hacerlo, también te permites sanar.

Intimidación

La intimidación es una de las armas secretas de los manipuladores. Esta estrategia puede ser puesta en práctica en distintos niveles, muchos de los cuales pasan inadvertidos en la mayoría de los casos. Conviene identificar con precisión estos chantajes para no caer nunca más en las redes de quienes viven para destruir nuestra visión en aras de sus beneficios personales. ¿Por qué es tan importante hablar de la intimidación como arma? Esta no solo es una estratagema frecuente, sino que puede tornarse imperceptible para el individuo manipulado.

Al igual que otras técnicas como el silencio, la proyección, la minimización o el victimismo, la intimidación es una práctica que puede asentarse en el relacionamiento social entre dos individuos. Bien sea en el contexto de una relación romántica como entre dos amigos. Sea cual fuere tu caso, es imprescindible que aprendas a reconocerlos para evitar males mayores. En resumidas cuentas, quien ejerce la intimidación se caracteriza por:

- Amenazar frecuentemente.
- Exigencia desmesurada.
- Imprevisibles cambios de humor.

No obstante, existen pequeñas formas de darle un giro de tuerca a esta situación. Si sientes que te manipulan a través de la intimidación, puedes aplicar las siguientes recomendaciones:

- No te culpes.
- Di "no" cuando lo consideres necesario, sin miedo.
- Hazte consciente de las consecuencias de la intimidación.
- Aléjate del manipulador, establece distancias claras.

Capítulo 13

La autoestima

Ningún ser humano puede alcanzar sus objetivos sin poseer una buena autoestima. Si has sido víctima de manipulación emocional durante un prolongado espacio de tiempo, es probable que tu autoconfianza y autopercepción se haya distorsionado significativamente. En consecuencia, encontrarás mayores dificultades en el camino hacia la concreción de tus objetivos. Los tres ejes que constituyen que explicare son: la importancia de la autoestima, cómo construir una autoestima de acero y, en última instancia, cuáles son los beneficios por los que vale la pena trabajar en ti.

¿Quién no ha sentido alguna vez que carece de las habilidades para ser exitoso? Si bien es cierto que esta es una sensación presente en un considerable porcentaje de individuos, su impacto es mucho más profundo en aquellas personas que han sufrido múltiples abusos psicológicos y afectivos. Sea cual fuere tu caso, es innegable que trabajar en ti y en lo que sientes en relación a ti como individuo, es una tarea que todos deben cumplir en aras de su plenitud y felicidad. Una excelente opinión sobre ti mismo es la clave para sentirte capaz de cualquier cosa.

En este sentido, las personas que se hacen responsables de sí mismos, tratándose con amabilidad, incluso en medio de las adversidades más complejas, están preparadas para llegar a la cima. Y, ¿quién no sueña con una vida plena y rebosante de felicidad? Sin embargo, para alcanzar el nivel óptimo de plenitud, la autoestima juega un papel fundamental. No olvides que tú eres el activo más valioso en tu vida. De manera que puedes lograr todo lo que te propongas siempre y cuando tu mente y tus conductas estén alineadas en la dirección correcta.

La vida misma nos exige valentía y coraje. Nuestra historia personal pudo impulsarnos a determinados comportamientos; no obstante, está en nosotros hacer todos los ajustes necesarios para retornar al sendero. No olvides que, como víctima, no eres culpable de tu situación actual, pero sí de mejorar esas condiciones. Para ello, este capítulo.

¿Por qué es tan importante tener una autoestima saludable?

Parece una obviedad, pero es preocupante la cantidad de personas que tienen dudas (serias, por cierto) sobre ellas mismas. Sí, te concedo una cosa: la vida puede ser definitivamente compleja. En algunos casos, cada pequeño paso supone un desafío para quien se enfrenta a circunstancias especiales. Sería un despropósito negar que el contexto y las circunstancias externas muchas veces promueven este tipo de sensaciones en nosotros mismos. ¿Quién no se ha sentido impotente ante determinada problemática? ¿Quién no ha fallado en el camino? ¿Quién de nosotros no ha estado a punto de darse por vencido? Nadie podría emitir juicios de valor en términos de resistencia porque, como he repetido en varias ocasiones, cada ser humano es distinto. De manera que, despreocúpate, mi intención jamás será juzgarte. Solo busco ayudar.

Ahora bien, en el caso de las personas que han tenido que soportar años de maltratos psicológicos (entiéndase: manipulación emocional, afectiva o abusos de diversas índoles), el impacto suele ser mucho más profundo. Pongamos por ejemplo a una mujer que por años estuvo encerrada en un marco de abusos emocionales dentro de su vida familiar, en su matrimonio. Si el manipulador basó su dominio en la minimización, en el constante desprecio e incluso en la indiferencia, es totalmente comprensible que uno de los efectos desarrollados por parte de la manipulada sea el de creerse menos que otras personas. Si conoces a alguien así, entonces es fundamental que entiendas que sus patrones conductuales son la consecuencia de la exposición al abuso.

Todos estamos expuestos, en cierto sentido, a ser manipulados por alguien más. Puede darse el caso de que seamos muy entregados, este tipo de personas es presa fácil de los expertos en el control mental a través de las emociones. Lo que sugiere una mayor probabilidad de desarrollar complejos de inferioridad en relación al resto de individuos. Pero, ¿por qué es tan importante, entonces, promover un cambio radical en términos de autoconfianza y autopercepción? Como te mencioné al principio de este capítulo, si no te crees capaz... no lo serás. En otras palabras, cuando alguien se deja vencer por un sistema de creencias pesimista (lo que los especialistas en la neurociencia llaman creencias limitantes), no tomará acciones concretas para llegar a su meta.

Quiero darte otro ejemplo: si un atleta ha desarrollado complejos de inferioridad, ha visto atrofiarse su autoestima y autoconfianza, no trabajará al cien por ciento de sus capacidades. Independientemente de si es un virtuoso o el mejor de su generación, en su mente él no lo acepta, se limita. En resumidas cuentas, cada esfuerzo que haga para mejorar sus registros atléticos, lo hará condicionado por sus propias limitaciones mentales. No cree en sí mismo, entonces, ¿por qué esforzarse si, en definitiva, no tiene las habilidades y destrezas para ser el mejor atleta? Esto es lo que pasa por la mente de alguien que no se siente lo suficientemente valioso como para intentarlo con todas sus fuerzas. Es un escenario muy común entre aquellos que han sufrido abusos emocionales.

¿Quieres construir una autoestima de acero?
¡Te digo cómo!

La buena noticia es que el atleta del ejemplo anterior puede reprogramar su mente. Sí, reprogramarla. Como si se tratase de un ordenador informático. Y es que, en esencia, nuestro cerebro funciona del mismo modo que una computadora cualquiera. Claro está, las diferencias cualitativas entre la mente humana y la computadora más compleja de la humanidad son superlativas. Es bien sabido que el cerebro humano es el conjunto de mecanismos más portentoso que se haya descubierto a la fecha.

Para confirmar esto, basta pensar en las grandes maravillas que han surgido de su actividad. Obras arquitectónicas, teorías científicas que demuestran cuestiones tan complejas como el inicio del universo, obras de arte, monstruosos avances de la ingeniería. Todas estas son pequeñas evidencias de lo que el ser humano, a través de su mente, es capaz de hacer.

Dicho esto, ¿imaginas cuán poderosa puede llegar a ser nuestra mente si sabemos aplicar los ajustes necesarios? Incluso el más arraigado de los hábitos puede ser suprimido o sustituido si sabemos cómo hacerlo. Lo mismo ocurre con las estructuras de pensamientos que albergamos en nuestro interior. Cabe destacar, en este sentido, que la autoconfianza es una de esas armas que el ser humano puede desarrollar y ejercitarla como si se tratase de un músculo cualquiera.

Pero, ¿cómo hacerlo? ¿Has pensado alguna vez en cuáles serían los pasos o las tácticas a seguir para mejorar tu autoestima? Te propongo, antes de continuar, que olvides momentáneamente al manipulador que intentó destruir tu ego y tu autopercepción. No te pido que lo olvides del todo porque puede ser contraproducente. Solo quiero que le restes poder a su presencia en tu vida. Hazte consciente de que tienes el poder para cambiar eso que está ligeramente averiado en tu opinión sobre ti mismo. ¿Listo? Bien, por favor lee con atención las siguientes recomendaciones porque estas, llevadas a cabo, transformarán tu vida. Te ayudarán a reconectarte contigo mismo: con ese *yo* valioso que se ha escondido pero que jamás desaparece.

Recuerda las cosas que has logrado.

Sé que cuando tenemos una percepción de nosotros mismos muy distorsionada, nos cuesta encontrar aspectos en los que somos buenos. Claro que entiendo la posición de esas personas porque yo mismo he estado allí. Y aquí tenemos un punto importante. Yo mismo he conseguido salir de ese oscuro túnel que es la baja autoestima. Para lograrlo, me propuse cada día, antes de dormir, un pequeño ejercicio: cerrar los ojos y ejercitar la memoria.

El hecho de que las emociones positivas sean menos "rimbombantes" que las negativas, no significa que pasen al olvido con facilidad. Remueve los anales de tu memoria, busca entre esos muebles mohosos que están en tu mente. Estoy seguro de que encontrarás momentos, cosas, pequeños logros que te recordarán las cosas buenas que has logrado. Absolutamente todos los seres humanos hemos alcanzado pequeñas o grandes metas. La idea es que te reconectes con tu *yo* exitoso. No olvides que existe, solo debes encontrarlo.

Evita en lo posible las comparaciones.

¡Es una clave en el proceso de saneamiento! Tiene mucha razón esa frase popular que dicta que las comparaciones son odiosas. En efecto, lo son. Nos sitúan en una perspectiva desventajosa, nos mide de acuerdo a conceptos y circunstancias muchas veces carentes de todo equilibrio. No te voy a engañar, cuando nos comparamos siempre hallamos a alguien más que parece mejor que nosotros en algunas cosas. Pero, ¿qué sentido tiene compararte con los demás?

A cada ser humano lo conforman factores como: experiencias, formación académica, rasgos de carácter, condicionamientos, miedos, entre otros. Partiendo de todas estas variables, ¡nunca se parte de la misma línea de arranque! Evita en lo posible compararte con otras personas y reconoce que tú tienes cosas valiosas en tu interior, que tienes habilidades y destrezas perfectibles, que eres tú mejor recurso.

Utiliza un diario para dialogar contigo mismo.

La utilización de un diario es uno de los consejos más difundidos por la literatura de superación personal e incluso por especialistas de la psicología social o la psiquiatría. El efecto de empezar un diario es inmediato. Imagina el desorden de pensamientos que día tras día pululan en tu cerebro. Son incontables, sobra decir. Es como entrar en una habitación desordenada. Cuando incorporamos a nuestra vida el hábito de la escritura, verbalizamos esos pensamientos o reflexiones. No necesariamente tienes que escribir cosas profundas. Eso murió con André Gide. Limítate a trasladar al lenguaje de las palabras lo que sientes, o sentiste, durante distintas etapas del día, e incluso de tu vida.

Capítulo 14
¿Por qué es tan importante saber y entender la persuasión?

Este capítulo puede ser tomado como la continuación del capítulo 5, donde me referí a las principales diferencias conceptuales y prácticas entre los conceptos *persuasión y manipulación*. En aquel momento, utilicé la siguiente definición para tipificar lo que representa, en líneas generales, la persuasión: habilidad para convencer a otros. En un mundo tan cambiante y lleno de competitividades de todo tipo, es más que necesario desarrollar la destreza de la persuasión. Esta, mayormente utilizada por profesionales de las ventas o de las ciencias políticas, es aplicable casi en cualquier ámbito de la vida misma. De hecho, cualquier evento que requiera el relacionamiento entre dos o más individuos es un escenario propicio para ponerla en práctica.

Busca profundizar en algunas de las características que hacen de la persuasión una herramienta que conviene conocer a profundidad. Esto, por dos razones esenciales:

1. Para no vernos influenciados por cualquier individuo.
2. Para ponerla en práctica en cualquiera de los posibles escenarios que nos plantea la vida.

Por ejemplo, si tú eres vendedor, necesitarás sí o sí ser persuasivo. Tu carrera dependerá exclusivamente de la capacidad que hayas desarrollado para convencer a otras personas de que el producto o servicio que comercializas es tan necesario como vital en sus vidas. En caso contrario, si no consigues ser persuasivo, no podrás alcanzar el éxito. Puede que esto suene un poco frívolo, pero tal como ha sido constituido el mundo en que hoy vivimos, la persuasión es fundamental.

Ahora, quien entiende cómo funciona la persuasión, difícilmente será influenciado por malas ideas o malas prácticas. Esto no quiere decir que te estés protegiendo de manipuladores emocionales, sino que repliegas todas tus defensas para evitar, por ejemplo, que te convenzan de comprar algo que en realidad no necesitas. Claro está, todos tenemos características asociables a un persuasor cualquiera. De hecho, es muy probable que, inconscientemente, hayamos persuadido a otros.

La cuestión aquí no es presentarte al persuasor como un monstruo mítico del que debes protegerte. Todo lo contrario, conforme entiendas la dinámica en que se mueve un persuasor, podrás reconocerlo con mayor facilidad y activarás tus defensas. También creo importante que te permitas la experiencia de conocer un poco más acerca de los beneficios de la persuasión y de cómo puedes convertirte en uno de ellos sin que esto implique renunciar a tus principios básicos.

En resumidas cuentas, la persuasión forma parte del día a día. Está en ti incluirla dentro de tus competencias diarias. En lo personal, creo que es una buena opción desde cualquier punto de vista. Tanto para entornos sociales como para desarrollarte más apropiadamente en un mundo profesional y voraz, en el que convencer a otros parece ser una necesidad medular.

¿Cómo mejorar tus habilidades persuasivas?

La persuasión tiene connotaciones negativas porque es asociada a la manipulación emocional o psicológica. Sin embargo, las diferencias son bastante claras en cuanto al fin. Mientras que los persuasores expertos quieren convencerte de algo (sin permitirse, por ello, ser invasivos), los manipuladores trabajan desde la deconstrucción: distorsionan tu visión del mundo a través de las emociones, para implementar las suyas. De manera que no es conveniente tomar la persuasión como algo intrínsecamente negativo.

Ahora, si lo que te interesa es mejorar tus posibilidades de éxito, tanto profesional como socialmente, estas son algunas técnicas o recomendaciones que deberás poner en práctica para mejorar tus habilidades persuasivas. ¿Estás listo?

Haz tu tarea.

Una de las características primordiales de los grandes persuasores es que hacen su tarea al dedil. Investigan todo cuanto sea necesario para conocer a su audiencia, el contexto y las circunstancias específicas en que entrarán en juego. Para persuadir a alguien debes establecer una credibilidad. Si, por el contrario, te muestras inseguro de lo que dices o de lo que intentas transmitir, la credibilidad se pierde y con ella tus posibilidades de éxito. Un buen persuasor domina el tema casi sin hablar. De hecho, se dice que la labor de un persuasor eficiente es precisamente escuchar con atención en lugar de disparar palabras por doquier.

El posicionamiento es algo (la percepción) que ocurre en la mente del mercado objetivo. Es la percepción agregada que el mercado tiene de una empresa, producto o servicio en particular en relación con sus percepciones de los competidores de la misma categoría. Sucederá tanto si la dirección de una empresa es proactiva, reactiva o pasiva respecto al proceso en curso de evolución de una posición. Pero una empresa puede influir positivamente en las percepciones a través de acciones estratégicas inteligentes.

En marketing, el posicionamiento ha llegado a significar el proceso por el que los profesionales del marketing intentan crear una imagen o identidad en la mente de su mercado objetivo para su producto, marca u organización. Es la "comparación competitiva relativa" que ocupa su producto en un mercado determinado, tal y como lo percibe el mercado objetivo.

El reposicionamiento implica cambiar la identidad de un producto, en relación con la identidad de los productos de la competencia, en la mente colectiva del mercado objetivo.

El desposicionamiento consiste en intentar cambiar la identidad de los productos de la competencia, en relación con la identidad de su propio producto, en la mente colectiva del mercado objetivo.

¿Qué siete conceptos son fundamentales para el posicionamiento de la marca?

1. La percepción (la de ellos, no la tuya)
2. Diferenciación
3. Competencia
4. Especialización
5. Simplicidad
6. Liderazgo
7. Realidad

Para vender conceptos, productos y servicios, los profesionales del marketing tienen que entender cómo funciona la mente:

1. La mente es un contenedor limitado.
2. La mente crea "escaleras de productos" para cada categoría (coches, pasta de dientes, servicios de contabilidad, hamburguesas, etc.) Siempre hay un peldaño superior y otro inferior en cada categoría.
3. La mente sólo puede recordar siete elementos en una categoría de alto interés. La mayoría de las personas sólo recuerdan dos o tres elementos de una categoría.
4. En la escala de productos, las posiciones uno y dos suelen representar más del 60% de las ventas de esa categoría. En otras palabras, las Posiciones Tres, Cuatro y Posteriores no son rentables.
5. La mente odia la complejidad. Para la mente, la complejidad es igual a la confusión. La gente no tiene tiempo para entender la confusión.
6. La mejor manera de entrar en la mente es SIMPLIFICAR en exceso el mensaje.
7. El posicionamiento más poderoso es reducir tu mensaje a una palabra simple y fácil de entender.
8. Las mentes son inseguras. La mayoría de la gente compra lo que otros compran: es la "mentalidad de rebaño".
9. Las mentes no cambian fácilmente.

Aférrate a los puntos en común.

Una vez hallados los puntos en común, aférrate a ellos como si se te fuera la vida. Para nadie es un secreto que las personas se sienten más cómodas cuando hablan de cosas que conocen, de temas que dominan a la perfección, de anécdotas que involucraron para ellos emociones fuertes e inolvidables. Hablar sobre áreas similares de experiencia puede abrirte todas las puertas necesarias de todas las personas que quieras. Esto significa establecer un terreno sólido para transmitir tu idea.

Sé empático.

Hay una historia sobre dos escépticos que asistieron a un taller de curación de la nueva era. El taller les pareció ridículo y poco científico. Cuando los organizadores del taller aceptaron preguntas, uno de los participantes preguntó si el proceso de curación que vendían curaría el insomnio. Dijeron que sí. Otro preguntó si le ayudaría a mantenerse despierto durante más tiempo. Dijeron que sí. Los escépticos se levantaron y señalaron que era imposible que el mismo proceso ayudara a alguien a mantenerse despierto y a dormirse. Procedieron a desmentir las afirmaciones de los organizadores.

Al final del seminario, había el doble de inscripciones que de costumbre.

Cuando los escépticos preguntaron a los asistentes -¿por qué os habéis apuntado si lo hemos desmentido todo? - se enteraron de que los asistentes tenían problemas reales. Uno de ellos sufría dolores físicos por no poder dormir. No quería que lo convencieran de algo que podría tratar su problema. Aunque los argumentos de los escépticos eran válidos, esos argumentos no resolverían sus problemas. El método de curación podría hacerlo. Esto no era un ejercicio filosófico para los asistentes. Tenían un dolor real.

En otras palabras, aunque sus argumentos eran sólidos, los escépticos no habían empatizado con las personas a las que se dirigían.

Nada cultiva más a alguien que la empatía. A menudo, cuando conocemos a alguien que es capaz de salirse de sí mismo y de ponerse en los zapatos del otro, le damos toda nuestra atención. Este rasgo de personalidad es una pequeña perla preciosa en cada uno de nosotros. No olvides que un persuasor no es más que alguien que busca ofrecer una solución. En este sentido, ¿cómo puede alguien solucionar determinada problemática si no se muestra *comprometido* con la misma? Esta es la esencia de la persuasión: la empatía.

Áreas donde la persuasión es un requisito imprescindible.

Es bien sabido que la capacidad de convencer a otros de nuestras ideas o planes es fundamental en muchos ámbitos de la vida. Desde temas académicos, pasando por la vida profesional o hablando de nuestro relacionamiento con los otros miembros de la sociedad. Independientemente de nuestra área de interés o profesionalización, la capacidad de persuadir a los demás adquiere especial importancia cuando lo hacemos desde la ética. No olvides que lo que diferencia a la persuasión de la manipulación es que en esta última se busca imponer una visión del mundo, mientras que quien persuade solo quiere convencer sin que esto implique una colonización del otro.

De tal modo que esta competencia de *convencer a los demás* es especialmente importante en algunos sectores específicos. Al margen de su relevancia en el contrato social, la persuasión funciona como un eje vital en áreas muy variadas. ¿Qué te parece si hablamos de algunos ejemplos clásicos y tangibles?

Las ventas.

No cabe duda alguna de que un buen vendedor es, por naturaleza, alguien que ha desarrollado un nivel óptimo de persuasión. Esto se debe a que el sector comercial busca, y analiza, a sus audiencias en términos de necesidades y posibles soluciones. Sin haber estudiado tu mercado, resultaría prácticamente imposible discernir qué necesidades buscan satisfacer y de qué manera hacerlo. Es en este punto donde la persuasión se vuelve la llave maestra del vendedor. No existe posibilidad alguna de que un vendedor consiga indicadores de éxito si no sabe hacer uso de la persuasión como principal arma comercial.

Además, si se tiene en cuenta que las ventas son la profesión universal, adquiere mayor relevancia su eficiencia. He conocido profesionales en el área de las nuevas tecnologías que, contrario a lo que pudiera creerse, han desarrollado una carrera basada en la comercialización. Y esta no es una excepción a la regla. La realidad es que todas las áreas productivas del mundo requieren, en distintos niveles, ser vendidas. Da igual si hablamos de las ciencias exactas, de la medicina, de las artes o de la ingeniería. Independientemente de la profesión, las ventas son el punto vinculante con el resto de la sociedad. Entendiendo esto, se hace evidente que todas las herramientas o habilidades que apunten a su efectividad son importantes. La persuasión, en este sentido, es una de las grandes protagonistas.

Mercadeo y publicidad.

¿Quién no ha quedado prendado de una campaña comercial al punto de salir corriendo a verificar si lo ofrecido es realmente tal como lo plantean? El marketing y la publicidad no sobrevivirían sin la portentosa capacidad persuasiva de sus grandes profesionales. En un mundo donde el consumo es la moneda de cambio diaria, era necesario estudiar todas las fórmulas posibles para garantizar un impacto significativo en todas las formas de marketing y publicidad. Desde tiempos inmemoriales, la persuasión ha sido el elemento clave en estos procesos.

Lo has pensado, supongo. ¿Qué hace que una campaña publicitaria sea exitosa? El hecho de que sus especialistas hablen desde la empatía. Para algunos, esto puede ser una forma de frivolidad, y en cierto modo lo es, pero no es para una nada un elemento de coacción. El efecto de la publicidad en nosotros pasa por "facilitarnos" la aceptación de una necesidad. Una necesidad que, en condiciones normales, no habríamos identificado. Posteriormente, nos ofrecen la solución. Esto hace que la correlación entre marketing y ventas sea incuestionable. Ambos trabajan hacia el mismo fin: convencernos. Por un lado, la publicidad quiere arraigarse en nosotros; por el otro, las ventas capitalizan el proceso iniciado por el marketing y la publicidad.

El liderazgo.

Da igual si eres el vicepresidente de una empresa de tecnología o de una cadena funeraria, siempre necesitarás establecer una comunicación efectiva y funcional con todos los miembros que componen tu grupo de trabajo. Sin este elemento, te convertirías en un tirano que impone actividades y responsabilidades desde la autocracia, no desde el liderazgo genuino. Es por ello que la persuasión se ha convertido, en los últimos años, en materia de estudio y análisis para los grandes oradores del crecimiento profesional y el liderazgo de grupos de trabajo.

Nada fomenta mejores resultados corporativos que un líder que sabe transmitir ideas desde la comunicación, sin pisotear a nadie y estableciendo mecanismos de retroalimentación constante. Los colaboradores agradecen a los líderes persuasivos porque, en muchos casos, les convencen de lograr objetivos que en condiciones normales no habrían creído posibles. Esto, desde un contexto de cohesión absoluta entre todos los elementos del grupo de trabajo. Ahora bien, cuando se habla de liderazgo no me refiero únicamente al que se establece en una organización empresarial. Por ejemplo, en la política también aplica la persuasión como llave maestra. Un político que no es persuasor por naturaleza está condenado al ostracismo más radical. Porque, en esencia, todo se trata de la comunicación.

Conviértete en el persuasor ideal.

Puedes dar el paso definitivo. Una vez comprendido el significado de la persuasión y cuál es su importancia en la vida, estarás listo no solo para mejorar tus habilidades comunicativas sino para identificar a los manipuladores de oficio que van mucho más allá de convencerte de algo. No olvides que quien persuade quiere convencerte y quien manipula solo busca destruirte como persona a través de las emociones. En este sentido, convertirte en el persuasor ideal es una defensa muy efectiva contra este tipo de victimarios que rondan en cada esquina, como depredadores, a la espera de personas vulnerables sobre las que dejar caer el peso de sus inseguridades.

Capítulo 15
Los principios de la persuasión de Cialdini.

No se puede hablar de persuasión sin tener en cuenta, y sin hacer especial referencia, a Robert B. Cialdini, portentoso psicólogo y profesor universitario que ha teorizado durante buena parte de su carrera en torno a este tema tan complejo y maravilloso. El aporte de sus investigaciones al tema de la persuasión ha levantado revuelo, al tiempo que ha transformado la forma en cómo concebimos su trascendencia en cualquier esfera de la acción social.

Dicho esto, pretendo mostrarte la esencia de su obra científica en el campo de la psicología, así como uno de los aportes más relevantes de las últimas décadas en términos de autoconocimiento y perfeccionamiento de nuestras habilidades persuasivas: los 6 principios de Cialdini.

Además, te enseñaré algunas tácticas infalibles para incluir estos 6 principios esenciales en tu vida diaria. Está claro que quien tenga el anhelo de alcanzar la felicidad y la plenitud, ha de fortalecer ciertos aspectos de su vida, entre ellos el de la capacidad de comunicarnos efectivamente al tiempo que convencemos a los demás sin apropiarnos de cosmovisiones ajenas. De allí la importancia de estudiar los 6 principios propuestos por el doctor Cialdini.

Es increíble cuánto podemos lograr si nos habituamos a esta competencia y la tomamos como una actividad común en nuestro sistema de conductas. Hacia esa meta pretendo dirigirte. ¿Quieres conocer más acerca de esta teoría que transformó la forma en que convencemos a los demás? Entonces te invito a que continúes la lectura.

Los 6 principios de Cialdini.

Los 6 principios de Cialdini son el resultado de la larga trayectoria del doctor Cialdini en la investigación de cómo funciona la persuasión y la influencia entre los seres humanos. Pero, si buscamos ser más específicos, Cialdini saltó a la fama mundial tras la publicación de su libro *Influencia. La psicología de la persuasión*, que vio la luz en 1984. El propio autor ha dicho en multitud de entrevistas que, para llevar a cabo la investigación que luego resultaría en el libro, tuvo que trabajar por tres años en distintos tipos de negocios. De esta manera, la investigación de campo le valió la idea que posteriormente trasladaría al papel.

Cialdini configura su teoría a partir de 6 principios neurálgicos en todo proceso de persuasión. Estos son:

1. Reciprocidad.
2. Coherencia y compromiso.
3. Prueba social.
4. Autoridad.
5. Simpatía.
6. Escasez.

En el prólogo de su libro *Influencia: ciencia y práctica*, Cialdini hace referencia a sus motivaciones más primarias:

> Deseaba saber por qué una petición formulada de determinada manera es rechazada, mientras que otra petición con el mismo contenido, pero planteada de una forma ligeramente diferente era atendida. Por ello, en mi calidad de psicólogo social experimental, empecé a estudiar la psicología de la sumisión. La investigación tomó inicialmente la forma de experimentos, realizados en su mayor parte en mi laboratorio y con estudiantes universitarios. Deseaba averiguar qué principios psicológicos influyen en la tendencia a acceder a una petición. Ahora los psicólogos saben ya algo de estos principios, de su naturaleza y su funcionamiento. Los he clasificado como armas de influencia.

Pero, ¿cuál es el significado de cada uno de estos principios, de estas armas de influencia? A continuación, algunas consideraciones relacionadas a los 6 principios del doctor Robert B. Cialdini.

Reciprocidad.

El principio de la reciprocidad tiene que ver con nuestra necesidad y obligación de devolver un favor. Sí, todos disponemos de esta característica en nuestra personalidad, algunos mejor desarrollados que otros, pero es un denominador común en los seres humanos. De forma inconsciente, cuando recibimos una ayuda queremos compensar a quien se comportó tan generosamente con nosotros. A menudo buscamos distintas formas de devolver la ayuda, de esta forma pretendemos manifestar agradecimiento y consolidar cierto vínculo de confianza entre los participantes.

La historia de Etiopía que donó 5.000 dólares de ayuda en el 1985 a México para socorrer a las víctimas de los terremotos de ese año en Ciudad de México, a pesar de las enormes necesidades del propio país.

"El dinero se enviaba porque México había enviado ayuda a Etiopía en el 1935, cuando fue invadida por Italia... La necesidad de corresponder había trascendido las grandes diferencias culturales, las largas distancias, la hambruna aguda y el interés propio inmediato. contra todas las fuerzas contrarias, triunfó la obligación".

Alguien nos hace un favor y automáticamente (como si se tratase de un pequeño mecanismo incontrolable en nuestro cerebro) le debemos un favor a ese alguien. En este contexto, sobra decir que es más probable que las personas acepten ideas o propuestas de quien les haya brindado ayuda en el pasado.

Aplicar la reciprocidad:

- Cuenta una historia que, en sí misma, invoque la reciprocidad: una historia que sea convincente y aporte un valor genuino a la audiencia. Una buena historia que conecte con el público hará que éste se sienta más inclinado a escuchar y a actuar según su mensaje.

- Se vulnerable. Comparte una historia de un momento embarazoso o de un fracaso que tenga un final feliz, para provocar que el público quiera corresponder y estar atento y ser real con contigo.

Coherencia y compromiso.

El segundo principio consiste en ser siempre coherentes entre lo que hemos dicho y lo que hacemos. Seguramente has escuchado un trillón de veces esa frase de "somos lo que hacemos". Y es que, en efecto, no existe un mejor indicador de nuestras intenciones o de nuestra personalidad que esas actitudes (pequeñas o grandes), mediante las cuales nuestra mente subconsciente se manifiesta al mundo exterior. Un buen persuasor busca sentirse bien consigo mismo y quiere que los demás lo evalúen de esa manera.

Los chinos utilizaban tácticas de compromiso y coherencia para conseguir que los prisioneros estadounidenses colaboraran con el enemigo de una u otra forma. La idea era empezar con algo pequeño, con peticiones menores.

"A los prisioneros se les pedía con frecuencia que hicieran declaraciones tan levemente antiamericanas o procomunistas que parecían intrascendentes ('Estados Unidos no es perfecto'. 'En un país comunista, el desempleo no es un problema'). Pero una vez que se cumplían estas peticiones menores, los hombres se veían empujados a someterse a peticiones conexas aún más sustanciales.

...Una vez que se había explicado así, se le pedía que hiciera una lista de estos 'problemas con Estados Unidos' y que firmara en ella. Más tarde se le pedirá que lea su lista en un grupo de discusión con otros presos. Después de todo, es lo que realmente crees, ¿no? De repente se encontraría con que era un "colaborador", que había prestado ayuda al enemigo".

Para nadie es un secreto que una persona que mantiene un alto nivel de consistencia entre lo que hace y lo dicho en el pasado es alguien que inspira confianza. Este principio se ve claramente reflejado en el consumidor estándar. Se sabe que una persona tiende a realizar determinada actividad que ya ha hecho en el pasado. Esta es la razón por la que el principio de compromiso y consistencia es tan bien capitalizado por los vendedores profesionales en la actualidad.

Aplicar el compromiso y la coherencia:

- Señala las creencias que tiene el público o los compromisos que ha contraído. Y luego habla de cómo su estado actual no es coherente con sus compromisos (lo que les hace sentir mucha tensión), pero tú tienes la solución para ayudarles a volver al buen camino y resolver la tensión.
- Obtenga el "Sí" a una pequeña petición y luego aumente a partir de ahí.

- Consiga un compromiso por adelantado: Si pudiera... ¿lo haría? Si pudiera mostrarte/ahorrarte dinero/etc., ¿lo harías?
- Consiga que el cliente potencial exponga sus objetivos y expectativas en relación con tu producto y, a continuación, cuenta una historia que enmarque tu producto/servicio de forma que se ajuste a esos objetivos.

Prueba social.

El principio de la prueba social (también conocido como principio de consenso) parte de una premisa sencilla y fácilmente reconocible: la tendencia de las personas en sumarse a los demás. Este principio explica la expansión de ciertas modas o tendencias a lo largo del planeta tierra. ¿Te has preguntado alguna vez por qué un centenar de personas avanzan en tropel hacia la última tienda para adquirir ese producto que ha ganado tanta resonancia, por ejemplo, en Europa? Por naturaleza, las personas muestran un mayor interés por algún artículo, producto o comportamiento que ha "superado" la prueba social.

Sé que, si estuviera buscando un nuevo juego de cartas, me sentiría mucho más inclinado a comprar después de ver que el producto tiene más de 30.000 opiniones de cinco estrellas.

Me quita de encima la necesidad de investigar: puedes confiar en que las grandes cifras que respaldan la compra significan que el vendedor vende el artículo tal y como se describe y cumple las expectativas de otros consumidores. Es más probable que compre porque otras personas han comprado en pasado.

Notificaciones en línea para crear urgencia;

Si alguna vez has estado en el proceso de reservar un vuelo, habrás notado una herramienta sutil pero eficaz que las aerolíneas utilizan para animarte a hacer una compra rápida. A medida que avanzas en el proceso de compra, el sitio te avisará si queda un número limitado de asientos en el avión.

En el caso anterior, United Airlines utiliza las notificaciones de "1 asiento libre" y "3 asientos libres" como prueba social de que el vuelo que estás mirando es popular, lo que estimula la acción por parte del usuario.

En resumidas cuentas, si ellos lo hacen, yo también quiero hacerlo.

Aplicar la prueba social:

- Al poner en marcha una nueva iniciativa, cuenta historias sobre la experiencia de los "empleados-embajadores" con su adaptación al nuevo sistema de software, o a los modelos de vehículos de la empresa, etc. Mejor aún, haz que cuenten su propia historia como campeones del cambio.
- Recoge y comparte testimonios de clientes e historias de éxito.

Incluye investigaciones y datos interesantes que sugieran una prueba social.

Autoridad.

El cuarto principio (principio de autoridad) está relacionado con la tendencia de las personas por seguir a figuras que reconocen como autoridades. Aunque parezca contradictorio o problemático, las personas siguen figuras de autoridad, aunque esto implique realizar actividades que no les resulten del todo cómodas. Este principio se pone a prueba en encrucijadas donde no tenemos la confianza para tomar una decisión de contingencia. En momentos como estos, no seguiremos a un niño o a una persona desequilibrada. Usualmente, seguimos el paso de quien para nosotros represente una autoridad. Personas carismáticas o que impongan su conocimiento en un área que nos es desconocida.

Los médicos, los profesores, los líderes religiosos, los bomberos, la policía y los oficiales del ejército, ¿qué tienen en común estas personas? Ocupan puestos de autoridad y son personas a las que los demás tienden a respetar porque la naturaleza humana tiende a respetar y obedecer automáticamente a la autoridad. Confiamos en lo que nos dice el médico. Cuando un policía nos dice que hagamos algo, lo hacemos. Creemos lo que nos enseñan nuestros profesores. Confiamos en personas con conocimientos o formación superiores en un área específica.

Uno de los activadores es la estética: cómo te presentas ante los demás. La estética tiene un impacto directo en cómo te perciben los demás. Para que te perciban como una autoridad, empieza por parecerlo.

Conducir un coche elegante y llevar ropa cara son señales que comunican que alguien tiene un estatus elevado. La persona es una autoridad legítima en algo, pero no necesita tener un aspecto elegante para que le tomen más en serio como líder en su organización. Simplemente, vístete para triunfar. Conduzca un vehículo bien mantenido. Mantén tu pelo aseado y presta atención a tu higiene personal. No estás siendo superficial. Estas cosas comunican autoridad.

Aunque la estética es más importante durante la primera impresión, también marca la diferencia para tus empleados a largo plazo. Si tienes un aspecto elegante, tus empleados te percibirán como alguien preparado. Tendrán más confianza en ti y será más probable que te sigan. Así es como está conectado nuestro cerebro. Además, si presta atención a la estética, aumentará tu propia confianza.

Aplicar la autoridad:

- Demuestra que tienes la experiencia y las credenciales adecuadas para contar la historia. Haz referencia a los logros que sean relevantes para tu audiencia. Por ejemplo, si vas a hacer una presentación a un inversor para tu startup, querrás destacar cosas como: haber recaudado 100 millones de dólares en capital riesgo, haber vendido la empresa anterior por 500 millones de dólares, haber escrito un libro superventas, haber obtenido un doctorado, etc.

- Conviértete en un líder de opinión con artículos y libros publicados, que aumentan tu exposición y credibilidad en el mercado.

Simpatía.

Es un principio básico del comportamiento humano. Cuando alguien nos gusta o nos resulta especialmente simpático, permitiremos el contacto suficiente como para que se presenten los primeros elementos de persuasión. Este tipo de simpatía puede provenir desde un enfoque superficial o profundo. Por ejemplo, cuando estamos conversando con alguien con quien compartimos la pasión por los vehículos antiguos, es más probable que esta persona nos persuada de tomar ciertas decisiones. Aunque, claro, este principio también aplica en el caso de simpatía física.

Un experimento realizado con hombres en Carolina del Norte, muestra lo indefensos que podemos ser ante los elogios. Se obtuvieron tres conclusiones interesantes.

En primer lugar, el evaluador que sólo proporcionaba elogios era el que más gustaba a los hombres. En segundo lugar, esto fue así a pesar de que los hombres se daban cuenta de que el adulador se beneficiaba de su agrado. Por último, a diferencia de los otros tipos de comentarios, el elogio puro no tenía que ser preciso para funcionar.

Los comentarios positivos producían tanta simpatía por el adulador cuando eran falsos como cuando eran verdaderos".

Por ejemplo, si esa vendedora que te abordó hace dos días te resultó impactantemente hermosa, es probable que inconscientemente estés esperando su llamada para concretar ese negocio que estuvo mencionándote por treinta minutos.

Aplicar la simpatía:

- Aprovecha los puntos en común con tu público. ¿Conoces a algunas de las mismas personas? ¿Son de la misma ciudad o región? ¿Asistieron a la misma escuela? ¿Participáis en los mismos grupos? ¿Participan en aficiones similares? ¿Comparten prácticas religiosas?
- Utiliza un discurso civilizado cuando tengas que defenderte de palabra o por escrito para rebajar la tensión y crear la oportunidad de resolverla.

Escasez.

El principio de la escasez es, quizá, el más reconocido en la historia. Como su nombre lo indica, este principio está relacionado con el comportamiento humano más básico. Si no tenemos algo, entonces lo querremos más apasionadamente. En esencia, cuando hay menos disponibilidad de algo, aumenta su valor en nuestros deseos. Por ejemplo, el valor que una bebida refrescante o energética tiene para ti varía de acuerdo al escenario en que te encuentres. Supongamos que estás deshidratado porque te quedaste sin combustible en medio del desierto.

En estos casos, pagarías incluso tres veces el precio habitual de esa bebida, porque la necesitas. Pero, si estás en tu casa y tienes la opción de acercarte a la cocina y servirte un vaso con agua, entonces no tendrás una sensación de urgencia en relación a la bebida energética.

"¡Sólo con invitación!"

SocialCam - Lanzó la aplicación a un pequeño grupo de personas y consiguió un millón de usuarios en cuatro meses.

Cuando Justin Kan lanzó SocialCam en marzo de 2011, se centró en abrirla a un grupo seleccionado de personas, que luego podrían invitar a otras.

Dijo "Empezamos con un núcleo de usuarios que pensamos que lo extenderían a todo el mundo".

Gracias a esta estrategia, consiguieron más de un millón de usuarios en cuatro meses. Superaron los 16 millones de descargas en julio de 2012 y fue adquirida por Autodesk por 60 millones de dólares.

Así funciona el principio de escasez.

Aplicar la escasez:

- Enmarca tu historia o tu argumento en términos de lo que el público puede perder si no actúa inmediatamente.
- Habla de todo lo que está en juego y explica por qué se acaba el tiempo, por qué es tan urgente.
- Cuenta historias de otras personas que no actuaron a tiempo en un tema concreto y lo que les ocurrió como resultado.
- Fija una fecha límite con tu llamada a la acción.

Cialdini como estilo de vida

Independientemente de cuál sea tu profesión o a lo que te dediques, de tu situación actual o de lo que desees obtener en tu vida, estos 6 principios de persuasión te ayudarán a dar pasos gigantescos en el sentido que así tú determines. Las habilidades sociales son fundamentales por dos razones. En primer lugar, porque somos animales sociales, lo que sugiere que el éxito en nuestras vidas está atado a la forma en que nos relacionamos con nuestro entorno. Y, en segundo lugar, porque con la práctica y el enfoque adecuado, la persuasión se transforma en un arma de vital trascendencia en términos de influir y entender la toma de decisión de los demás.

En este sentido, soy un ávido creyente de incluir estos principios de Cialdini en el día a día. Conforme aceptemos el trabajo de Cialdini como estilo de vida, obtendremos resultados maravillosos en ámbitos tan distintos como el trabajo o las relaciones románticas. Ahora bien, ¿qué crees que sucede con alguien que desconoce y no aplica estos principios? Lógicamente, no sabrá identificar cuando otros los aplican contra sí, de manera que son más propensos a ser persuadidos. Si bien es cierto que la persuasión no es intrínsecamente negativa, el hecho de que seamos vulnerables a ella es indicador de algo más profundo y potencialmente preocupante: somos vulnerables a manipulaciones de índole emocional o psicológica. Y ese sí es un problema contra el que tenemos que enfrentarnos con entereza.

Capítulo 16
¿Cómo se desarrolla el comportamiento de un manipulador?

Sin duda alguna es una de las preguntas que más nos intrigan, por esto pretendo que te adentres aún más en la mente de un manipulador estándar ¿Cuáles son las características más o menos comunes en el comportamiento de estos individuos? ¿Existe una explicación neurológica? Todas estas preguntas forman parte de la esencia medular del capítulo que estás por leer. A menudo me he encontrado con personas que han transitado por tortuosos caminos como víctimas de la manipulación mental o emocional.

Existen algunos rasgos característicos para identificar qué tipo de personas son más vulnerables a este tipo de abuso (este tema se trató más ampliamente en el capítulo 10, *Víctimas de los manipuladores*). Estos detalles de personalidad nos han permitido diseñar una clasificación estándar de qué hace que determinado individuo resulte "atractivo" para un maestro de la manipulación. Si bien es cierto que toda investigación supone constantes nuevos hallazgos, la esencia ya ha sido significativamente definida por la ciencia y sus especialistas.

¿Existe algún denominador común que nos permita identificar a alguien con una tendencia ciega hacia este tipo de conductas mezquinas y sociópatas? Está claro que este tema debe ser considerado con mucha atención.

Te pido, en este sentido, que saques todo el provecho posible para que mis experiencias y conocimientos te lleven a construir un muro contra la manipulación que sea lo suficientemente alto y sólido como para protegerte de todo mal. No olvides, pues, que quien sabe identificar a estos maestros tendrá, a su vez, algunos pasos de ventaja en relación al resto.

¿Todos somos manipuladores mentales?

Existe la creencia de que los manipuladores son, por así decirlo, depredadores *desde* la genética. En otras palabras, hay quienes tienen la certeza de que todos estos comportamientos propios de los manipuladores provienen de una patología subyacente. Algún trastorno mental, quizás. La única respuesta a estas suposiciones es... no. No existe una correlación científicamente comprobada entre un trastorno de personalidad y el comportamiento de un manipulador. Si bien es cierto que, en muchos casos, los trastornos representan ciertas tendencias, esto no quiere decir que el individuo sea un manipulador de acuerdo a su conformación genética o neurológica.

Existen personas con características narcisistas, rasgos maquiavélicos o de psicopatía. Esto, en sí, no representa evidencia alguna de que estemos frente a un manipulador. En resumidas cuentas, todos los manipuladores son narcisistas o maquiavélicos, pero no todos los narcisistas son manipuladores. Aquí se extiende una brecha que, en la actualidad, sigue siendo material de estudio para los especialistas en el mundo del comportamiento humano. Hasta el momento, la ciencia no ha llegado a un consenso definitivo, pero sí existen "realidades estadísticas". Una de ellas es que la mayoría de los maestros manipuladores comparten rasgos como:

- Narcisismo.
- Maquiavelismo.
- Sadismo.
- Psicopatía.

El escritor Alejandro Mendoza, en su libro *Manipulación y Psicología Oscura*, dice lo siguiente:

> Los Depredadores vienen en diferentes formas y tamaños; hay acosadores, criminales, pervertidos, terroristas, matones, estafadores e incluso trolls. No importa qué tipo de depredadores sean, todos tienden a ser conscientes de que están dañando a otros. También tienden a hacer todo lo posible para cubrir sus huellas, lo que significa que no quieren que las personas que los conocen en la vida real descubran que tienen un lado oscuro.

Ahora, una vez aclarado este punto, surge una pregunta, creo que igual de importante: ¿todos somos manipuladores mentales? En efecto. Cada individuo sobre la faz de la tierra puede convertirse en un manipulador mental si se dan algunas circunstancias específicas. Por ejemplo, el maquiavelismo es un rasgo hereditario que podría intensificarse gracias al entorno familiar y social. Existen distintos trastornos de personalidad, estos pueden devenir en dificultades como: ansiedad, disociación, sentimientos de culpa, depresión e incluso ataques de pánico. En muchos casos, quien padece algún trastorno de personalidad puede terminar ejecutando acciones maquiavélicas.

La verdad es que todos somos potencialmente manipuladores. Mucho tiene que ver con cómo reaccionamos ante las circunstancias negativas o ante el estrés que estas suponen. Lo imprescindible, en este sentido, es que te desprendas de prejuicios. Conforme aceptes que la mente humana es tan subjetiva y compleja como clasificable en cánones rígidos, te harás más consciente de que incluso tú puedes ser un manipulador mental si se dan las condiciones adecuadas. Saber esto, créeme, te ayudará a cuidarte mejor para que ese día no llegue jamás.

Escenarios que fomentan
comportamientos manipuladores

Como es bien sabido, cada cabeza es un mundo. Esta frase contiene tanta verdad como hojas en un árbol milenario. Por ejemplo, se sabe que una persona que atravesó una infancia difícil, llena de abusos psicológicos, físicos y emocionales, tiene una mayor probabilidad de convertirse en un adulto manipulador. Esto se debe a que, en su mente subconsciente, no quiere volver a desempeñar el papel de alguien débil, por lo que cada una de sus relaciones sociales está orientada a garantizar una "autoridad" que, a su vez, subyuga a la otra persona.

También puede darse el caso de que alguien entre al juego de la manipulación emocional como una respuesta inmediata a un evento traumático: un divorcio, la bancarrota de su empresa, por citar solo dos ejemplos. Estas personas no necesariamente comparten algunas de las características mencionadas en el segmento anterior (narcisismo, maquiavelismo, sadismo, psicopatía), sino que actúan desde una emoción negativa muy fuerte que ha supuesto un debilitamiento de sus razonamientos críticos. En estos casos, el individuo ejerce la manipulación con la certeza de que es el método más efectivo para defenderse. Lo que, a su vez, implica consecuencias palpables en las demás personas.

No obstante, existen otras opciones que pueden repercutir en el comportamiento de una persona, facilitando así su transformación en un maestro de la manipulación. Otro de los ejemplos más comunes sucede cuando nos vemos forzados por un escenario específico. Estas condiciones excepcionales pueden llevarnos a saltarnos códigos relativamente éticos para no perder algo. Por ejemplo, cuando una pareja está atravesando un proceso de divorcio, es muy común que ambas partes busquen ganar la lealtad de los hijos, entendiendo que estos tendrán protagonismo en las siguientes etapas del proceso judicial. Si bien esto no implica necesariamente una tendencia manipuladora por parte de los padres, son conductas específicas que buscan dislocar el criterio propio de los infantes en aras de un beneficio personal (manutención, custodia, entre otras).

Sea cual fuere el escenario, este puede tener una incidencia significativa en los cambios conductuales de una persona. Bien sea por miedo, por asimilación de un evento traumático o por condicionamientos adquiridos en el pasado, el manipulador es capaz de entrar en el juego del control emocional por diversos factores. Ahora bien, lo realmente importante es entender que esto no se trata de una fórmula exacta. No todos reaccionamos del mismo modo a la misma situación.

Características propias de un manipulador

Siguiendo este orden de ideas, creo pertinente integrar al debate el tema de las características. Todo manipulador posee una serie de rasgos distintivos o conductas comunes que deben ser estudiadas para evitar caer en cualquier dinámica orientada a socavar nuestro criterio propio. Después de todo, nadie quiere que su visión del mundo sea sustituida por la de alguien más a fuerza de tácticas o comportamientos invasivos.

las tres características conductuales típicas en un maestro de la manipulación. Conocer esta información te será de gran ayuda para enarbolar estrategias que minimicen sus efectos en tu vida. ¿Estás preparado?

Los manipuladores son expertos en las verdades a medias.

Para nadie es un secreto que los maestros de la manipulación tienen un doctorado en habilidades sociales. Son expertos en distorsionar el lenguaje, torciéndolo de manera tal que no somos capaces de percibirlo. Esto implica muchas veces jugar la carta de las verdades a medias. Ellos saben distorsionar el mensaje para que este siempre les favorezca. De allí la importancia de entender este mecanismo y establecer estrategias defensivas como ser enfático o documentar conversaciones importantes.

Este último escudo es, a mi parecer, una táctica infalible porque elimina en su totalidad las excusas (ese típico salvavidas de los manipuladores). De esta manera, ganarás la batalla del "no fue lo que dije", que ha servido de llave maestra para estos individuos durante mucho tiempo.

Los manipuladores saben cómo presionarte.

Los manipuladores y los vendedores comparten este método: son capaces de presionarte de tal manera, con tal intensidad, hasta que te rompas y tomes una decisión que seguramente le favorecerá. Ellos saben cómo presionarte, cómo volcar sobre tus hombros todo el peso de algo que no estás seguro de soportar. Pero, ¿por qué es tan efectiva esta técnica? Porque nadie quiere sentirse presionado. Son pocas las personas que saben quitarse de encima a los insidiosos, pero la mayoría prefiere sacarse el peso de encima yendo por el camino rápido, que es precisamente el que les está ofreciendo su manipulador: tomar una decisión rápida para que no le sigan presionando.

Los manipuladores se victimizan.

Si de algo son capaces estos individuos es jugar la carta de la victimización. Todos hemos tenido la desdicha de ceder en una discusión solo porque el interlocutor ha puesto en marcha un concierto de estratagemas para tomar el papel de la víctima. Son capaces de inventar problemas personales, de llorar, de simular un ataque de nervios. Todos los recursos son válidos para sacarle provecho a la victimización. Esta es una característica inequívoca. Es, de hecho, señal universal de manipulación emocional o afectiva. Esto incluye mostrarse como un individuo frágil y débil, porque solo así consigue lo que se ha propuesto desde sus necesidades mezquinas.

3 técnicas básicas de manipulación psicológica

Solo estaremos seguros cuando hayamos comprendido, a profundidad, las motivaciones que contribuyen a ciertas conductas por parte de los manipuladores. Sin embargo, para robustecer este conocimiento, creo pertinente hablarte de 3 técnicas básicas de manipulación psicológica. Estos métodos, aplicados hasta el cansancio en la actualidad, representan la columna vertebral del maestro manipulador en términos conductuales. Ahora que ya sabemos cuáles son los disparadores que usualmente devienen en comportamientos manipuladores, ¿qué tal si hablamos un poco de las 3 técnicas más corrosivas y puestas en práctica por estos individuos?

Refuerzo positivo.

Según B.F. Skinner, especialista en la orientación conductista, el reforzamiento es un tipo de aprendizaje que se basa en la asociación por parte del individuo entre una acción y un resultado inmediato. En el caso del refuerzo positivo, esto implica asociación entre una conducta positiva y un premio a consecuencia de esta. La psicología ha descubierto que estos métodos de aprendizaje pueden tener resultados interesantes en la formación de un niño. No obstante, también es aplicado por parte de los manipuladores en sus diversas formas.

Asociación, es la palabra clave. Imagina que por mucho tiempo recibes una pequeña recompensa al limpiar tu escritorio. Cada vez que limpies tu escritorio tendrás tu chocolate preferido. ¿Qué crees que ocurrirá en tu mente? Pues que te verás motivado a mantener tu escritorio ordenado en todo momento porque así recibirás siempre el chocolate. Este ejemplo, aunque rudimentario, representa bastante bien lo que significa el refuerzo positivo. Ahora pregúntate, ¿has caído en estas dinámicas por parte de un manipulador?

Refuerzo negativo.

La contraparte del refuerzo positivo es, lógicamente, el negativo. Partiendo de la misma premisa (la asociación), el refuerzo negativo parte del hecho de que podemos cambiar nuestros patrones conductuales de forma inconsciente cuando asociamos un determinado acto con un castigo. Este tipo de manipulación lleva a las personas a sentirse obligadas a actuar de cierta forma para evitar la consecuencia de dicho comportamiento. Esto ocurre de forma "voluntaria". A diferencia de un castigo tradicional, en el refuerzo negativo se busca que la persona actúe desde su voluntad, que no es otra que escapar del castigo asociado. Podría ser definido como un chantaje psíquico.

Silencio.

Se trata de una de las técnicas de abuso emocional más comunes. Pero, ¿cómo es posible que alguien pueda manipularnos a través del silencio? Aunque parezca increíble, esto sucede con mayor frecuencia de la que quisiéramos creer. El silencio no es más que un mensaje que el manipulador envía al manipulado. Una traducción sensata sería "no te daré más mi atención hasta tanto hagas lo que yo diga". Está claro que esta forma de coacción tiene un gran impacto, principalmente en las relaciones sociales o románticas. Aunque, claro, no deja de ser un chantaje de magnitudes bíblicas. El hermano gemelo de la extorsión. También es importante aclarar que el silencio apunta a un tipo de víctima específico: el que ya está atrapado en un círculo de dependencia emocional. En cualquier otro caso, es una técnica poco efectiva.

Capítulo 17
Estrategias para leer el lenguaje corporal de las personas

Muchos especialistas de la programación neurolingüística (PNL) y el comportamiento humano han dedicado infinidad de recursos y tiempo en la investigación del cuerpo humano. Específicamente, del cuerpo humano como un patrón reconocible. Pero, ¿qué intento decir con esto? No te preocupes, es muy sencillo. Existen formas de leer a las personas; su lenguaje corporal, para ser más específicos.

La escritora Camila Díaz hace referencia a la importancia de entender el lenguaje corporal en su libro *La Ciencia del Lenguaje Corporal*:

> El uso de estas herramientas de lenguaje no verbal es un camino directo al éxito a través de la propia escucha y del cambio de pequeñas actitudes corporales. La mayor parte de estas actitudes corporales son aprendidas, y en este mundo rápido y en constante cambio es fundamental tener herramientas que te permitan responder apropiadamente a las situaciones que te encuentres en tu vida, tanto en los aspectos profesionales, sociales o de pareja.

Siguiendo lo afirmado por Camila Díaz, pretendo ayudarte a comprender, en primer lugar, cuán necesarias son las técnicas de lectura del lenguaje corporal y verbal de las personas en aras de saber qué pasa por sus mentes y, en consecuencia, adelantarnos a sus comportamientos externos. A continuación, estudiaremos tres ejes fundamentales:

a. La importancia de leer a las personas.
b. El lenguaje verbal.
c. El lenguaje corporal.

De acuerdo a estas bases podemos perfeccionar nuestro entendimiento de los otros. Este tipo de conocimientos ayuda en dos direcciones posibles. Primero, porque nos ayuda a relacionarnos mejor con quienes conforman nuestro entorno social. En segundo lugar, para poner en práctica una estrategia defensiva concebida desde la precaución. Al ser humano le cuesta reprimir las manifestaciones físicas de lo que acontece en las profundidades de su mente. De allí la importancia de interpretar adecuadamente todos estos factores.

Te sorprenderá saber que el lenguaje corporal dice mucho más que las palabras. En resumidas cuentas, las acciones representan un porcentaje mayor de lo que somos. Detectar las micro expresiones, los gestos, las posturas o la apariencia es fundamental en distintos puntos. Si bien es cierto que el lenguaje verbal constituye la base de nuestro relacionamiento como especies, existen mucho más. Lo que decimos es apenas la punta del iceberg. En las profundidades yacen muchas otras manifestaciones que solo unos pocos son capaces de entender. Tú, al término de este capítulo, formarás parte de esta relevante minoría.

Todo se concentra en una pregunta tan simple como trascendental: ¿quieres conocer todo aquello que la mente de las personas nos dice fuera del lenguaje verbal? ¿Imaginas cuáles son las ventajas de hacerte un experto en el lenguaje corporal?

El lenguaje verbal.

Hace algún tiempo conocí a una persona que aseguraba que el lenguaje es lo más cercano que podremos estar nunca de Dios. Así es. Esta persona, sorprendentemente exitosa en todos los objetivos que se ha trazado, me dijo que el lenguaje constituye cada uno de los avances que la humanidad ha alcanzado a lo largo de la historia. En cierto sentido, esta parece una aseveración irrefutable. Después de todo, ¿qué somos sin el lenguaje? A través de él podemos comunicarnos entre nosotros, conformar relaciones, erigir imperios y ayudar a los demás. En todo caso, su impresión me dejó pensando por mucho tiempo.

Da igual si hablamos de grandes líderes políticos, de figuras religiosas, organizaciones o profesionales exitosos. Siempre el lenguaje verbal es una herramienta fundamental en la consecución de los objetivos que nos planteamos como individuos. No en vano los grandes especialistas en el crecimiento personal o en el éxito empresarial (por citar solo dos ejemplos) han dedicado tantos años a transmitir la importancia de las habilidades sociales desde el enfoque comunicativo. Y esta necesidad tiene mucho sentido en un mundo globalizado, donde la comunicación ha mutado significativamente en sus *formas*, aunque manteniendo la esencia.

En la actualidad podemos participar en una reunión de hasta veinte o treinta personas a través de la tecnología. Las formas han cambiado con la llegada de las nuevas tecnologías, es cierto, pero la médula de estos procesos comunicativos sigue permaneciendo en el lenguaje. Tanto si participamos en un curso en línea como si asistimos a un salón henchido de alumnos, la herramienta primaria sigue siendo el lenguaje verbal. En cuanto a la comunicación tradicional, cara a cara, te recomiendo que pongas en práctica los siguientes consejos. Estas recomendaciones, tomadas como hábitos, representarán un avance considerable en cuanto a la efectividad de tus formas.

- Antes de decir una palabra, piensa lo que quieres decir.
- Habla con toda la claridad que te sea posible.
- Practica la escucha activa.

Ahora, el contacto cara a cara no es la única forma de comunicación, ¿verdad? El lenguaje escrito ha ganado puntos de importancia con la inclusión de nuevas plataformas tecnológicas como las redes sociales o cualquier otra plataforma de mensajería instantánea. Un correo electrónico, por ejemplo, ha de cumplir ciertos parámetros para que el mensaje llegue fuerte y claro a los interlocutores. De manera que, si quieres fortalecer tu comunicación escrita, estas son mis recomendaciones:

- ¿Personaliza tus escritos, busca cuáles son sus faltas, que están buscando?... ¡te estás dirigiendo a personas como tú!
- Sé claro y conciso.
- Imagina la reacción de tus interlocutores al leer tu mensaje.

Independientemente del ámbito en que apliques estas recomendaciones, conseguirás una comunicación efectiva y adecuada. Recuerda que el lenguaje verbal y escrito son los caminos comunes para relacionarnos con el resto. Si quieres ser un emprendedor exitoso, deberás desarrollar tus habilidades comunicativas. Si quieres ser presidente de tu país, también. Del mismo modo, si tu interés pasa por reconectarte con tu pareja sentimental. Sea cual fuere tu caso, el lenguaje adecuado puede facilitarte el camino hacia la plenitud.

Estrategias para leer el lenguaje corporal

Si antes te dije que el lenguaje es lo que nos diferencia de otras especies animales, ¿qué podría significar, entonces, la lectura del lenguaje corporal? No es un secreto que la mente humana tiene un conjunto de recovecos inexplorados, que esta se manifiesta a través de señales superficiales, gestos y conductas que llevamos a cabo sin siquiera percibirlo. Desafortunadamente, no podemos filtrar todo el cúmulo de información que se traslada a través de nuestras miles de conexiones neuronales. Es lógico que muchas veces esta información nos exponga en un escenario comunicativo.

La buena noticia es que puedes aprender a leer el lenguaje corporal de las otras personas. Aprender esto no es para nada complicado; de hecho, para algunos es un tema tan apasionante como cualquier otro. Se trata, en definitiva, de perfeccionar nuestros mecanismos de lectura. Pequeños gestos, micro expresiones, posturas, todo esto tiene una razón de ser (en la mayoría de los casos, inconsciente para todas las partes relacionadas). Entre los indicadores más ilustrativos de un lenguaje corporal positivo (cuando el otro se siente cómodo en tu presencia o con el tema que se toca), se destacan:

- Una ligera inclinación corporal hacia ti.
- Sonrisa natural.
- Prolongados intervalos de contacto visual.
- Brazos relajados a cada lado del cuerpo.

En contraparte, existen manifestaciones que deberás tomar como alarmas porque indican que la persona no está del todo cómoda o que incluso está molesta e irritada. Las más frecuentes son:

- Se alejará, ampliando la distancia entre su cuerpo y el tuyo.
- Evitará el contacto visual.
- Gestos o tics como rascarse constantemente la nariz o los ojos.
- Brazos o piernas cruzados.

Teniendo en cuenta estas manifestaciones elementales, a continuación, te enseñaré algunas consideraciones relacionadas al lenguaje corporal para que sepas discernir cuándo alguien se siente cómodo o no.

Expresiones faciales.

Seguro tienes una idea bastante clara de cuánto podemos transmitir a través de una expresión facial. De hecho, nosotros mismos podemos darnos cuenta cuando hemos exteriorizado una emoción dirigida al interlocutor. Una ceja enarcada, desde luego, es el ejemplo más claro. Un ceño fruncido manifiesta desaprobación o molestia; en contraparte, una sonrisa transmite tranquilidad, alegría y felicidad. La expresión de la cara incluso puede transmitir confianza o incredulidad. Estas son algunas de las emociones que podemos conocer por medio de una correcta y atenta lectura de las expresiones faciales:

- Molestia.
- Rabia.
- Emoción.
- Deseo.
- Desprecio.
- Asco.
- Felicidad.

La importancia de leer lo que las personas dicen desde sus expresiones faciales trasciende fronteras e idiomas. Es por ello que se trata de una herramienta eficiente y directamente asociada al éxito y a la capacidad comunicativa del ser humano.

Gestos.

Los gestos son posiblemente la manifestación más clara y evidente del lenguaje no verbal o lenguaje corporal. Desde agitar las manos o señalar, todas estas son formas de transmitir un mensaje sin el uso del lenguaje verbal o escrito. Por ejemplo, está la señal de la "V", que realizamos alzando solo el dedo índice y el medio. En la mayoría de los países, este gesto representa la palabra paz o victoria. Otro de los ejemplos clásicos es el gesto de "ok" o "bien", que se hace a través de la unión del dedo pulgar y el índice. Cada día utilizamos muchos gestos de forma consciente y formal. Sin embargo, cuando no estamos comprometidos con la conversación, difícilmente los captemos, aunque se trate de símbolos tan reconocibles.

Postura.

Como sostenemos nuestro cuerpo durante una conversación también es un tipo de mensaje. Asume este desafío como si se tratase de un juego: más allá de si lo crees o no, el cuerpo humano arroja mensajes en todo momento. Mensajes encriptados que deben ser interpretados por el interlocutor. En este caso, por ti. Las posturas no escapan de esta realidad. Presta atención en tu próxima conversación. Si la persona se sienta derecho es porque está debidamente concentrada y atenta a lo que le dices. Existen dos tipos de posturas en términos de lenguaje corporal:

- Postura abierta: cuando el individuo expone el torso de su cuerpo. Esto sugiere disposición y apertura por parte de la persona.

- Postura cerrada: mantener los brazos o piernas cruzados, esconder el torso del cuerpo al tiempo que se inclina hacia adelante. Esto sugiere hostilidad, incredulidad y ansiedad.

La boca.

Sí, la boca puede enviarnos múltiples señales sin que esto implique utilizar el lenguaje hablado. Si quieres aprender a leer el lenguaje corporal de las personas, es menester que te familiarices con el significado de ciertos dobleces o gestos de la boca. Recuerda que el lenguaje corporal te permitirá estar un paso delante de tu interlocutor. De esta manera no solo te adelantarás a interpretar si la persona se siente cómoda, también podrás deducir cuestiones como irritabilidad o confusión.

- Labios fruncidos: distintos especialistas han determinado que los labios fruncidos pueden estar asociados a desesperación, desaprobación o desconfianza.
- Morderse los labios: esta es una señal inequívoca de que tu interlocutor se encuentra ansioso, preocupado o estresado.
- Hacia arriba, hacia abajo: el movimiento de la boca también es un signo que deberás leer. Si la boca está ligeramente hacia arriba, representa felicidad, comodidad u optimismo. Si, por el contrario, está hacia abajo, este es un indicador de tristeza o desaprobación.

Capítulo 18
Herramientas para influenciar

Es importante conocer el poder de la influencia en los otros, como estrategia de éxito. La idea, en esencia, es que conozcas algunos aspectos neurálgicos sobre un tema que ha dado mucho de qué hablar en las últimas décadas.

Existen marcadas diferencias entre influir y manipular. Esto se ha dicho en segmentos anteriores del libro, sin embargo, es pertinente ahondar un poco más en todos los contrastes conceptuales que existen entre la influencia y la manipulación. A estas alturas, ya tienes claro que la manipulación tiene como objetivo primordial socavar la cosmovisión de un individuo para que este, a su vez, adquiera la del manipulador. La influencia va mucho más allá, sin tomar recovecos invasivos. En resumidas cuentas, quien sabe influir en las otras personas no coacciona su libertad de decisión, sino que *convence* desde una serie de estrategias ampliamente desarrolladas por la psicología social.

Existen muchos escenarios en la vida. Cada uno de ellos requiere, así mismo, un enfoque totalmente distinto si se quiere alcanzar una influencia óptima en quienes nos rodean. Entendiendo esto, pretende enseñarte los siguientes temas: *Influir en la vida social*, *Influir desde lo racional* y, en última instancia, *Influir, no manipular*, que refresca y amplía las diferencias entre un concepto y otro.

Como es sabido, muchas personas existen como depredadores en esto de las emociones. Su alimento diario pasa por descubrir a los individuos que manifiesten vulnerabilidades para, de esta manera, atacar con toda la intensidad que requiera el caso. Recuerda que el objetivo de un manipulador es sacar provecho de su control sobre los demás. En este sentido, se hace necesario estudiar todas las posibles medidas de prevención para evitar que esto ocurra. ¿Quién quiere que sus emociones sean el laboratorio para que otros experimenten cuanto consideren necesario en aras de sus metas personales? Desde luego, nadie.

Mi recomendación personal es que tomes toda la información presente en las próximas páginas. Puedes mejorar tus condiciones de vida si incluyes en ella nuevos hábitos y un nuevo enfoque, que contribuyan a protegerte, al tiempo que fomentan tu crecimiento como ser humano. Para muchos, la vida es un camino difícil, lleno de dificultades y desafíos. Esto es inobjetable, pero, ¿qué pensarías si te digo que es posible darle un giro radical a tu vida? Quien influye positivamente sobre los demás, no solo mejora la vida de quienes le rodean sino la propia. Esta premisa me ha acompañado a lo largo de mi existencia y, créeme, ¡ha sido un viaje maravilloso!

Influir en la vida social.

Construir relaciones sociales fuertes es sencillo porque actuamos desde la emocionalidad. La mayoría de las personas no recuerdan el momento exacto en que sus mentes asimilaron a determinado individuo como un "posible buen amigo". Esto se debe a que nuestras emociones tienen su propio código de funcionamiento. Como es bien sabido, existen emociones positivas y negativas. Estas últimas son particularmente más potentes, después de todo nos es más sencillo recordar un evento doloroso que uno feliz. De allí la importancia de tener un óptimo control emocional para poder establecer nexos que soporten la prueba del tiempo.

Ahora, ¿te imaginas como una influencia para quienes te rodean? La buena noticia es que, como casi todo en la vida, puedes desarrollar enfoques diversos para que tu influencia en las personas sea mucho más notoria y sostenible en el tiempo. Influir en los demás no solo te ayudará a mejorar tus condiciones sociales y de éxito, sino que tendrá una implicación positiva en los otros. Todo está, claro, en no sobrepasar los límites ni apelar a los chantajes emocionales. Existen algunos enfoques que deberás tener en cuenta al momento de influir en términos sociales. A continuación, tres de los más infalibles:

- Socializando: conocer a otras personas, ser amable, agradable, encontrar puntos en común. Estas son algunas de las características presentes en todo proceso de socialización. Prácticamente todas las amistades empiezan por pura casualidad, pero, ¿qué te parece la idea de tener el dominio de la situación para así, deliberadamente, conocer a los demás en niveles de profunda relatividad? Se sabe que nuestros amigos tienen un significativo poder de influencia sobre nosotros. Esto se debe a la confianza que se ha creado bilateralmente desde el origen de la amistad. De allí la importancia de familiarizarse con la socialización como un enfoque para influir en los otros.
- Como aliado de negocios: para nadie es un secreto que existen personas que tienen una mentalidad tan pragmática que solo entienden de ventajas y beneficios en términos de negocios. Esta mentalidad puede ser una herramienta muy poderosa para alcanzar el éxito, no tengo dudas al respecto, pero también ejerce un peso negativo en cuanto al relacionamiento con los demás. Sin embargo, cuando nos mostramos como un posible aliado de negocios, obtenemos atención por parte de estos interlocutores. No siempre es tan efectivo como quisiéramos, pero es una forma muy sólida de influir en los demás. Después de todo, quien quiere generar abundancia o poder en los negocios, usualmente tiene la mente abierta para escuchar nuevos enfoques.
- Consultando: este enfoque de influencia funciona muy bien en personas inteligentes, que se sienten capaces de generar ideas nuevas e innovadoras y soluciones palpables. Si quieres influir en las demás personas, inclúyelas en tu sistema de creencias, en tus dudas del día a día. Permítete consultarle cosas, hacer preguntas de todo tipo. En este sentido, inclúyeles en las posibles soluciones. Siempre me ha parecido sorprendente cómo es que el hecho de ayudar a alguien más (respondiendo sus preguntas, ofreciendo posibles soluciones) ejerce un peso de influencia mucho mayor en quien es consultado, que en aquel que está buscando respuestas. Puedes intentarlo y notarás que tu opinión adquirirá más relevancia para tus interlocutores.

5 estrategias para influir en el día a día.

¿Quieres convertirte en un verdadero líder? ¿Quieres desarrollar habilidades comunicativas y de influencia cónsonas con los tiempos que estamos viviendo? Independientemente de lo que te motive a profundizar en este tema, existe una solución. En realidad, existen 5 grandes soluciones. Hablo de estrategias que muchas veces están incluidas en nuestro sistema de comportamientos pero que no hemos sabido aprovechar.

No hay que olvidar que siempre estamos expuestos a diversos escenarios sociales. En otras palabras, podemos influir en los demás o terminaremos siendo influenciados. Esta última opción no siempre es mala, pero, recuerda que los maestros de la manipulación siempre están al asecho de su próxima víctima. En este sentido, ¿qué te parecería aprender 5 estrategias para influir en el día a día? No me refiero a pócimas mágicas ni a brebajes milagrosos. Son 5 comportamientos que ya están arraigados en tus hábitos diarios, pero no han sido debidamente capitalizados. De manera que, despreocúpate, no hablaremos de complejas operaciones aritméticas. ¿Estás listo?

Influir desde la ética.

La ética es una de las armas más poderosas en cuanto a influencia en otras personas. Si bien es cierto que esta estrategia solo funciona bien en aquellas personas con un sistema ético adecuado al tuyo, cuando es bien aplicado resulta una técnica inmejorable.

Por ejemplo, cuando en una reunión de trabajo alguien se niega a hacer algo que considera incorrecto o inmoral, inconscientemente está ejerciendo un tipo de influencia sobre otros miembros de la reunión, que verán en él a alguien íntegro y en quien vale la pena confiar. En consecuencia, cada vez que esta persona diga algo o tenga alguna posible solución en mente, tendrá la atención de quienes estuvieron presentes en la reunión. Una vez fortalecidos los puntos en común, la influencia no tiene vuelta atrás.

Influir desde y con el ejemplo.

Esta es una técnica muy utilizada por las personas encargadas de transmitir ideas o mensajes importantes. Quiero que pienses en la última conferencia o simposio especializado al que asististe. Estoy seguro de que el orador fortalecía sus opiniones o comentarios con ejemplos constantes.

Quienes han perfeccionado sus habilidades comunicativas saben que el primer aluvión de palabras no siempre es suficiente para que una idea se materialice en la mente del interlocutor, por lo que utilizar ejemplos para afianzar la idea es, desde luego, una técnica muy efectiva. Las personas, desde el subconsciente, interpretan esta habilidad como el dominio del tema. Y, como se sabe, quien genera confianza… genera influencia.

Desde la mentalidad de abundancia.

Se ha determinado que robustecer los puntos comunes entre tus interlocutores y tú es el camino más sencillo para ejercer un tipo de influencia sobre ellos. Ahora, no solo se tienen en común gustos musicales, literarios o los viajes realizados. La mentalidad es un factor a tener en cuenta. Partiendo del ejemplo anterior: si en un conversatorio sobre ser un empresario exitoso, el orador no da pruebas sólidas de que está hablando desde la experiencia, desde una trayectoria incuestionable, entonces los participantes perderán interés y dejarán de prestar atención a sus palabras.

También sucede en caso contrario. Puede que en un café te topes con un desconocido y, por casualidad, inician una conversación. Aunque sean dos extraños, si tu mentalidad de abundancia es adecuada con su visión del mundo y del éxito, escuchará cada una de tus palabras sin siquiera interrumpir, más que para ahondar en tu discurso. Esto es influir.

Desde el humor.

El humor es otra de las herramientas fundamentales. Hace mucho tiempo leí en algún artículo que las personas más inteligentes son aquellas que tienen un sentido de humor saludable y pleno. ¿Estás de acuerdo con esta frase? Lo cierto es que el humor implica un conjunto de emociones positivas que, en consecuencia, alinearán la atención de los interlocutores con lo que estés diciendo. Cuando alguien sabe hacer un buen uso del humor (un humor inteligente, sensible y global), llega con más profundidad a la psique de las personas porque se asocia con emociones positivas como la alegría, la paz, la euforia, entre otras.

Desde la autoridad.

Se ha tejido una gran polémica sobre este tema. ¿Es la autoridad un arma para influir, para coaccionar o para manipular? Si bien es cierto que la autoridad es un arma sensible, muchos de sus resultados dependerán del hecho en que esta es aplicada sobre las otras personas. Por ejemplo, si alguien se muestra arrogante y autocrático, no conseguirá, sino que los demás actúen desde el miedo a posibles consecuencias. Sin embargo, este no es el único tipo de autoridad posible. Hay quien influye desde la autoridad de haber alcanzado el éxito en determinada área.

Por ejemplo, si tu objetivo de vida es romper con los paradigmas establecidos en términos sociales, cada palabra que escuches o leas de Mark Zuckerberg será oro para ti. Aquí, el creador de Facebook no ejerce su influencia desde una autoridad tóxica sino desde el empoderamiento que implica haber llegado a una meta que tú compartes.

Capítulo 19
Formas amables y eficaces para conseguir que las personas hagan lo que uno quiere

Mientras que un manipulador destruye la visión de los demás a través del control emocional, la subyugación y la intimidación, la persona influyente trabaja desde la persuasión sin necesidad de imponer su propia cosmovisión del mundo en quienes conforman su entorno social o profesional. Muchas veces hemos sido víctimas de maestros de la manipulación que nos utilizaron para sacar provecho de nuestras acciones sin que pudiéramos siquiera percibir que estábamos sufriendo una extorsión emocional.

De acuerdo a muchos estudios llevados a cabo por expertos de la psicología social, un alto porcentaje de nuestros comportamientos se debe a la influencia que otros han ejercido sobre nosotros. Sin embargo, esto no implica una claudicación en nuestros principios. De lo contrario, si abandonamos nuestras búsquedas personales para satisfacer la visión de otros, es porque estamos siendo víctimas de una manipulación mental. Ahora bien, ¿crees que existen formas amables y eficaces para conseguir que las personas hagan lo que quieres? Bueno, pues esto es lo que busco, enseñarte a convencer e influir en los demás sin entrar en los tenebrosos rincones de la psicología oscura.

Toda la información que encontrarás a continuación ha sido diseñada con el propósito de que mejores tus habilidades para influir en los demás. Recuerda en todo momento que, aunque no lo parezca, influir y manipular no son lo mismo. Sin embargo, las diferencias conceptuales no serán tratadas aquí en vista de que ya se ha profundizado sobre ellas en capítulos anteriores. A partir de ahora, te recomiendo que utilices las páginas siguientes como una especie de pequeña guía práctica que te permitirá entender que existen formas amables de conseguir que otros hagan lo que queremos sin mancillar sus voluntades individuales.

Muchos investigadores han buscado la frontera entre la manipulación y la influencia. Entre ellos, la anteriormente citada Marie France Hirigoyen. El fragmento a continuación fue extraído de su obra *El Abuso de la Debilidad y Otras Manipulaciones*.

> ¿Dónde empieza la influencia normal y sana y dónde empieza la manipulación? ¿Cuál es la frontera?
>
> También a veces nosotros, conscientemente o no, manipulamos: una comunicación no siempre es completamente neutra. Puede ser por el bien del otro (un progenitor puede hacerle tomar un medicamento a su hijo; un profesor trata de transmitir mejor sus enseñanzas...). También puede hacerse de forma inofensiva, como en el caso del cónyuge al que manipulamos para que nos acompañe a una reunión que le parece aburrida. Ningún

sector de la vida social se libra de la manipulación, tanto en el trabajo para que un compañero te eche una mano como en la amistad cuando disfrazamos los hechos para dar una mejor imagen de nosotros mismos. En estos casos, la manipulación no es malévola ni destructiva, sino que forma parte, mientras exista una reciprocidad, del intercambio normal. Pero si uno toma el poder sobre otro, dicha manipulación se convierte en abuso.

Creo pertinente decirte que aquí no aprenderás a distorsionar la voluntad de los demás, sino a convencerles desde la influencia directa. Como aprendiste en el capítulo anterior, es posible emplear distintos métodos para generar confianza en los demás. En consecuencia: influir efectivamente. Estas herramientas han sido estudiadas y confirmadas por oradores de todas las latitudes, que tras largos años de investigaciones han conseguido llegar a la conclusión de que el ser humano tiene una tendencia natural a dejarse influir por otros. Bien sea desde la autoridad, la emocionalidad, la ética, la mentalidad de abundancia e incluso desde el humor. Ahora bien, ¿te imaginas capitalizando estas herramientas en aras del convencimiento a tus contemporáneos?

10 formas amables de conseguir que otros hagan lo que quieres.

Si algo ha caracterizado a los especialistas del marketing desde siempre ha sido su capacidad de ejercer cierta influencia en las personas. La necesidad de influir en los demás es una cuestión que abarca cada pequeño fragmento de la sociedad. Pero, para los expertos en marketing es una forma de vida. Su profesión los ha llevado a entender mejor que nadie cuáles son las flaquezas de las personas y cómo capitalizarlas en beneficio propio. Influir en los demás no es socavar sus voluntades sino convencerles. De allí la importancia de esta rama de negocios en todas las empresas del mundo, incluso en aquellas que uno pudiera creer que no necesitan ejercer influencia alguna.

Ahora, ¿hace falta ser un experto en marketing para conseguir que otros hagan lo que queremos? No, por supuesto. Ellos han aprendido de esto a través de la experiencia, y en parte gracias a ellos el resto de investigadores han encontrado las bases para dirigir sus estudios del comportamiento humano. La buena noticia es que todos podemos perfeccionar esta arma. ¿Cómo? Incluyendo pequeñas prácticas en nuestro sistema de conductas de cada día. A continuación, 10 formas amables de conseguir que otros hagan lo que quieres.

1. Muestra interés genuino por los demás.
Si quieres un pequeño ejército de devotos compañeros de vida, nada es tan efectivo como mostrar interés genuino por sus preocupaciones, logros, incomodidades o metas. Ten en cuenta que todas las emociones positivas son tan contagiosas como cualquier virus, de manera que cuando te interesas por los demás, enciendes en ellos motivaciones profundas. ¿Se enfermó el hijo de tu colaborador? ¿Tu socio está por casarse? ¿Cómo va el hijo de tu jefe en

la universidad? En la medida en que las personas perciban que te interesas por ellos, establecerán un nexo emocional contigo. Esto facilitará que hagan cosas por ti con solo pedírselas.

2.   Dirígete a las personas por sus nombres.
Se ha demostrado que cuando nos dirigimos a los demás por sus nombres, creamos cables emocionales y de reciprocidad. El trato personalizado es un arma muy efectiva para influir en las personas y conseguir, así mismo, que estas se muestren siempre atentas a tus deseos e intereses. Se trata de un pequeño ejercicio psicológico para robustecer nuestras habilidades comunicativas. La psicología, desde luego, funciona para conseguir de una forma amable que otras personas hagan lo que queremos. En resumidas cuentas, no hables de forma impersonal; esto es interpretado (inconscientemente) como desconocimiento de tu parte. Menciona el nombre de tus interlocutores siempre que lo consideres necesario y tendrás su atención y ayuda en todo momento.

3.   Practica la escucha activa.
Una conversación es, en términos generales, el intercambio de ideas y opiniones sobre distintos temas. Estas se presentan en la oficina, en un establecimiento, en un centro comercial, en el núcleo familiar o en la universidad. Entendiendo que el ser humano es un animal social, el relacionamiento con los demás forma parte de lo que somos. En este sentido, cuando escuchas atentamente a tus interlocutores, puedes ofrecer soluciones o hacer preguntas que le permitan al otro asimilar el hecho de que estás prestando toda la atención que se requiere de ti. En contraparte, siempre que necesites un consejo o ayuda, le tendrás a tu disposición.

4.   Pide favores.
Sí, sé que puede parecer una estrategia en cierto modo contradictoria, pero no lo es. Pedirle favores a alguien hará que sea mucho más probable que ese alguien te ayude sin condiciones ni objeciones en futuras oportunidades. Existen estudios científicos que avalan la trascendencia del "pedir favores" como una técnica amable para conseguir que otros hagan lo que queremos. Está claro que el cerebro humano, henchido de subjetividades, interpreta que, si en algún momento le hiciste un favor a alguien, es porque ese alguien te agrada de sobremanera. De manera que, si buscas una forma amable de convencer a alguien de que te ayude, pide favores.
5.   No te autosabotees.

Todos hemos cometido el error de comportarnos como unos imbéciles en determinadas circunstancias. Al margen de todas las formas y técnicas enseñadas a lo largo de este capítulo, una de las más importantes es: no autosabotearte. Esto implica: no ser grosero, no hablar desde la arrogancia, no subestimar las habilidades de las personas, no ser altanero o prejuicioso. Nadie quiere ayudar a alguien que se comporta de forma grosera, que atropella a sus interlocutores, que se cree superior en todos los aspectos. En otras palabras: no seas un idiota. Este es un primer paso necesario para convencer a los demás.

6. Sé genuinamente agradecido.

No en vano se considera que la gratitud es uno de los hábitos más poderosos y transformadores de cuantos podemos echar mano. Esta práctica repercute, a su vez, en las emociones resultantes de las demás personas. Si quieres que alguien haga algo que quieres, céntrate en algo que te guste de esa persona y cuéntale. Debe tratarse de un agradecimiento genuino, natural. No subestimes la capacidad interpretativa de tu interlocutor. Todos los seres humanos quieren un aprecio sincero, no halagos vacíos. De manera que esta es una forma bastante eficaz de convencerles para que hagan tu tarea, por decirlo de un modo jocoso.

7. No temas preguntar.

¿Por qué crees que las preguntas son una herramienta imprescindible para convencer a los demás? Porque las personas no ayudan a cualquiera; para hacerlo, requieren una suma de emociones positivas y mucha confianza. En este sentido, cuando haces preguntas relacionadas al tema que tu interlocutor toca, demuestras que estás escuchando activamente, que prestas toda la atención requerida por este. De manera que, punto a favor, has empezado a ganar su confianza. Otro de los enfoques en las preguntas es que son el sustituto perfecto de las órdenes. ¿Cómo crees que reaccionaría mejor alguien, si le ordenas hacer algo o si le preguntas si puede hacerlo?

8. Desafía a las personas.

Si estás en una posición de liderazgo y quieres fortalecer la motivación de tus colaboradores de una forma amable, desafíales. Señala a uno al azar, di su nombre y explícale con un discurso claro y conciso lo que esperas de él. Dale Carnegie, autor del libro *Cómo ganar amigos e influir en las personas,* deja claro que cuando nos sentimos desafiados (en buenos términos, claro está) nuestra motivación se eleva a niveles insospechados. Este es un pequeño truco psicológico muy eficaz al momento de convencer e incentivar a alguien a que tome determinada acción. También puedes ponerlo en práctica desde la amistad. Un pequeño desafío amistoso no desagrada a nadie.

9. Sé humilde y acepta tus errores.

No tomes demasiado tiempo para aceptar tus errores y pedir disculpas. Se sabe que todos los seres humanos somos propensos a tomar malas decisiones que afectan a otros individuos. En este sentido, nada genera más confianza e influencia en los demás que el hecho de saber que somos lo suficientemente maduros como para dar un paso atrás y pedir disculpas de forma genuina por los errores cometidos en el camino. También debes ser muy claro. No divagues demasiado ni te muestres inseguro. ¡Estás totalmente seguro de que cometiste un error! Pero... ¡también estás totalmente seguro de que lo mejor es aceptar el error y disculparse! Así, tu percepción en los demás cambiará significativamente.

10. Evita las críticas innecesarias.

Te haré una pregunta directa desde el corazón, ¿a quién le gustan las críticas? Sí, sé que se dice mucho acerca de las críticas constructivas y las destructivas, pero, seamos sinceros, las críticas son desagradables para todos, independientemente de la forma en que nos las hicieron. Está claro que, una vez recibida, hay que actuar desde la madurez emocional para que ello no afecte nuestra efectividad. La variable, aquí, es que no tienes la certeza de cuál será la reacción de tus interlocutores frente a estos reproches. En resumidas cuentas, evita las críticas innecesarias. Practica la retroalimentación genuina y, así, conseguirás establecer un cable emocional para futuras situaciones.

Cada una de estas prácticas te será de gran ayuda al momento de influir en las demás personas, para que estas hagan cosas por ti. Sin embargo, debes tener en cuenta que todas estas técnicas o trucos psicológicos requieren ser ejercitados desde la ética. Recuerda que el fin no es manipular sino influir. Mientras que en la manipulación eliminas el criterio propio del individuo para instalar el tuyo; en la influencia solo estás convenciendo a través de pequeñas estrategias para que las personas hagan algo por ti. Sin embargo, esto pierde todo sentido cuando utilizas los trucos para socavar la voluntad propia de los individuos.

En la medida en que perfecciones lo aquí aprendido, estas herramientas formarán parte de tu accionar diario de forma inconsciente. El objetivo es influir en la toma de decisiones, no coaccionar. Esto es lo que nos diferencia de los maestros de la manipulación. La buena noticia es que, a estas alturas del libro, tengo la certeza de que tu sentido de la ética ha sido alcanzado en niveles muy profundos. Se trata, en definitiva, de pavimentar el camino al éxito. Y, para ello, las habilidades comunicativas y de influencia son imprescindibles, por no decir vitales.

Capítulo 20

PNL: ¿Qué es? ¿Cómo reconocerlo y cómo utilizarlo para nuestra ventaja?

Seguramente habrás escuchado muchas veces la expresión programación neurolingüística, pero, ¿realmente sabes a qué se refiere este novedoso concepto de la neurociencia? El universo de la programación neurolingüística (PNL) es tan amplio, complejo y excelso como cualquier otro. Su descubrimiento y clasificación supuso un rompimiento absoluto en la forma en que concebimos nuestro relacionamiento con los demás. La idea de abordar este tema nace de dos factores: 1) la amplitud de un tema que ha sido materia de estudio en las últimas décadas por especialistas de distintas ramas. 2) descubrir la importancia de esta en la vida diaria de las personas.

¿Te has preguntado alguna vez si la mente humana tiene formas mecánicas de trabajar o si se adecúa de acuerdo a las circunstancias vividas? Si bien es cierto que no existe un consenso en relación a cuestiones tan vastas como los mecanismos del cerebro humano, se han descubierto algunos patrones que sirven como base para las sucesivas investigaciones. ¿Cuál es la ventaja de conocer, en líneas generales, el funcionamiento de la mente humana? Bueno, existen muchas respuestas posibles, pero, en esencia, *el mundo será de quien entienda cómo funciona la mente del hombre.*

Dicho esto, pretendo que conozcas:

- ¿Qué es la programación neurolingüística?
- ¿Es posible usar la PNL a nuestro favor? ¿Cómo?
- El mundo será de quien entienda cómo funciona la mente del hombre.

Cada uno de estos subcapítulos, en sumatoria, representan una guía práctica acerca de cómo cada individuo es capaz de comprender todo lo relacionado a la mente humana. Me refiero a esas pequeñas programaciones de pensamientos que hemos ido acumulando a lo largo de nuestra historia. Condicionamientos, miedos, motivaciones, disparadores, todos estos conceptos, entendidos por la neurociencia, vienen a englobar un tema tan complejo como importante en términos de crecimiento personal.

Te recomiendo que consumas el contenido de este capítulo como si se tratara de un pequeño curso intensivo sobre el cerebro humano. No solo serás capaz de identificar cuando alguien aplica métodos de la PNL en su vida, sino que podrás darle un fin a tus nuevos conocimientos para potenciar tu crecimiento integral como individuo. El éxito de la PNL se ha comprobado en escenarios tan diversos como el mundo corporativo, las relaciones interpersonales, románticas e incluso entre quienes se dedican a impartir conocimientos varios en distintas latitudes del planeta.

¿PNL? ¿Qué significa? ¿Para qué sirve?

¿Alguna vez te has preguntado por qué unas personas llegan a la cima de sus respectivas carreras mientras que otros, la inmensa mayoría, apenas consigue ser un profesional promedio? ¿Cuál es el denominador común entre quienes hoy día son considerados líderes y referentes en sus áreas de interés y desarrollo? ¿Acaso unos son más capaces que otros? Sin duda, todos nos hemos hecho este tipo de preguntas a lo largo de nuestra vida. En muchos casos, movidos por un cuestionamiento existencial; en otros, por curiosidad intelectual. Sea cual fuere tu caso, es válido buscar las respuestas adecuadas a las preguntas más elementales.

La programación neurolingüística es una teoría que busca entender lo subjetivo de las personas para sacar un provecho de estas subjetividades. En otras palabras, entender y corregir nuestros patrones de pensamientos. Una vez que entendemos que nuestro éxito es el reflejo inmediato de las programaciones mentales que albergamos en nuestro cerebro, muchas cosas adquieren sentido. Pues, en esencia, esto es lo que busca la PNL. Esta, en definitiva, es una capacitación constante que tiene por finalidad el entendimiento de cada uno de los comportamientos que nos definen como seres humanos racionales. La mente humana, tan vasta como es, interpreta el mundo a través de los cinco sentidos según se presente cada nueva circunstancia.

El doctor Harry Alder, en su libro *El Arte y Ciencia de Obtener lo que Deseas*, amplifica esta definición en los siguientes términos.

> En resumen, la PNL trata de la manera en que filtramos, a través de los cinco sentidos, nuestras experiencias del mundo exterior y de cómo usamos esos mismos sentidos interiores, adrede y también sin saberlo, para conseguir los resultados que deseamos. Todo tiene que ver con la forma en que percibimos o pensamos. Y es nuestro pensamiento —la percepción, la imaginación, los patrones de creencias— el que determina lo que hacernos, y lo que conseguimos.

Este novedoso concepto, desarrollado por los especialistas John Ginder y Richard Bandler en 1970, rompió todos los paradigmas previamente establecidos acerca de la comprensión del comportamiento humano desde adentro, es decir, desde las programaciones mentales que fluctúan constantemente en nuestro cerebro.

Por darte un ejemplo muy sencillo y común: un simple condicionamiento adquirido en la infancia, podría ser la razón por la que te cuesta tanto tomar la iniciativa en una reunión de trabajo. Si ahondamos un poco más, es probable que esta "timidez escénica" haya sido uno de los puntos en contra al momento de ser evaluado y considerado para ese ascenso por el que has soñado durante los últimos años. Ahora, ¿qué pasaría por tu cabeza si te digo que este condicionamiento puede ser eliminado y sustituido por una estructura de pensamiento mucho más productiva para tu crecimiento? Seguramente quedarás boquiabierto, pero es verdad. De tal manera funciona el cerebro humano, y la PNL te ayuda a entender cómo funciona cada uno de sus pequeños engranajes. Así podrás modificar cada característica de tu personalidad que está ejerciendo un peso de grillete en tus tobillos.

En este sentido, la escritora Wendy Jago nos dice:

> La personalidad suele darse por sentado, como si fuese algo inamovible, una suposición que alimenta la suposición de que resulta difícil —cuando no imposible— realizar cambios fundamentales. Quienes han rellenado un perfil de personalidad (por lo general en el trabajo) a veces tienen la sensación de que sus "resultados" los han encasillado (...) La suma de tus preferencias metaprogramadas no constituye tu personalidad.

¿Cómo usar la programación neurolingüística a nuestro favor?

La utilidad de la programación neurolingüística es incuestionable. No en vano su resonancia en los últimos años ha llegado a niveles insospechados. Después de todo, ¿cómo no podría ser positivo tener todas las herramientas para identificar nuestros patrones dañinos y aplicar todos los correctivos pertinentes para que estos no obstaculicen nuestro camino al éxito? Si la PNL ha adquirido tanta relevancia en los últimos años, se debe principalmente a que tiene una efectividad plena en términos de crecimiento personal y capitalización de circunstancias específicas.

Ahora, ¿crees que es posible que el vicepresidente de una gran multinacional pueda ser eficiente si desconoce las bases de la PNL? Incluso si hablamos de un gerente departamental, para liderar a su equipo de trabajo ha de tener en consideración sus motivaciones y cómo funcionan sus mentes, ¿no lo crees? Toda historia de éxito nace de una habilidad específica, te lo concedo, pero, ¿puede alguien ser realmente exitoso solo con sus destrezas técnicas? Desde luego, no, y esto se debe a que no existe una sola persona sobre la faz de la tierra que pueda alcanzar la cima del éxito sin antes enfrentarse a distintos escenarios sociales. Está claro, si se sabe que somos animales sociales y que cada peldaño se alcanza desde el espectro social.

Te propongo que pienses en una profesión que requiera aislamiento. ¿Qué es lo primero que te llega a la cabeza? Siempre que le planteo esto a la gente suelen responder: programación. Es evidente que un programador pasa mucho tiempo a solas mientras desarrolla sistemas complejos desde sus conocimientos de ciertos lenguajes de programación. Pero, en todo caso, este profesional debe lidiar con las exigencias de un cliente, que es quien en definitiva paga sus servicios. Eventualmente tendrá que participar en una junta de proyecto donde se amplíen las condiciones del mismo o se tenga que llevar a cabo una tormenta de ideas. En todo caso, es imposible ascender a la cima sin tener en cuenta el aspecto social. Y esta es la especialidad de quien ha desarrollado habilidades propias de la PNL.

A continuación, te enseñaré algunas técnicas propuestas por la Programación neurolingüística para ser aplicadas a tu favor. ¿Estás listo?

Las primeras tres estrategias están relacionadas a la redefinición de nuestras percepciones. Después de todo, muchos de los obstáculos que hoy nos han impedido alcanzar los objetivos trazados, se encuentran en nosotros mismos y en nuestros patrones de pensamientos. Existen métodos que buscan constituir nuevas percepciones que sustituyan viejas prácticas mentales. A este respecto apuntan las siguientes estrategias:

Afirmaciones positivas.

Las creencias limitantes representan uno de los flagelos más importantes en cuanto al crecimiento integral de un individuo. Cuando las personas se dejan apabullar por esa voz interior que asegura que no son capaces de realizar determinada tarea o alcanzar un objetivo, instaura una fuerza compleja que le impiden siquiera tomar acciones concretas para llegar a la meta que se hayan trazado. Para contrarrestar estas creencias limitantes, la PNL propone un ejercicio diario de afirmaciones positivas. Estas afirmaciones son pequeños mantras que te dirás a ti mismo durante cinco minutos cada día. De esta manera, tu cerebro se irá adecuando a una autopercepción mucho más amable. Recuerda que quien carece de autoconfianza no podrá nunca descubrir su verdadero valor como ser humano.

Redefinir nuestra conducta hacia el dinero.

Los grandes especialistas en la mentalidad de abundancia saben que muchos de nuestros problemas para generar riqueza y abundancia provienen de la forma en que nos relacionamos con el concepto dinero. Existen muchas posibles razones que expliquen esta conducta. Por ejemplo, es muy común que cuando alguien ha sido criado con premisas como "ser rico es malo" o "el dinero solo trae problemas", esta persona terminará tomando como propios estos condicionamientos que, en definitiva, no le ayudarán a tomar acciones concretas para generar abundancia. Una vez que hayamos identificado de dónde proviene esta relación tóxica con el dinero, podremos ejercitar afirmaciones positivas que nos permitan reprogramar nuestros patrones de pensamientos.

La visualización positiva.

Del mismo modo que en las estrategias anteriores, la reprogramación de nuestra estructura de pensamientos pasa por tratarnos amablemente. Esto significa, de acuerdo a este caso, una visualización positiva. Se trata de un ejercicio beneficioso en muchos aspectos. En primer lugar, porque al imaginarnos en la meta, sintiendo las emociones propias de haber alcanzado nuestros objetivos, se verá fortalecida la motivación para seguir adelante. En segundo lugar, porque acostumbramos al cerebro a pensar *en términos optimistas*. En consecuencia, ninguna tarea le resultará ardua o imposible porque asocia la imagen visualizada con las emociones sentidas durante el ejercicio. Mi recomendación es que practiques esta rutina cada noche justo antes de irte a dormir.

Pero también existen técnicas de la PNL en cuanto al trato con los demás. Está claro que el espectro social es tanto o más importante que nuestros programas mentales. En este sentido, estas son 2 técnicas que podrás aplicar en tu día a día para que la PNL funcione a tu favor en todo momento.

Rapport.

El rapport es una de las joyas ocultas de la Programación neurolingüística. Se trata de un ejercicio terapéutico-psicológico en el que un individuo busca consolidar una relación emocional con su contraparte, a través de una serie de pequeños trucos. Es, en definitiva, la creación de una empatía inconsciente entre uno o varios individuos. Pero, ¿cuáles son estos *pequeños trucos*? Es, en el argot de la PNL, la coincidencia y la duplicación. Es un proceso que funciona cuando nos movemos al ritmo de la otra persona para "capitalizar" los puntos comunes.

Fisiológicamente hablando, estas son algunas de las cosas que podemos reflejar:

- Lenguaje corporal.
- Postura.
- Gestos.
- Voz.
- Frecuencia respiratoria.

Esto consolidará una afinidad emocional entre los interlocutores. Es una técnica muy utilizada en entrevistas de trabajo o mesas de negociación. De esta manera, quien la aplica consigue una ventaja emocional sobre su acompañante al situarse en el espectro-reflejo.

Leer el lenguaje corporal.

Otro beneficio de la PNL es que nos enseña a leer el lenguaje corporal de las personas. Tal como te lo mencioné algunos capítulos atrás, la mente humana manifiesta emociones y subjetividades a través de pequeños tics corporales que suceden de forma inconsciente. Si algo debemos agradecer a los que han desarrollado el concepto de la programación neurolingüística es que nos han ofrecido algunas opciones interesantes para sacar crédito de lo que nuestros interlocutores nos dicen, sin decirlo. De esta manera podemos evitar temas que resalten emociones negativas, corregir en tiempo real algún comportamiento que incomode al otro e incluso adelantarnos a sus respuestas con la correcta interpretación de todas estas micro expresiones o manifestaciones del subconsciente.

Del libro *El Arte y Ciencia de Obtener lo que Deseas*:

> El impacto de la PNL ya ha sido trascendente, pues sus aplicaciones se han extendido a más y más áreas de la vida humana. Sus conceptos sencillos pero profundos y los registros de seguimiento de éxitos prácticos han dado como resultado su notable crecimiento, y ahora desafía el puesto que ocupa la psicología ortodoxa en la relevancia que tiene para la gente normal. Al mismo tiempo, hace que generaciones enteras de libros de autodesarrollo y pensamiento positivo resulten muy incompletos y anticuados.

Capítulo 21
¿Qué es la hipnosis? Técnicas y cómo utilizarla.

Adquirir estas herramientas te permitirán mejorar tus condiciones de vida y dar un salto significativo hacia la concreción de tus propósitos.

La hipnosis. Existen muchos mitos y mucho escepticismo en torno a la idea de la hipnosis como una terapia funcional, no obstante, todo aquello que incluye adentrarnos en las profundidades de nuestra mente subconsciente tiene una trascendencia reveladora.

No importa si el cerebro humano es una máquina compleja y extraordinaria; en la medida en que descubras cada uno de sus rincones, obstáculos y motivaciones, mejorarás tus posibilidades de reprogramar cada estructura de pensamientos, alineándola con tu vida y con tus metas personales. Abordare temas tan importantes como:

- ¿Qué es la hipnosis?
- ¿Cuáles son las ventajas de la hipnosis?
- 5 técnicas básicas para mejorar tu vida a través de la hipnosis.

Porque, en efecto, es posible mejorar tus condiciones de vida. Todo está relacionado con una reconexión contigo mismo. Para nadie es un secreto que las (muchas veces) violentas dinámicas de la vida nos han llevado a una posición diametralmente distinta a la de nuestras primeras motivaciones. Sin embargo, esta es una característica asociable a la madurez y al crecimiento personal. La buena noticia es que, contrario a lo que pudiera creerse, la hipnosis no es un ejercicio desafiante o que esté solo al alcance de unos pocos virtuosos. Muchas veces practicamos algún tipo de hipnosis en nuestra rutina sin siquiera tener idea de esto. Increíble, ¿no te parece?

Como es bien sabido, la hipnosis ha tenido que enfrentarse a una serie de prejuicios y estigmatizaciones de distintos niveles desde su aparición en el espectro terapéutico. El doctor Michael Yake, en su libro *Lo Esencial de la Hipnosis*, nos indica lo siguiente:

> El hecho de que la hipnosis se use como espectáculo en los medios de comunicación (sobre todo en espectáculos en directo pero también en el cine y la televisión) contribuye a mantener los estereotipos populares que la representan como una forma mágica de solucionar los problemas de forma instantánea mediante poderosas sugestiones (...) A la hora de promover concepciones equivocadas es igual de peligroso el hipnotizador de espectáculos que el que, a causa de la ignorancia o la avaricia, usa la hipnosis de manera que ofrece ideas falsas al público. Dichas personas normalmente tienen escasa o ninguna formación oficial en hipnosis y en las ciencias de la educación, pero saben lo suficiente como

para engañar a la gente afirmando falsamente que poseen un poder sensacional.

Ahora bien, al margen de todas estas asociaciones erradas por parte de algunos, personalmente he sido testigo de la monstruosa efectividad de la hipnosis como conjunto de técnicas terapéuticas para entender mejor el cúmulo de subjetividades que flotan en nuestro interior.

¿Qué es la hipnosis?

Esta práctica fue constituida y acuñada por el doctor inglés James Braid durante el siglo XIX. Seguramente sabrás que esta práctica recibe su nombre de Hypnos, el dios del sueño según la mitología griega. Existen muchas definiciones posibles (y todas más o menos válidas) para entender en pocas palabras de qué va esto de la hipnosis. Sin embargo, optemos por una representación genérica para que te sea más fácil su comprensión. La hipnosis es un estado alterado de consciencia al que se tiene acceso mediante una serie de técnicas aplicadas por un profesional en esta práctica. La hipnosis puede ser:

- Autoinducida.
- Inducida por un agente externo.

La idea de la hipnosis es apreciar cambios, tanto psicológicos como fisiológicos, reconocibles en ese espacio entre la mente subconsciente y la mente consciente, comúnmente llamado "trance". Una vez que hemos llegado a este punto, encontramos momentos o anécdotas del pasado que por diversas razones cayeron en una especie de bloque o autosabotaje por parte de los mecanismos defensivos del cerebro. Uno de los terapeutas más reconocidos e importantes en el mundo de la hipnosis, Horacio Ruiz, nos cuenta en su libro *Guía Práctica de Hipnosis* lo siguiente:

> El estado alterado de conciencia es como ese aforismo que afirma que para resolver un problema imposible solo hay que cambiar el punto de vista, mirarlo desde otros ángulos. En los estados alterados de conciencia se ven con claridad los conflictos subconscientes y a menudo también su mejor solución. Pues bien, los expertos están de acuerdo en considerar al hipnotismo como la técnica o conjunto de técnicas que nos llevan de la manera más rápida y eficaz a ese especial estado de nuestra mente. Es el sistema por antonomasia para lograr un estado alterado de conciencia.

En la actualidad se han definido distintos tipos de hipnosis. A continuación, resumo brevemente estos tipos para tu conocimiento general:

- Autohipnosis.
- Hipnosis cognitivo-conductual.
- Hipnosis ericksoniana.
- Hipnosis tradicional.
- Hipnosis enfocada en la solución.
- Programación neurolingüística (PNL).

La verdad es que, más allá de los prejuicios y consideraciones erradas en torno a la hipnosis, esta es una herramienta terapéutica muy válida para quienes buscan encontrar esos pequeños condicionamientos que, de alguna u otra forma, han desajustado sus posibilidades de éxito. La hipnosis, en lo personal, surge como un proceso terapéutico que, lejos de infravalorar la importancia de la mente humana, entiende con humildad que un porcentaje significativo de nuestros obstáculos tienen su razón de ser en los programas mentales que nos constituyen como individuos.

Si aún tienes dudas en lo concerniente a la hipnosis, te invito a que continúes leyendo. En el siguiente subcapítulo te mencionaré algunas de las ventajas más importantes de la hipnosis como proceso terapéutico para la comprensión de nuestras pequeñas subjetividades. En muchos casos, pequeñas, sí, pero en sumatoria estas tienen el potencial para socavar nuestras opciones de vivir una vida plena y feliz.

¿Cuáles son las ventajas de la hipnosis?

A lo largo de la historia se ha demostrado que la hipnosis aporta a las personas una cantidad significativa de ventajas. Sus beneficios son tan importantes, y tienen un impacto tan profundo, que nos proveen una mejora considerable en muchos aspectos de nuestra vida diaria. El mejoramiento de estas condiciones trae, a su vez, consecuencias palpables en cuanto a rendimiento y productividad. En efecto, cuando aplicamos la hipnosis como terapia de reconexión con nosotros mismos, podremos:

Romper con malos hábitos.

Una de las características más sorprendentes de la hipnosis es que nos ayuda a romper definitivamente con malos hábitos que se encuentran arraigados en nuestra estructura mental de comportamientos. Como ya sabrás, un hábito es una conducta aprendida a través de la repetición. La neurociencia explica los hábitos como pequeñas conexiones neuronales que se consolidan con cada repetición. Por ejemplo, quien quiere dejar de fumar navegará por una lista interminable de medicamentos sustitutivos de la nicotina o medicinas herbáceas.

Pero, ¿qué efecto tiene la hipnosis en nosotros y en nuestros hábitos? Partiendo de la premisa de que los hábitos (mala alimentación, tabaquismo, ludopatía, mitomanía) son conexiones de nuestro cerebro, ¿qué mejor manera de solucionarlos que a través de la reprogramación mental? Esto es lo que ofrece la hipnosis por medio de sus distintos tipos. Descubrir los eventos condicionantes y gestionarlos desde adentro hacia afuera, entendiendo el mal que estos generan en nuestro organismo.

Perder peso sin efecto rebote.

Esta es la consecuencia directa de la ventaja anterior. En la medida en que mejoramos nuestros hábitos alimenticios, perdemos peso sin exponernos a un efecto rebote. ¿Cómo sucede esto? Porque la hipnosis nos ayuda a incluir una nueva programación mental en nuestra estructura de pensamientos. Imagina por un momento que tienes la posibilidad de entrar en tu cerebro y dejar en uno de sus anaqueles una pequeña ficha donde aparecen, clasificas, todas las consecuencias negativas de tener una alimentación desordenada e irresponsable. Esto es, en esencia, lo que se logra con la hipnosis. Después de todo, estamos nadando en el interior de nuestra mente subconsciente.

Reducir nuestros niveles de estrés.

Del mismo modo que funciona con la meditación, en la medida en que profundicemos en los pequeños factores que afectan nuestra tranquilidad, tendremos un mejor manejo de las situaciones de estrés. La hipnosis puede ajustar tu proceso de pensamiento, consiguiendo así una actitud mucho más relajada frente a las vicisitudes de la vida diaria. La hipnoterapia es, en este sentido, una opción mucho más saludable y menos invasiva que la interminable lista de fármacos ofrecidos por la industria farmacéutica. Muchos de los cuales generan adicción y farmacodependencia. Recuerda que la hipnosis nos ayuda, en definitiva, a eliminar los malos hábitos mentales como la obsesión o el pensamiento repetitivo.

Mejorar nuestro sueño/descanso.

Se ha demostrado con suficiente evidencia que cuando no descansamos lo suficiente, vemos afectados muchas de las actividades primarias de nuestro organismo. Además, perdemos la capacidad de tomar decisiones y acciones adecuadas para salir adelante. De manera que, si te está costando conciliar un sueño reparador e ininterrumpido, la hipnosis puede ser una buena opción para ti. Según indica Kelley Woods, hipnotista de renombre, el sueño se encuentra anclado en nuestro subconsciente. Lo que quiere decir que no tiene sentido apelar a los procesos conscientes para solucionar una problemática que tiene su razón de ser en la mente subconsciente del individuo.

Aliviar los dolores crónicos.

Se sabe que el dolor es una señal que nos envía nuestro cuerpo para indicarnos que algo no está funcionando bien. Esto es inobjetable, pero, ¿qué pasa cuando el dolor se vuelve patológico, disfuncional e impredecible? La hipnosis ha sido utilizada con amplio éxito en el tratamiento de dolores crónicos. Existen casos en que se sigue presentando determinada dolencia incluso después de que el cuerpo se encuentra curado. Este desbarajuste tiene su razón de ser en la mente subconsciente, por lo que una alternativa más que viable es la aplicación de la hipnosis como proceso terapéutico para reconducir el subconsciente a un estado de salud. Así, el cerebro dejará de reproducir manifestaciones de dolor cuando en realidad no existe evidencia física de alguna molestia.

Aliviar la ansiedad.

La ansiedad es una de las sensaciones más complejas y (psíquicamente) dolorosas que puede afrontar un individuo. Decenas de testimonios dan cuenta de una mejora significativa en sus condiciones psíquicas luego de haber participado en algún tipo de hipnosis. El doctor Michael Yapko, en un fragmento extraído de su libro *Lo Esencial de la Hipnosis* nos explica esto desde su autoridad y experiencia en el tema:

> La hipnosis como herramienta de trabajo puede ayudar a crear habilidades para relajarse y dar una sensación de autocontrol. Yo creo que enseñar a los clientes la autohipnosis (inducciones hipnóticas y utilizaciones que pueden llevar a cabo ellos mismos cuando quieran) es una parte necesaria del trabajo hipnótico en contextos clínicos. El simple hecho de saber que uno puede relajarse profundamente y reconocer sus pensamientos, sentimientos y conductas puede tener un efecto poderoso a la hora de controlar el estrés y la ansiedad.

2 técnicas de hipnosis para mejorar tus programas mentales.

Ha llegado el momento de agregar un poco de práctica a toda esta teoría. Lo que hace de la hipnosis un proceso terapéutico tan especial es que no hace falta ser un experto para hacer algunas pruebas o técnicas en nuestras rutinas diarias. A continuación, las tres técnicas de hipnosis para mejorar tus programas mentales.

Técnica de fijación visual.

El objetivo es inducir a la persona en un estado hipnótico a través del cansancio de sus músculos oculares y los párpados. El éxito de esta técnica radica en la no-resistencia del individuo, ya que el estado hipnótico se alcanza al este cansarse o aburrirse por la natural fijación durante un tiempo prolongado a determinado punto inmóvil. La repetición de las sugestiones juega aquí un papel fundamental. Ahora, como apenas somos aprendices de la hipnosis, lo ideal es que hagas este ejercicio contigo mismo.

1. Siéntate cómodamente en algún espacio que te resulte agradable.
2. Fija tu mirada en un punto exacto e inmóvil, puede ser un punto marcado en la pared que esté por encima de tu línea visual.
3. Mantén tu atención y mirada puesta sobre este punto. Luego de unos minutos, este se tornará difuso o distorsionado. Presta atención cuando esto ocurra.
4. Conforme pase el tiempo, sentirás una pesadez importante en los párpados. Es normal, tus músculos oculares empiezan a sentirse naturalmente agotados. Aunque te resulte tentadora la idea de cerrar tus ojos, no lo hagas. No los cierres hasta el momento en que te resulte más agradable.
5. Transcurrido cierto tiempo notarás que un estado de relajación y bienestar se apodera de tu cuerpo. Tu respiración se tornará regular y placentera. Llegado este punto, respira tres o cuatro veces y continúa disfrutando de la sensación de bienestar que se propaga por tu cuerpo. En tu mente, experimenta tus propias sugestiones para fomentar la tranquilidad y mantener los ojos cerrados. A partir de este momento, permítete unos minutos de silencio y tranquilidad. Disfruta de esta

sensación mientras piensas en tus objetivos desde esas sensaciones placenteras.

6. A partir de este momento, habla contigo mismo. Comunícate que al abrir los ojos te sentirás totalmente renovado y pleno. Cuenta de 5 a 0 y finalmente abre tus ojos.

Técnica de relajación.

El método de relajación es una mezcla de tres factores principales: la relajación muscular, sugestiones de tranquilidad y una respiración suave. La finalidad es que la persona consiga un estado de trance apacible mediante un ritmo de respiración regular. Para ello, los pasos son:

1. Siéntate cómodamente. Busca un sitio que no perturbe tu tranquilidad.
2. Dirige toda tu atención hacia tu respiración. Esto quiere decir que debes concentrarte en todas las sensaciones inherentes a la respiración, por ejemplo, cómo sube y baja el oxígeno inhalado, el movimiento del tórax, entre otros.
3. Permítete abstraerte poco a poco de acuerdo al ritmo de la respiración. Esta tranquilidad facilitará los procesos restantes. No intervengas en la respiración; deja que esta se calme por su propia cuenta hasta alcanzar un ritmo regular.
4. Conforme la respiración se haya tornado regular, pasa tu atención al cuerpo. Haz una especie de recorrido calmo por cada una de las zonas que componen tu cuerpo; en el ínterin, puedes encontrar tensiones físicas o mentales, conscientes o inconscientes.
5. Una vez localizada alguna tensión, libérala a través de una honda respiración. Siente cómo la tensión física o mental se va diluyendo en la medida en que el aire sale de tu cuerpo.
6. Después de que estas tensiones hayan sido liberadas, concéntrate en el estado de bienestar en el que te encuentras. Recorre tu cuerpo nuevamente, fijándote en las sensaciones agradables de cada uno de los puntos. Identifica aquel punto de tu cuerpo que sientes más cómodo y relajado. Siente cómo cada inhalación bombea tu cuerpo de mayor bienestar.
7. Cuando esta sensación se encuentre en todo tu cuerpo, trabaja por unos minutos en tus objetivos. Visualiza imágenes y sugestiones para conseguir un saneamiento más profundo.
8. Sugiérete que, desde el momento en que abras los ojos, te sentirás mucho más renovado y dispuesto a ser mejor. Cuenta de 5 a 0 y luego abre tus ojos.

Capítulo 22
Cómo ser patrones del lenguaje

Poco a poco nos acercamos al final de este libro. Te pido que mires cada capítulo como un escalón más; un conjunto de escalones que te dieron herramientas, conocimientos, interpretaciones y sorpresas perfectas para incluir en tus hábitos diarios. Porque, en esencia, la idea de este proyecto fue desde el principio ayudarte a mejorar tus condiciones de vida desde la libertad individual. No sirve de nada ser la persona más hábil del mundo en determinada acción si esta no viene acompañada de patrones mentales cónsonos con lo que buscamos. Esto sugiere que, a veces, el enemigo no está en las circunstancias externas sino en nosotros mismos, incrustado en nuestra mente subconsciente como un pequeño monstruo al que no podemos tocar.

La buena noticia es que, como te he demostrado a lo largo de los capítulos anteriores, estos programas mentales no son monstruos milenarios con tres cabezas y garras inmensas. Son pequeñas estructuras que podemos cambiar y sustituir por mejores hábitos solo si así lo decidimos. El objetivo de estudiar el arte del lenguaje es ofrecerte razones y sugerencias, que nos permitan lograr superar la resistencia psicológica de las personas a través de una práctica basada en mentalidad positiva. Somos capaces de cambiar el estado emocional de la mente de otras personas sembrando ideas y cambiando la dirección de sus pensamientos. Pero, ¿sabes cómo?

Con independencia de la actividad a la que te dediques, siempre estarás en la necesidad de influir en las personas. Algunas de las sugerencias que te ofrezco en el contenido de este capítulo pasan por entender la importancia de la influencia en la vida diaria y cómo adentrarte en la mente subconsciente de los demás, para que estos actúen de acuerdo a tus planes. Sobra decir que ello implica, en la base, un respeto por el libre albedrío de la sociedad. Todo cuanto hacemos debe estar regido por cierto canon moral para que nuestras acciones no sean las mismas de un simple manipulador mental. La buena noticia es que es posible hacerlo.

Los pequeños trucos que aprenderás a continuación serán de gran ayuda en tu camino al éxito. Solo tienes que ejecutarlos desde el respeto, sin pretender con ello socavar la visión de los demás más que superficialmente. En este sentido, todo cuanto hacemos tiene consecuencias directas o indirectas, tanto en nosotros mismos como en las personas involucradas, por lo que solicito que actúes siempre desde la integridad ética. No vale la pena manipular mentalmente a las demás personas porque, más temprano que tarde, estas consecuencias llegarán a nosotros. Lo ideal es *influir*. Generar ideas e implantarlas en los otros. Que sean ellos, en definitiva, quienes tomen las decisiones.

El valor de las ideas.

Para nadie es un secreto que el mundo, tal como lo conocemos, es liderado por aquellas personas que han sabido llevar a buen puerto una idea específica. Independientemente de si hablamos de líderes políticos, líderes religiosos, grandes empresarios o un padre abnegado que ha sabido inculcar los valores adecuados en sus hijos. Sea cual fuere tu caso, las ideas son el núcleo del desarrollo de la humanidad. Con ellas podemos trascender, superar la prueba del tiempo, ser felices desde la proliferación de una idea que surgió en nosotros y que representó una solución palpable para muchos.

Cada vez que hago referencia a soluciones innovadoras pienso en el creador de Netflix, que interpretó tan precisamente el mundo y las nuevas tecnologías al momento de darle forma a su idea de transmisión por *Streaming*. Sin embargo, este es solo uno de los cientos de casos que se presentan a diario en el mundo. Ahora bien, está claro que nadie que haya desarrollado una idea exitosa ha conseguido llevarla a buen puerto totalmente solo. Esto es, a priori, imposible. Necesitamos de los otros para generar un efecto inmediato y sustentable.

Esta es la razón por la que muchos políticos han alcanzado niveles insospechados de éxito. Porque saben transmitir una idea e implementarla en el subconsciente de sus acólitos. Sin estas herramientas, las sociedades basarían sus decisiones en aspectos más superficiales y subjetivos como la personalidad, el tono de voz o la forma de vestir.

Sin embargo, con el desarrollo de instrumentos como la programación neurolingüística, la hipnosis o la psicología, las ideas han pasado a un espectro mucho más amplio. Ahora no solo podemos tener una idea novedosa, también es necesario (para su respectivo éxito) inculcarlas en los demás. Por ejemplo, el gerente de una multinacional que ha pensado en una posible solución a las problemáticas de su empresa, necesitará convencer a una junta directiva acerca de la viabilidad de este proyecto-solución. Lo mismo ocurre, en mayor o menor medida, en cada recoveco de la vida misma.

Por esta razón (entre muchas otras) es que creo pertinente que redondees tus conocimientos en términos de implantación de ideas. Hacerlo no es especialmente difícil, pero deberás dedicar tiempo y constancia para que perfecciones la práctica con cada nueva repetición. Ten en cuenta que llevar a cabo alguna sugestión o estrategia psicológica tiene un efecto en los demás y en ti mismo.

Tres técnicas perfectas para sembrar ideas en los demás.

Es difícil seguir el ritmo endemoniado con el que el mundo nos hace andar. Las dinámicas cada vez más impredecibles (de los mercados, del intelecto, del aprendizaje, de la profesionalización, entre otros) pueden llegar a hacernos sentir débiles o demasiado pequeños para afrontar todas estas fluctuaciones que parecen no tener fin. El espectro de las ideas no escapa de esta realidad. ¿Quieres influir en las decisiones de otras personas? Es normal, todos quieren eso; solo unos pocos son capaces. Entonces, ¿qué diferencia al ciudadano promedio de ti? Que tú tienes hambre de conocimientos, que sabes que el mundo es grande pero que tú lo eres más.

De manera que, por ello estás aquí, leyendo este libro, porque sabes que aquí se encuentran muchas de las respuestas que has buscado a lo largo de tu vida.

En esencia, todos tenemos ideas, pero el porcentaje de personas que saben cómo implantar sus ideas en el subconsciente de los demás es significativamente pequeño. Como tengo la certeza de que tú no quieres formar parte de esa gran masa de personas que desconocen el *cómo*, quiero ofrecerte mi experiencia y conocimientos para que desarrolles tus ideas con todas las ayudas pertinentes.

Entendiendo todos los escenarios a los que estamos expuestos durante el día a día, he preparado una rápida explicación de las tres técnicas más maravillosas en términos del convencimiento y transmisión de una idea a otra persona.

Psicología inversa.

La cultura popular se ha encargado de darle a la psicología inversa un enfoque humorístico. Sin embargo, es un instrumento totalmente válido e infalible al momento de implantar ideas en las demás personas sin necesidad de coaccionar sus voluntades individuales. Todos tenemos una idea más o menos clara de lo que significa la psicología inversa; la aplicación de una inversión lógica para modificar las determinaciones del otro. ¿Quién no ha cambiado de planes por verse atrapado en una pequeña jaula de psicología inversa? Para nadie es un secreto que esta es una de las armas más comunes para implantar ideas y modificar las intenciones de un individuo a través de un pequeño truco psicológico.

Las afirmaciones positivas.

Las afirmaciones positivas son maravillosas porque tienen un margen de aplicación vasto como el océano. Estas nos ayudan en la intimidad, cuando las incluimos en nuestras rutinas para reprogramar determinadas conductas mentales en nuestro cerebro. En primer lugar, las utilizamos para deshacernos de esas creencias limitantes que ejercen sobre nosotros un peso invisible que nos impide avanzar. Pero también puede aplicarse para implementar ideas en otras personas.

Funciona exactamente del mismo modo que con nosotros, solo que en este caso estamos dirigiendo perdigones a alguien más para que este cambie sus pensamientos negativos y pesimistas. Tú puedes hacerlo. Yo confío plenamente en ti. He visto en ti un talento inimaginable, no tiene sentido detenerse. Estos son solo algunos ejemplos prácticos y muy comunes.

El contagio de emociones por asociación.

Se ha determinado que las emociones son tan contagiosas como un virus. Seguramente te preguntarás cómo funciona esto del contagio de emociones. Es tan sencillo como abrazar a alguien que tiene gripe. Es cuestión de días para que termines con síntomas propios de un resfriado. Ahora, si entendemos que las emociones se contagian, solo hace anclar estas a una idea. Funciona como una especie de condicionamiento que lleva a la persona a sentirse bien con el solo hecho de pensar en la idea que hemos asociado con emociones como la euforia, la alegría, la esperanza o el éxito.

Puedes, por ejemplo, mostrarte eufórico y esperanzado con la idea de hacer un viaje de verano al extranjero (incluyendo al otro, *solo si quiere*). Cada vez que tengas oportunidad, tendrás que establecer los mismos lineamientos: hablar del viaje y mostrar euforia y esperanza. Así, la asociación empieza a tomar forma en la mente de tu amigo. Llegado el punto, este no podrá pensar en el eventual viaje sin sentirse esperanzado.

Sembrar una idea, no imponerla.

Uno de los errores más frecuentes en quienes intentan convencer a otros de seguir una idea es que lo hacen desde la fuerza, no desde la emoción. Si bien es cierto que muchas veces actuamos por temor o miedo, esta no es la naturaleza genuina del ser humano. Sobre todo, en un mundo globalizado donde el ser humano redescubre cada día el valor de su voluntad como instrumento de éxito, e incluso de integridad. Para sembrar una idea hace falta aplicar instrumentos o herramientas propias de la psicología, la PNL o la persuasión. Estas, al no ser invasivas, favorecen la familiarización de las personas con ideas que le son (en principio) ajenas u hostiles.

Si eres vendedor, no necesitas aplicar la fuerza para que tus potenciales clientes terminen comprando tu producto o servicio. Contrariamente, si le das un buen uso a tus mecanismos de persuasión no solo terminarás concretando una venta, sino que ganarás la lealtad de un comprador que se ha sentido muy bien atendido durante todo el proceso. Esta es la diferencia entre un manipulador y un persuasor, tal como se profundizó en capítulos anteriores.

Si algo nos ha enseñado la psicología a lo largo de la historia es que el cerebro humano tiene algunas reacciones inmediatas solo ante los estímulos adecuados. Posiblemente cuando usas la intimidación o la manipulación mental para conseguir que alguien "adecúe" tu idea, obtendrás resultados inmediatos pero que no se sostendrán en el tiempo. Obtendrás, en otras palabras, una bomba de tiempo que más temprano que tarde explotará en tu rostro.

Para cerrar este capítulo, un maravilloso fragmento extraído del libro *Presuasión*, del doctor Robert B. Cialdini:

> Ya no debemos concebir el lenguaje como una herramienta de transmisión, como un medio para comunicar la concepción de la realidad de un emisor, sino como un mecanismo de influencia, como un medio para inducir a nuestros interlocutores a que compartan nuestra concepción o, al menos, a que actúen según ella. Cuando damos nuestra opinión de una película, por ejemplo, lo que hacemos no es tanto explicar nuestra posición a los demás como intentar persuadirles de la misma. Logramos ese objetivo empleando un lenguaje que oriente su atención

hacia esos ámbitos de la realidad que están cargados con asociaciones en potencia favorables a nuestro punto de vista.

Conclusión

Hemos llegado al final de este libro. Desde un principio tuve la certeza de que me acompañarías hasta el final de este paseo maravilloso y transformador. Recuerdo que, poco antes de empezar, mientras cavilaba sobre las opciones, necesidades y soluciones que ofrecería a los lectores, me surgió una pregunta que posteriormente reflejaría en la introducción. Esta interrogante era: ¿qué nos impide retomar el control de nuestras vidas? Me propuse, en este sentido, que el lector pudiera responder a esta simple pregunta luego de terminada la lectura. Para lograrlo, volqué toda mi experiencia y conocimientos a través de una serie de capítulos que buscaban, desde luego, facilitar todas las herramientas pertinentes para agarrar con fuerza el volante de nuestras vidas y, así, seguir adelante.

Elementos que personalmente considero neurálgicos como la autoestima, la autoconfianza y la motivación fueron profundamente tratados durante distintos segmentos del libro. ¿La razón? No existe crecimiento alguno si no creemos que somos capaces de crecer. Tal como lo indica la especialista Gabriela Husmann:

> La autoestima positiva es la clave para comprendernos y comprender a los demás. Nos permite, además, el reconocimiento de nuestras capacidades y nos habilita para confiar en nosotros mismos. Todas las personas tenemos un valor, no es necesario ser él o la mejor, alcanza con saber que somos capaces de hacer nuestro mejor esfuerzo y quedar satisfechos. Esto permite apreciarnos con nuestras limitaciones, emociones, sentimientos, necesidades, etc., aceptando que éste es el equipaje que tenemos para recorrer nuestra existencia. También tomando en cuenta que hay conductas o rasgos de nosotros que podemos modificar.

Buscando respuestas al problema de la manipulación, revisé infinidad de teorías, casos, síndromes y actividades paliativas para evitar que quien haya sido expuesto a determinado tipo de abuso emocional consiguiera mejorar sus condiciones de vida. Porque la esencia de este libro es mostrar el valor y la importancia de la mentalidad en nuestras vidas. Nuestros programas mentales tienen implicaciones directas o indirectas en los resultados que obtenemos día tras día.

Cada uno de los capítulos fue diseñado bajo un enfoque didáctico. En lo personal, nunca he visto con buenos ojos esos libros que prometen "ayudarte a crecer" pero que, en contraparte, divulgan una cantidad ingente de tecnicismos y conceptos abstractos. Es por ello que, aquí, he optado por un lenguaje sencillo, a partir de ejemplos y clasificaciones idóneas para robustecer el aprendizaje de la teoría.

A partir de ahora, tienes una responsabilidad más contigo mismo: ya no hay excusas para tomar las riendas de tu vida, romper con cualquier tipo de manipulación que se haya cernido sobre ti y ascender a pasos agigantados hacia una vida llena de plenitud, abundancia y felicidad. Tienes un número importante de estrategias y técnicas que podrás aplicar en tu día a día para conseguir esos resultados que, hasta ahora, te han resultado esquivos. Una vez más, gracias por tu atención. Confío en que le darás un uso adecuado a todos estos nuevos conocimientos que has adquirido en el transcurso de estas páginas.

Me gustaría dar las gracias a todas esas personas que han opinado positivamente todos mis libros anteriores y dejarles un abrazo virtual. Como ya saben, los comentarios positivos, son la savia energética de mi trabajo, cada opinión es mi motor.

Y ti que estas leyendo, y que seguramente te interesaste en llegar hasta aquí. Me gustaría que dejaras una buena opinión, agradeciéndote con un pequeño regalo.

Si quieres dejar tu opinión y ganarte un cheque regalo Amazon, abre este QR Code a treves de la foto cámara de tu celular o entrando directamente en este enlace:

WWW.FABIANGOLEMAN.COM

Fabián Goleman (@fabiangoleman)

.....Gracias.

Made in the USA
Columbia, SC
26 November 2023

26636868R00128